阅读的心智

阳志平 · 著

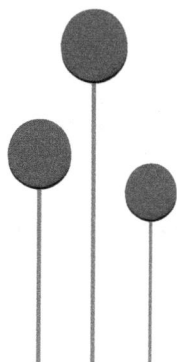

THE
MIND
OF
READING

电子工业出版社·
Publishing House of Electronics Industry
北京 · BEIJING

图书在版编目（CIP）数据

阅读的心智／阳志平著.—北京：电子工业出版社，2023.9

ISBN 978-7-121-46119-4

Ⅰ.①阅…　Ⅱ.①阳…　Ⅲ.①读书笔记－中国－现代　Ⅳ.①G792

中国国家版本馆CIP数据核字（2023）第152583号

书　　　名：*阅读的心智*
作　　　者：阳志平

责任编辑：李　影　liying@phei.com.cn　　　文字编辑：赵诗文
印　　刷：北京捷迅佳彩印刷有限公司
装　　订：北京捷迅佳彩印刷有限公司
出版发行：电子工业出版社
　　　　　北京市海淀区万寿路173信箱　邮编：100036
开　　本：880×1230　1/32　印张：11.25　字数：270千字
版　　次：2023年9月第1版
印　　次：2024年3月第3次印刷
定　　价：88.00元

凡所购买电子工业出版社图书有缺损问题，请向购买书店调换。若书店售缺，请与本社发行部联系，联系及邮购电话：（010）88254888，88258888。

质量投诉请发邮件至zlts@phei.com.cn，盗版侵权举报请发邮件至dbqq@phei.com.cn。

本书咨询联系方式：（010）88254210，influence@phei.com.cn，微信号：yingxianglibook。

献词

阅读着，思考着，

阅读的心智是最迷人的心智。

祝你，我的爱女，

在长大的日子里，享受阅读与思考的快乐。

目录

04 ● 第四部分
读书之法

自序　请给我一本书

1940年9月，第二次世界大战期间，德国对英国伦敦进行了轰炸，其中被燃烧弹和火焰摧毁的也包括历史悠久的"荷兰之家"。这座伦敦地标建筑始建于1607年，其中的图书馆收藏着众多书籍。令人惊奇的是，几乎所有图书都未受损。轰炸发生不久后，三位衣冠楚楚的绅士专心致志地在书架前阅读，对身边摇摇欲坠的木架和满地狼藉视若无睹，仿佛那些战争带来的灾难，从未发生过。这就是阅读史上著名的摄影作品——《废墟上的阅读者》。[1]

晚清大儒柯劭忞"读书忘死"的故事则知者甚少。柯劭忞从小爱读书，学问渊博，凡经学、小学与史学，无所不通，并担任过两任帝师与《清史稿》的总纂。王国维颇为推崇，将他与另一位学者沈曾植并称为"南沈北柯"。年轻时，柯劭忞与舅舅赶考归来，途中遭遇山洪，舅舅与车夫们不幸遇难，唯独他幸存下来。洪水退去后，他一边雇人寻找尸体，一边雇人去县衙送信。夜里尸体放在野外，他一个人守着，又与群狗激战，几乎用尽了平生之力。[2]

　　然而一回到家中，柯劭忞发现案头有一本好书，就立刻沉浸在阅读之中，完全忘记了刚刚经历的生死劫难。直到他的父亲问起来舅舅怎么样了，他答复"已去世"后，竟继续全神贯注地看书。父亲大怒，夺书掷地，责骂这个书呆子，竟然能忘掉生死大事。[3]

　　阅读，究竟具备何种魔力，使得人在面临战争与死亡之时，还能如此淡定？

　　阅读，是一种能助人"穿越"的魔法——尽管你身在此时此地，但是心已在彼时彼地。

　　无论是战争还是死亡，都发生在此时此地，而我的心却已在彼时彼地。

　　在抵达的那个新世界里，有人文之书，盛满了迷人的故事、美妙的文字、动人的情感；也有人性之书，善良与邪恶、自私与无私、勇气与怯懦，人们可以一览无遗；还有人生之书，成功者称之为经验，失败者称之为教训，我们能从他人的故事中推演自己的未来。

　　这样的世界，怎能不令人流连忘返？

　　心在彼时彼地，身却在此时此地。因此，当我们沉浸于阅读时，身心的这种错位使我们感到隐隐的不安。两位伟大的诗人不约而同地注意到，阅读不仅令人从容，更会带来不安。德国诗人里尔克（Rainer Maria Rilke）在名作《秋日》的篇末写道：

　　　　谁此时没有房子，就不必建造，
　　　　谁此时孤独，就永远孤独，

就醒来，读书，写长长的信，

在林荫路上不停地

徘徊，落叶纷飞。[4]

为什么"读书"和"徘徊"会关联在一起呢？我们面对战争与死亡，都可以如此坦然，为什么在一个平常醒来的秋日，读书、写作之后却依然是徘徊？

海子则在《我飞遍草原的天空》篇末写道：

今天有家的　必须回家

今天有书的　必须读书

今天有刀的　必须杀人

草原的天空不可阻挡[5]

为什么"读书"和"杀人"会关联在一起呢？不是说，阅读是一座随身携带的避难所吗？不是说，阅读是世间至美之事，促人亲近真善美吗？

两位伟大的诗人以敏锐的诗心，将"读书"与"徘徊"、"读书"与"杀人"这类过往甚少同时出现的意象关联在一起。这也许是诗人们无意中在提醒我们，彼时彼地的心，终将回到此时此地。

现实世界纷纷，也许会让人孤独，也许会让人沉沦。但它始终是我们将要面对的真实世界。

然而，正因为有了阅读，我们才能体验到与众不同的欢愉。正如《佛说譬喻经》所言，一位旅人为恶象所逐，沿树根潜身井中，井下却有毒龙，正在咬断树根，井边有毒蛇，欲螫其人。生死之间，有蜂蜜堕口，旅人贪恋其甜，竟然忘记身处险境。[6]

当我在现实世界里感到孤独，当我在现实世界里即将沉沦，此时此刻，请给我一本书。

阳志平

2023 年夏于北京

01

第一部分

人文之书

01

创作者的品味[*]

品味看似虚幻，却实实在在。伟大作家与平庸作家，读写的品味，能让你感觉到明显的高下之分。就像纳博科夫推崇果戈理，瞧不上陀思妥耶夫斯基，认为他是一位煽情作家，既笨拙又粗俗。同样，即使是温雅君子钱锺书，在毛姆文名初显时，"以为读了半辈子的书，只能评头论足，却不会创作，连个毛姆都比不上。"[1、2]

品味是什么？先说说品味不是什么。

品味不是流行，虽然流行可以成为品味。当人人都推崇一位小众歌手时，有品味的音乐评论家保持沉默；反之，那位小众歌手当年在酒吧里浅吟低唱时，这位音乐评论家在不同场合推荐。

品味不是指标，虽然人们常常误认为可以轻易量化品味。就像人们常常用财富数量来衡量个人成就一样，多数时候，用指标衡量

* 本文首次发表日期为 2016 年 2 月 23 日。

品味，就好比用脑门大小度量智慧。在文学史上，主流声音很难说纳博科夫会超过陀思妥耶夫斯基。品味好坏，难以用粉丝数量多少、作品销售额高低来衡量。

品味不是实用的，虽然人们常常赋予美以意义。 在今天这个强科学主义时代，逻辑驱动世界运转。好品味的作品无须指向实用。文学之用，恰在无用。试读：

> 当夜色降临
>
> 我站在台阶上倾听；
>
> 星星蜂拥在花园里
>
> 而我站在黑暗中。
>
> 听，一颗星星落地作响！
>
> 你别赤脚在这草地上散步，
>
> 我的花园到处是星星的碎片。[3]

这是北欧作家索德格朗（Edith Sodergran）的《星星》。试读此诗，需要逻辑与否？不需要。星星怎么可能蜂拥？星星怎么落地作响？星星怎么可能破碎？你的脚步怎么可能踩坏星星？有品味的读者立即能明白这样的诗歌的美，而品味较差的读者却开始开启“会计模式”，计算这首诗歌的逻辑与意义。然而，美无须有意义，诗歌无须指向有用。

品味不是流行，不是指标，无须实用。 虽然人们常常将品味与流行、指标等同，追求实用，就像E. B.怀特（E. B. White）所写：

我进城时，常常注意到人们翻改衣服，为的是追逐时尚。不过，上一次出行，在我看来，人们似乎还翻改了他们的思想——收紧信仰的腰身，截短勇气的衣袖，比照历史新近一页的时兴设计，为自己搭配了全新的思想套装。我好像觉得，人们与巴黎贴得未免时间太长了一点。[4]

那些追逐品味的人，就像巴黎城里那些追逐时尚、收紧信仰的腰身、截短勇气的衣袖的人们。而真正有品味的人，如同怀特一样，在那朝着大湖的小屋里，安静写作，低着头，全神贯注，用心编织经纬。

那么，品味究竟是什么？**它是一种对作品的嗅觉，久入芝兰之室不闻其香，久入鲍鱼之肆不闻其臭。**

好品味，它倾向那些在历史上永垂不朽的作品。当我们称赞一位文学评论家拥有"狗鼻子"时，我们是在谈论一位这样的主编——当他在阿西莫夫（Issac Asimov）第一次投稿的时候，就看出他必然会成为一名伟大的科幻作家。他就是主导美国科幻黄金时代的约翰·坎贝尔（John W. Campbell）。

好品味，它倾向那些符合自然、节省人们心力的作品。如同语言学的齐夫定律告诉我们的一样，人类语言符合幂律分布，那些高频词在文中出现得更多。同样，在好品味的作品中，你看不到太多拗音涩词、枯涩意象。好品味的文学作品，它像白居易的诗词一样，老妪能解；好品味的绘画作品，它像中国画一样，自然、星空、熟悉情景一一在目，却是"月涌大江流"的意象；好品味的音乐作品，它像巴赫（Johann Sebastian Bach）的乐谱一样，复杂再复杂，依然遵循了特定的模式。

好品味，它倾向那些含蓄的、带有暗示的作品。《金瓶梅》开篇写秋，那种秋是真实的秋。即使是西门庆这样的人，作者也写出了西门庆的真诚。在一块破烂抹布的肮脏褶皱中，你能看到他的灵魂。那些肉欲纠缠，那些现实生活中的脏兮兮，一旦诉诸笔墨，却是美。西门庆离世，依然是个秋天。从一个秋天到另一个秋天，这是含蓄的，这是带有暗示的。

好品味总是看上去简单，却常常来之不易。如卡夫卡烧掉自己的书稿；又如海明威修改《老人与海》稿件结尾37次。伟大作家总是拒绝、拒绝、再拒绝发表自己并不成熟的作品——因为他的品味在抵触（他这样做）。[5]

好品味总是有傲气的。如天，如地，自然立于世间，无须向他人屈服，如明斯基第二法则所言：光做事还不够，我们还得立在那里。因此，好的品味是原创的、排他的。伟大作家必然会避免吹捧同时代的伟大作家。好品味为自己背书，无须任何同时代的人来背书。对于新手来说，练习写作的第一步，就是将自己文章中的"知名、著名"等词删掉。

奇怪的是，伟大的创作者一定能明明白白地将自己的好品味清晰地传递给周边的人。春风吹又生，一季又一季。伟大创作者会带出下一代伟大创作者。有时是在世真传弟子，如曾子之于孔子，莫泊桑之于福楼拜；有时则是文脉默默相承，思想共鸣，如钱锺书之于韩愈，顾随之于辛弃疾。[6]

最后，好品味不会追求体系。什么样的体系，能扛住时间的磨砺？什么样的体系，能红颜不老？君不见，黄河之水天上来，奔流到海不复回，君不见，高堂明镜悲白发，朝如青丝暮成雪；去年今日此门中，人面桃花相映红；雨打梨花深闭门，忘了青春，误了青春。

02

迷失在字里行间 *

　　意大利作家伊塔洛·卡尔维诺（Italo Calvino）曾写过，在路过而不进城的人眼里，城市是一种模样；在困守于城里而不出来的人眼里，她又是另一种模样。文学经典好比那座看不见的城市，千姿百态，一旦置身其中，你就迷失在字与词之间。

迷　楼

　　有种迷失叫作迷楼。它语出唐人笔记《炀帝迷楼记》。隋炀帝晚年沉迷女色，建迷楼。数以万计的工匠不分昼夜地赶工，经岁而成。幽房曲室，玉栏朱楯，互相连属，回环四合，曲屋自通。短短

---

* 本文首次发表日期为2017年3月25日。

的几层楼阁，星罗密布上万个房间。曾有工匠误入迷楼，绕了一天无法出来。楼成之日，隋炀帝大喜，往迷楼中填入数千良家女，每天从一个房间漫游到另一个房间，君王从此不早朝。

在迷宫里，一个人总想走出去；在迷楼里，那个人却尽情享受留在里面（的时光）。大多数人阅读经典犹如走迷宫，总是想知道自己身处何方。美国汉学家宇文所安（Stephen Owen）却像游览迷楼一样阅读中国诗歌。他只关心诗里传递的欲望与记忆，从不关心它是中国的还是西方的。

> 来自不同传统的诗歌可以彼此交谈，只要我们不把它们分派到一个正式的宴会上——每首诗面前放一个小牌子，上标它们应该"代表"哪一传统。如果我们不去麻烦这些诗，不迫使它们代表"中国诗""英国诗""希腊诗"，它们其实有很多"共同语言"。
>
> ——宇文所安《迷楼》[1]

这种迷楼式的阅读，会让你惊讶，中国古典诗歌原来如此优美；甚至让你感叹，古典诗歌的平静湖面下，涌动着凶猛炽烈的欲望。例如语文教科书中的《青青河畔草》一诗，被认为是一首思念丈夫的诗歌，一位曾经的舞女渴望夫妻相依相偎，举案齐眉。但是宇文所安却认为这是一首饱含欲望的招引之诗。

青青河畔草，郁郁园中柳。

　　盈盈楼上女，皎皎当窗牖。

　　娥娥红粉妆，纤纤出素手。

　　昔为倡家女，今为荡子妇。

　　荡子行不归，空床难独守。[2]

　　诗的开头没有直接抛出女子的形象，而是用"青青河畔草，郁郁园中柳"两句，挡住你的视线，勾起你想要看到柳树背后楼宇中人物的好奇和欲望。接着第三四句引出"盈盈楼上女，皎皎当窗牖"。如果诗歌首句就把这个女子推到我们眼前，写她如何美丽，你反而不那么容易被她的美所吸引。这首诗以空旷的空间开篇，亦以空旷的空间结尾；然而这个空间，已经加入了危险和欲望，藏匿于室内：一张空床。

　　听宇文所安赏析《青青河畔草》一诗，令人浮想联翩，蠢蠢欲动，堪比一部情色电影。我们每个人心中都有一只野兽，它不喜欢身上的枷锁。诗歌用言词"饲养"这只野兽，唆使它恢复反抗和欲望的本性。在宇文所安的《追忆》《盛唐诗》与《迷楼》三本经典中，处处可见此类招引，文本大于观点，欲望重于逻辑。在我们心目中，原本清晰的古典诗歌，从此面目模糊。

清　单

有种迷失叫作清单。 宇文所安喜欢尽情享受留在迷楼，意大利学者翁贝托·艾柯（又译作安伯托·艾柯，Umberto Eco）沉醉于无限的清单。宇文所安说欲语还休是欲望的源头，艾柯则说清单是文化的源头。

> 清单是文化之源。它是艺术史和文学史的一部分。文化想要干什么？使无限变得可以理解。它还想创造秩序——不总是如此，但经常如此。人如何面对无限？一个人如何努力理解不可理解的东西？通过清单，通过目录，通过博物馆的藏品、百科全书和词典。
>
> ——艾柯《人类为什么爱清单》[3]

艾柯爱清单，写文著书嫌不够，跑到卢浮宫办了一个艺术展，名字就叫《清单的本质》。他甚至认为，我们都喜欢清单，因为我们不想死：

> 恋人也一样。他们感到语言的匮乏，缺少表达他们感情的词语。但恋人停止过努力吗？他们创造清单：你的眼睛如此美丽，你的嘴巴也是，还有你的锁骨……会列举得非常详尽。
>
> 我们为什么浪费这么多时间，去努力完成无法完成的事情？我们有局限，一个令人泄气、感到渺小的局限：死亡。所以我们喜欢我们以为没有限制因而没有终结的东西。这是一种逃避想到死亡的方式。我们都喜欢清单，因为我们不想死。
>
> ——艾柯《人类为什么爱清单》[4]

　　清单对抗世界，世界有限，想象无限。因此艾柯把清单分成两类：实用型清单和诗意清单。实用型清单记录的是实际存在的事物，它们是有限的，比如购物清单、餐馆菜谱、图书馆目录、字典辞典，等等。诗意清单类似为宇宙所有的星星取一个名字，它没有实际意义，没有尽头，却可以表达美学的无限。诗意清单是开放的，在每一份诗意清单后都可以加上"等等"两字。

　　自有文学史以来，诗意清单便成了作家写作野心的最好诠释。希腊神话中的人物清单，荷马史诗中的角色清单，《山海经》中的神怪清单，都是艾柯眼中的诗意清单。用艾柯的话说，之所以开清单，并不是因为作家技穷，不晓得如何说想说的事情，而是出于骄傲，是对文字的贪婪，是对过度的喜爱，是贪求多元、无限的知识。爱这些知识，贪求那些文字，于是我给你开了一个入门艾柯清单的清单：《艾柯谈文学》《悠游小说林》与《一位年轻小说家的自白》。

城　　市

　　有种迷失叫作城市。1946年出生的宇文所安、1932年出生的艾柯，纷纷"迷失在"1923年出生的卡尔维诺中。比如艾柯在《一位年轻小说家的自白》中，为了阐释诗意清单那种无以名状的感觉、喜欢音韵的直白、过度枚举的快乐，举的例子正来自卡尔维诺：

　　你须得同情我们：我们是乡下女孩……除了宗教仪式、三
日祈祷、九日祈祷、田里干活、打谷、采收葡萄酿酒、佣人受
鞭打、乱伦、火灾、绞刑、入侵的军队、劫掠、强奸和瘟疫，
我们什么都没见过。

　　　　　　　　　　　　　　　　——卡尔维诺《不存在的骑士》[5]

　　卡尔维诺在《看不见的城市》中借旅人马可波罗与忽必烈的对
话，挑选了城市的11个主题：记忆、欲望、符号、轻盈、贸易、眼
睛、名字、死者、天空、连绵、隐蔽。这是一份令人迷失其中的诗
意清单：

　　一本书是某种有开始有结尾的东西，是一个空间，读者必
须进入它，在它里面走动，也许还会在它里面迷路，但在某一
个时刻，找到一个出口，或许是多个出口，找到一种打开一条
走出来的道路的可能。

　　　　　　　　　　　　　　　　——卡尔维诺《看不见的城市》[6]

　　如果说宇文所安的迷楼是欲望迷雾，艾柯的清单是无限美学，
卡尔维诺的城市则是人类轻盈的记忆。在《看不见的城市》里人们
找不到能认得出的城市，所有的城市都是虚构的。当你初次抵达这
座城市的时候，她是一种模样，而永远离别的时候，她又是另一种
模样。每个城市都该有自己的名字，她们是迪奥米拉、伊希多拉、
朵洛茜亚、采拉、安娜斯塔西亚、塔玛拉、佐拉、德斯庇娜、芝尔

玛、伊素拉等。这是一份欲望与记忆的诗意清单：

> 在梦中的城市里，他正值青春，而到达伊西多拉城时，他
> 已年老，广场上有一堵墙，老人们倚坐在那里看着过往的年轻
> 人，他和这些老人并坐在一起。当初的欲望已是记忆。
>
> ——卡尔维诺《看不见的城市》[7]

宇文所安说，写作使回忆转变为艺术；艾柯说，诗意清单以其
潜在的无限，帮助作者筑造世界。一个好清单的真正目的，正是传
达一种无限以及"如此等等"给人带来的眼花缭乱：

> 形式的清单是永无穷尽的：只要每种形式还没有找到自己
> 的一座城市，新的城市就会不断产生。一旦各种形式穷尽了它
> 们的变化，城市的末日就开始了。地图册的最后几页撒满了一
> 些无始无终的网络，像洛杉矶形状的城市，像京都和大阪形状
> 的城市，不成形状的城市。
>
> ——卡尔维诺《看不见的城市》[8]

跑那么远的路，来到卡尔维诺的城市。喜欢一个城市的理由，
不在于它有七种或七十种奇景，而在于它对你的问题提示了答案。
当初的欲望已是记忆，寻找答案，从《新千年文学备忘录》《为什
么读经典》与《如果在冬夜，一个旅人》开始。

小　结

是的，作家用字与词搭建了一个又一个鲜活世界，它们是宇文所安的迷楼，也是艾柯的清单，还是卡尔维诺的城市。在这些世界中，你可以触摸质感的故事，与主人公纵横捭阖；你也可以放肆哭泣，随那时光流逝。世态炎凉、雾霾风雪，你欢笑，你忧伤，总有一本书陪你——那好吧，且让我迷失在这样的世界中。

03

像卢曼一样写卡片 [*]

1

我是一名重度卡片写作爱好者。我写作时，手边会放着纸质的卡片。我一般会先在卡片上写下一些灵感，然后再用卡片写作软件，将它们正式组合成文章。同样，我在阅读时，也会不断使用纸质卡片盒与卡片写作软件，写下读书心得。这样的一套流程，我已经坚持了20多年。2015年，我应《离线·黑客》杂志邀请，在该刊物上发表了《纳博科夫的卡片》一文，从认知科学角度介绍了卡片写作背后的原理，得到了较多卡片写作爱好者的关注。[1]

身为一名重度卡片写作爱好者，我甚至设计了自己的纸质卡片盒，也就是"开智大卡"，并且带队研发了卡片写作软件，也就是

---

* 本文首次发表日期为2021年7月7日，为《卡片笔记写作法》一书推荐序。

人工智能写作软件"写匠"（AIWriter）。

2

卡片写作，有很多代表性流派。之前我设计的"开智大卡"，参照的是日本知名学者梅棹忠夫在《智识的生产技术》中提到的"京大卡"，他认为卡片要大一些——大概是 B6 开本大小——更容易保存写作灵感。

而我带队研发的"写匠"，更多参考的是美国知名作家纳博科夫的卡片写作法——使用索引卡，通过任意打乱卡片次序完成自己的写作。

这些方法我已践行多年，而《卡片笔记写作法》一书展示的另一个与众不同的卡片写作流派——"卢曼卡片盒"，还是给了我新的启发，让我从另一个角度来思考如何优化卡片写作方法。

卢曼是谁？

尼克拉斯·卢曼（Niklas Luhmann）是 20 世纪德国重要的社会学家，而且其影响力已远远超出了社会学领域。对我来说，卢曼不仅仅是一位社会学家，更是一位"自创生理论"专家。他将认知科学家 F·瓦雷拉（F. Varela）开创的"自创生理论"率先应用到法律中，去解释法律和社会的交互关系，出版了经典的《法社会学》。

3

卢曼在他长达30多年的研究中，以学术高产著称，出版了58本著作并发表了数百篇文章。他为什么能取得如此杰出的成就？2013年，德国社会学家约翰内斯·施密特（Johannes F. K. Schmidt）在做了大量研究后发现：卢曼的生产力源于他的卡片盒写作法。

我之前在《纳博科夫的卡片》等文章中，曾介绍过纳博科夫等人的卡片写作法。那么，卢曼跟他们的最大区别是什么呢？

——多了一个盒子。

传统的卡片写作法，像纳博科夫的卡片写作法，是只使用一个盒子，用一个盒子来保存自己写作的内容。而卢曼多了一个盒子，以对自己卡片写作的内容进行索引和整理。

如果说纳博科夫的卡片写作法特别适合创意写作，比如写小说、诗歌、散文等；那么卢曼卡片盒写作法尤其适合学术写作与信息密度大的写作，比如写论文、学术专著与长篇科普等。

4

从认知科学角度来讲，卢曼的这种做法是极其聪明的。认知科学家将人的信息加工分为两大类，第一类是一阶操作，也就是"认知"本身，你感知的，你记忆的，你学习的，你思考的。

第二类是二阶操作，被称为"元认知"，即对自己当前的认知进行监控："我当前感知到了什么？我当前在记忆什么？我当前在学习什么？我当前在思考什么？"这就是元感知、元记忆、元学习、元思考等。认知的认知，就是"元认知"。

卢曼卡片盒写作法通过新增加的这个盒子，更好地对"元认知"的内容进行保存和加工：一个盒子用于保存内容，一个盒子用于监控内容。

5

卢曼卡片盒写作法的高明之处还不止于此。更重要的是，他让卡片与卡片通过各种索引关联起来，从而提高了记忆提取的效率。

为什么写卡片更容易提升记忆力？有什么特别需要注意的？在这里，需要介绍认知科学最新研究进展，超出多数人常识的一个原理：必要难度理论（Desirable Difficulty）。

它是认知科学的最新研究成果，是认知科学家比约克夫妇（Robert A. Bjork 与 Elizabeth Ligon Bjork）在20世纪90年代提出的，之后历经两代认知科学家、数十个认知科学实验室发展，目前已成为认知科学中关于学习与记忆的主流理论。

什么是必要难度理论？人类记忆存在广泛且普遍的元认知错觉，会误将"记住了"当成"学会了"。如果将人的大脑粗陋地比作一块硬盘，假设你的每次记忆，都是往这块硬盘中写入内容，那么，可以近似地将记忆想象成无限的内容，但硬盘上的这些信息会相互争夺空间。

人的记忆有两种基本机制：存储与提取。比约克率先区分了记忆竞争的两种不同类型：存储优势（Storage Strength）与提取优势（Retrieval Strength）。

以前，人们习惯性地认为，记得越快，学习效果越好。简言之，存储越容易，提取就越快。但比约克夫妇的实验发现了与常识相反的结论："存储与提取负相关"。也就是说，存入记忆越容易，提取出来越困难；反之，如果你有些吃力地存入，知识提取会更方便。

比如，我们的常识是在课堂上记笔记。但是必要难度原理建议，别在课堂上记笔记。老师边讲你边记笔记，会听得太明白，写入太容易，但大脑这块硬盘未来会不易提取出来。久而久之，就会被人遗忘。反之，如果我们略微增加写入难度，比如晚上回到宿舍或者第二天再写笔记，这样未来提取会更容易。即你有些困难地存入，会记得更好并真正学会。

6

纳博科夫、梅棹忠夫、姚雪垠这类卡片写作爱好者，无不是通过自我修炼，无意中掌握了必要难度原理。而卢曼比他们更精细，他针对不同记忆提取场景，做了很多优化。卢曼经常使用的索引可以分为以下四类。

第一类是主题索引。当某个主题的内容积累得足够丰富时，卢曼就会做一张主题索引卡，对这个主题进行概览。主题索引卡上会汇集所有相关笔记的编码或链接，每条笔记会用一两个词或一个短句简要说明核心内容。这类索引，相当于给了你一个进入某一主题的入口。

第二类与主题索引类似，只不过不是对某一主题的概览，而是针对盒子里相近位置的卡片所涉及的所有不同主题进行概览。

第三类是在当前卡片上做索引，标明这条笔记逻辑上的前一条是什么、后一条是什么（这些卡片在盒子里的位置可能并不挨着）。

第四类，也是最常用的索引形式，就是简单的"笔记-笔记"链接。两条笔记可能完全没有关系，把它们关联在一起，往往会产生出乎意料的新思路。

通过这些关联操作，我们能更好地对卡片内容进行组合、拼接、提取，从而产生更高质量的内容。

7

近些年，原本只在德国流行的卢曼的思想在英语世界中越来越普及。2019年，卡片写作世界出现了一个新的爆款软件——Roam Research，其背后的原理正是卢曼卡片盒写作法。可惜这是一个商业付费软件，且在中国使用不便。

另一个类似软件是德国科学家丹尼尔·卢德克（Daniel Lüdecke）

开发的开源软件——Zettelkasten。可以说，这是一款较好地实现了卢曼卡片盒写作法原理的卡片写作软件，而且免费、易用、跨平台。其他实现卢曼卡片盒写作法的软件还有Obsidian、Logseq等。

像 Room Research、Zettelkasten、Obsidian、Logseq这类软件，在吸纳卢曼卡片盒写作法思想的基础上，作出了什么新的贡献呢？有两个核心贡献：

一是将文本的颗粒度拆分得更细。组块（Block）是认知科学上的一个常用概念，文本组块正是这个概念的具象化。我们都知道，当你记忆一个手机号码时，比如，13912345678，很难直接记住。但当你把它拆成 139-1234-5678 这样三个组块时，就更容易记忆。

同样，我们在写作时，很难记住大的单位，将其拆成小的单位，更易记住。写作时，用大脑直接记住的东西越多，写作就越不容易被打断，节省的脑力就越多。

二是建立了一种"双向引用"关系。什么是"双向引用"？比如我在写当前文本组块的时候，输入一个相应关键词，就能自动搜索到有哪些文本组块引用过这个关键词；同样，在另一个文档中打开另一个文本组块时，我也能知道这个文本组块被谁引用过。

8

这几年，我设计的卡片盒与卡片写作软件也在吸纳卢曼的思想精髓，融合其他流派的卡片写作方法的优点，做下一轮迭代。比如，"开智大卡"尝试增加一个新的卡片盒，以及更丰富的索引卡。

再如，"写匠"通过无限层级的卡片、大纲、项目、图标等功能，实现更细颗粒度的写作单元。目前写匠借助便捷插入的方法，建立了一种新的写作网状结构，未来还将直接支持"双向引用"。

可以说，无论你是使用纸质卡片写作，还是使用卡片写作软件写作，卢曼卡片盒写作法都能大大提高你的写作效率。《卡片笔记写作法》在国内率先系统地介绍卢曼盒卡片法在写作中的应用，值得推荐。期待你从此成为一名卡片写作爱好者，享受写作的乐趣。

04

当我们谈论风格时，我们在谈论什么 [*]

1

当你在小学开始学习写作时，语文老师会跟你强调"词汇量"的积累、"语法"的通顺。接着开始强调"主题"——如果你作文的主题不够积极、健康，那么你的作文可能会被扣分。

随着你一天天长大，到了大学，你开始学写学术论文，希望通过论文答辩。此时，教授跟你强调的是"逻辑"。无论文科理科，一篇逻辑不够严谨的论文，很难通过论文答辩。

好像从来没有人给你强调过"风格"。是的，与"词汇量""语法""主题""逻辑"相比，"风格"似乎并不重要。

翻遍"高考评分细则""大学学位论文审核标准"，你甚至找不到"风格"两个字，只有稍微沾点边的"文采""修辞"或"参考文

---

* 本文首次发表日期为2022年2月18日，为《古典风格》一书推荐序。

献的样式"。

然而，这些就是"风格"吗？答案显然是"不"。

2

人们忘记了，写作首先是一种思维活动，而非写作技巧。一位伟大的画家，并不比一位平庸的画家更精于绘画技巧，同样，一位伟大的作家，并不比一位平庸的作家更精于写作技巧。

人们热爱一位作家，热爱的正是这位作家的风格。"仰天大笑出门去，我辈岂是蓬蒿人。""抽刀断水水更流，举杯消愁愁更愁。"——这是李白。"天上有行云，人在行云里。""众里寻他千百度。蓦然回首，那人却在，灯火阑珊处。"——这是辛弃疾。

从诗歌、小说、散文、戏剧，再到电影，一个写作者的风格无处不在，你之所以喜欢李白或辛弃疾，正是因为喜欢他们的风格。

在你接受写作教育的十多年历史中，关于写作风格，语文老师们避而不谈。偶尔提及，似乎它就是修辞、文采；似乎它就是一位作家的写作技巧。

风格，于你而言，是锦上添花，是那些有志于成为伟大作家的人才去研究的。

但《古典风格》告诉你，以上统统错了。风格，不仅是伟大作家的必修课，更是所有写作者应该思考的基本立场。

3

写作源于你掌握的知识。在认知科学上，将你掌握的知识的最小单位称为"个人概念"。个人概念反映的是你看待世界的心理表征。善人拥有的个人概念也许是，世界是充满阳光的，人们和谐相处；恶人拥有的个人概念也许是，世界是险恶的，社会是弱肉强食的，不是你死就是我活。

同样，写作也不例外。**真正的风格是指那些你看待写作的基本概念，正是这些概念决定了不同的风格。**

更具体来说，写作需不需要告诉读者真相？写作的语言可以充分表达思想吗？作者与读者是平等的，还是作者是先知，拥有上帝视角，全知全能？

这些关于写作的基本概念，才是写作真正的风格要素。**它是比如何遣词造句更重要的东西。在我们提笔写作之前，它已经存在于你的脑海之中。**

弗兰西斯-诺尔·托马斯（Francis-Noël Thomas）与马克·特纳（Mark Turner）两位作者在《古典风格》一书中将人们写作的基本概念总结为真相、呈现、场景、角色、思想和语言等风格要素。

你的写作风格，正是取决于你对真相、呈现、场景、角色、思想和语言采取什么立场。

4

从风格要素出发，托马斯与特纳两位作者将西方写作史上出现过的种种立场总结为古典风格与非古典风格两大类。非古典风格主要包括平实风格、沉思风格、反思风格、实用风格、浪漫风格、演讲风格和先知风格等。风格并无优劣之分，但各自的立场不同，从而导致适应场合不同。

什么是古典风格？史蒂芬・平克（Steven Pinker）在《风格感觉》中如此介绍：

> 观看世界是古典风格的主导隐喻。作者看到了读者没看到的东西，引导读者的视线，使读者自己发现它。写作的目的是呈现不偏不倚的事实。当语言与事实一致时，写作便成功了；成功的证据便是清楚和简洁。[1]

为什么古典风格如此重视"观看世界"呢？因为这涉及认知科学的一个重要研究：联合注意（Joint Attention）。

什么是联合注意？

看！李雷正被一位拿着购物袋的女子扔鸡蛋。

李雷怎么啦？当你告诉一位朋友眼前发生了什么事的时候，你与朋友就构成了"联合注意"。此时此刻，你与朋友在同一个地方关注同一件事情，你们也知道彼此都在关注它。正因如此，你们两人之间便建立了联系，这就是"联合注意"。

联合注意为什么如此重要？设想一下，你与朋友讨论事情时，你说三，他说四，你往东，他往西，两人不在一个频道上沟通，就无法共享彼此的注意力。正是因为人类大脑拥有"联合注意"的信息加工机制，你我才得以共享彼此的喜怒哀乐，传递信息、知识与真善美。

写作时，作者带着读者看世界，涉及的事情比一件普通的见闻复杂很多。有时候，你步入的世界是抽象概念的世界，这些抽象概念是理查德·道金斯（Richard Dawkins）的《自私的基因》，也是丹尼尔·丹尼特（Daniel Dennett）的《达尔文的危险思想》，它们复杂而迷人，需要一定的知识底蕴。有时候，你步入的世界是一个叙事的世界，主角的人生故事也许是好人有点坏，也许是坏人有点好，它们同样曲折离奇，涉及复杂的人心。

5

在"观看世界"这个古典风格的主导隐喻基础之上，西方写作史发展出一整套关于写作古典风格的要素。接着，我带着你分别从真相、呈现、场景、角色、思想和语言等角度来认识古典风格。

真相

古典风格认为，真相可知，可经验证，且不随时空变化而变化，写作的目的是呈现不偏不倚的真相。古典风格总会带读者看到那些不一样的真相。"早起的鸟儿有虫吃"，这是简单风格；"早起的鸟儿有虫吃，但第二只老鼠才吃到奶酪——因为第一只老鼠被捕鼠器逮着了"，这才是古典风格。

反之，先知风格认为真相不可验证。在西方文化中，先知风格最著名的例子是《圣经》。耶和华说："就是这个人！"为什么是这个人呢？你并不知道答案，它源自神秘的直觉。在21世纪的今天，你同样可以看到各种先知，一些作者自称是客观真相的传播者，知道一般人无法知道的真相。

呈现

古典风格不解释，只是呈现。古典风格认为，写作是一扇完全透明的窗户，没有犹豫、修改或者回溯，事物透过这扇窗被呈现出来。在你读到文章之前，作者已经做了大量的工作，"假装"结论来得轻松。最后，给你呈现一种自然而然的感觉。

人类视觉的基础模式是先关注后观察（Focusing-and-then-inspecting），即先找到感兴趣的事物或领域，再观察它的细节。你看到的，你听到的，都遵从这种模式；同样，你阅读，你写作，还是遵从这种模式。因此，当你带读者看世界时，古典风格强调，先推窗看景，再看细节。

与之相反，有的作者会反复地将思考过程暴露给你，不断强调结论来之不易。这就好比在看球赛时你的视线不断被干扰，时而看这个，时而看那个，最应该看的是什么呢？——作者自己都忘记了是来看球赛的。

场景

古典风格的场景，是一个人与另一个人的对话。笔下文字犹如老友闲聊，自然亲切。就像道金斯在《自私的基因》开篇所写的一样："在写作过程中似乎有3位假想的读者一直在我背后不时地观望，我愿将本书奉献给他们。第一位是我们称之为外行的一般读者。……第二位假想的读者是个行家。……我心目中的第三位读者是位从外行向内行过渡的学生。"[2]

即使要说服他人，古典风格也是在不知不觉中完成的。它只是把那些一经呈现就显而易见的事物指出来。与之相反，演说风格是一个人对一群人的公开演讲，要求听众用力看需要看的东西。它更注重团结人们，引发行动。就像《伊利亚特》中的阿喀琉斯所说的一样："现在我们应该考虑出战的事情，不能在这里空发议论，把时间耽误——伟大的事情还未完成。"[3]

角色

在古典风格中，作者与读者平等。作者表达真相，读者了解真相。作者与读者尊重彼此的智力，相信真相属于所有致力于获取它的人。古典风格可以把读者放到作者的位置，他们可以通过自己的体验，来验证作者体验的东西。

正如美国硅谷投资人保罗·格雷厄姆（Paul Graham）在《黑客与画家》一书中所写的那样：

> 19世纪英国作家简·奥斯汀的小说为何如此出色？一个原因就是她把自己的作品大声读给家人听，所以她就不会陷入孤芳自赏难以自拔的境地，不会长篇累牍地赞叹自然风光，也不会滔滔不绝地宣扬自己的人生哲学。你可以随便找一本平庸的文学读物，想象一下把它当作自己的作品读给朋友们听，这样会让你真切地感受到那些文学读物高高在上的视角，读者必须承受所有沉重的负担才能阅读这些作品。[4]

其他风格与此不同。先知风格的作家具有超凡的力量，拥有全知全能的视角；实用风格的读者与作者之间存在层次关系，例如，你需要向上级提交一份备忘录。

思想和语言

在古典风格的立场中，写作不是思考，作者下笔之前已洞察事实真相，思想先于语言独立存在。而有的作者是在写作过程中发现真相的。

有趣的是，真实的写作常常是一个字词催生另一个字词；草稿催生第二版。我将这种写作现象总结为："快写慢改"。古典风格并不否定这种现象，但强调作者在将最终版呈现给读者时，应已了解最终想表达的事物，而非边写作边思考。

古典风格认为凡是能知道的事物就能表达出来，语言本身足以表达任何想法，语言可以复现思想的"意象图式"。

什么是"意象图式"？它是指你理解复杂世界的基本认知结构。人们的语言也是基于具身体验的。比如，小孩子刚出生，从妈妈肚子里面出来，就体验了什么是"内"与"外"。剪掉脐带时，就体验了什么是"联系"与"分离"。"内–外""联系–分离"就是人类最初体验的"意象图式"。

语言中的"意象图式"无处不在。这些来自你在日常生活中的具身体验，构成了语言的基础。例如，以"内–外"为基础，你学会了：他被迫退（出）比赛，而她最终进（入）决赛。再如，以"联系–分离"为基础，你学会了：我们（紧密地团结）在一起，（不再联系）那些小人。

这一点与其他风格的立场也大不相同。有的风格认为语言无法完成表达任务，有的风格认为语言无法与思想完全匹配。

这就是古典风格持有的立场：真相可知；作者清晰呈现真相，带着读者观看世界；写作是一个人与另一人的对话；作者与读者关系平等；写作不是思考，作者下笔之前已洞察事实真相；语言本身足以表达任何思想。

6

在21世纪，古典风格为什么越来越重要？写作历史上有很多种风格，比如平实风格、沉思风格、实用风格、浪漫风格、先知风格与演讲风格等。

与这些风格相比，古典风格在21世纪具备以下三个突出的优点。

它更符合人类的认知习惯。古典风格强调的"联合注意""意象图式"，正是人类演化习得的自然模式。适者生存，人类会演化出适合生存的大脑；同样，今天人类社会也会演化出适合交流的写作风格。

它灵活多变，适应一切文体。在《风格感觉》一书中，平克开篇举了道金斯的《解析彩虹》、妻子瑞贝卡·纽伯格·戈德斯坦（Rebecca Newberger Goldstein）的《背叛斯宾诺莎》等例子。文风大不相同，但都体现了古典风格的要义。同样，在《古典风格》一书中，从柏拉图的《苏格拉底的申辩》、笛卡儿的《谈谈方法》到马克·吐温的《密西西比河上的生活》，古典风格无处不在。[5]

它简洁但不简单，清晰但不肤浅。古典风格呈现的真相与你掌握的真相有关，即使一篇简短的讣告、一篇房产广告，也会呈现写作的美感。古典风格追求清晰，当你对事物了解得越深刻，就越容易呈现出大千世界与抽象知识之美。

7

不仅西方写作史存在古典风格，中国写作史上也存在古典风格。远可追溯至《诗经》，近可探索至韩愈、桐城派。

"关关雎鸠，在河之洲；窈窕淑女，君子好逑。"在《诗经》中，先有优美意象，才有诗歌句法。意象在前，文字在后；作品在前，赏析在后；自然在前，句法在后。这是中国写作从源头开始就讲究的古典风格。

继而，韩愈发起古文运动，号召向《诗经》《论语》《左传》与《史记》等古典作品学习写作。韩愈在《答李翊书》中提出："气盛，则言之短长与声之高下者皆宜"。[6]什么是气？什么是言？"气，水也，言，浮物也；水大而物之浮者大小毕浮。"——人们的心智与写作的关系，认知科学家在韩愈这里找到了共鸣。

而后桐城派领袖人物方苞号召重回经典，力求简明达意，条理清晰。桐城派的集大成者姚鼐认为，"所以为文者八，曰：神、理、气、味、格、律、声、色。神、理、气、味者，文之精也；格、律、声、色者，文之粗也。然苟舍其粗，则精者亦胡以寓焉。"[7]（《古文辞类纂》）

为文者八，神、理、气、味是文章的精细活；格、律、声、色是文章的粗活。来自西方的古典风格要素：真相、呈现、场景、角色、思想和语言，与中国桐城派的文章八大要素不谋而合。

汉字是世界上唯一一种流传五千年的象形文字，它的信息密度和节奏感与英文不同。如"口是心非"，读起来朗朗上口，同时包含深刻语意，翻译成英文就失了中文韵味。余光中将中文生命的常态总结为措辞简洁、语法对称、句式灵活、声调铿锵。

今天，我们在学习西方古典风格的同时，不应忘记中国自身的古典风格传统。在《诗经》那个时代，它是文成而法立，言出而法随；在韩愈那个时代，是气盛则言辞皆宜；在桐城派那个时代，是以义为经，而法纬之，然后为成体之文。

小　结

千秋雪，万里船，青天翠柳，黄鹂白鹭。你在世界上遇到过很多有趣的人，读过很多有趣的书，做过很多有趣的事，那么，不妨用写作的形式记录下来。千秋万里，你曾经见过的人，读过的书，做过的事，也许是不同时空中读者推窗看见的那些雪与船。

05

真实的学术写作 [*]

1

也许你是一名研究生，正在为自己的第一篇论文绞尽脑汁；也许你是一位刚刚毕业的青年博士，正在为申请自己的第一个独立课题穷思竭虑。易莉老师写的《学术写作原来是这样》一书或许有助于你了解真实的学术写作。

读完全书，我印象最深刻的是易莉老师的真诚。关于学术写作，人们有很多误解。其中流传很广的一个误解是，科学家所做的似乎是在一个与世无争的世界中探索人类科学前沿，写作只是其中微不足道的一面。但事实上并非如此。好的作家不一定是一位好的科学家，但是好的科学家一定是一位好的作家。

---

* 本文首次发表日期为2020年12月25日，为《学术写作原来是这样》一书推荐序。

本书与很多指导学术写作的图书不同，如果说那些图书过于强调了学术写作、科学研究不食烟火的一面，那么，易莉老师的这本书则呈现了真实世界中的学术写作方法论。

从去国外读博，作为班上唯一的一个非英语母语学生，面对写作十分尴尬，再到写博士论文时用力过猛，导致几年时间里再也不想写论文，后来慢慢在图书馆安静的角落治愈自己；从发表论文被多次拒稿，不知道如何取标题，再到如今成为领域内的权威专家，并在改稿、取标题上游刃有余，甚至给北大学生开设学术论文写作课。可以说，这本书就是易莉老师近20年的学术写作心得。

难得的是，她没有在格式、排版等容易掌握的写作细节上多花篇幅，而是在中国人从事学术写作时的一些常见误区，比如心理、逻辑、语言、流程等方面的误区上着墨更多。

全书分为导论、写作逻辑、语言和写作流程四个部分。接下来，我谈谈自己印象最深刻的几点。

2

真实的学术写作，既不同于创意写作，也有与创意写作相通的一面。

什么是创意写作？创意写作的英文是Creative Writing，翻译成中文，也可以翻译为创造性写作。它于20世纪初在美国诞生。20世纪二三十年代，美国艾奥瓦大学成立创意写作工作坊，标志着创意写作作为一门学科正式诞生。

目前最主流的分类方式一般将创意写作分为虚构类与非虚构类。虚构类创意写作往往包括小说、散文、诗歌、剧本等；非虚构类创意写作往往包括传记文学、人物采访故事、深度报道等。

如果说创意写作的核心是文采与故事，那么学术写作（Academic Writing）的核心就是论证与逻辑。中国传统语文教育提供的文本以创意写作为核心，多谈故事与诗歌，少谈论证与逻辑。到了第一次写学术论文时，不少学生才开始真正接受人生第一次论证与逻辑教育。这是绝大多数中国学生写不好学术论文的根本原因。

中文又不同于英文，少了单复数、时态、从句等语法组件，导致不少学生第一次写学术论文时抓不住要点。学习精确地描述科学发现，进行优雅地论证，是学术论文写作的第一课。

不过，学术写作与创意写作完全不相干吗？并非如此。故事是人类大脑先天最容易接受的语言结构。因为它有冲突，有对立，有先后次序。从远古男耕女织的时代，到今天万物互联的时代，人类大脑先天爱故事。

故事不仅包含于创意写作之中，同样存在于学术写作之中。易莉老师在书中举了很多学术高手也是讲故事高手的例子。其中有两个例子给我留下了深刻的印象。

第一个例子是沃伦·琼斯（Warren Jones）和阿米·克林（Ami Klin）于 2013 年发表在《自然》（Nature）上的文章。这篇文章的背景是，与正常孩子相比，孤独症孩子与人的眼神交流更少。这种与人眼神交流更少的行为是先天障碍，还是后天出现的呢？

　　这个问题的答案将决定不同的孤独症治疗与干预方向。而这篇文章报告的研究发现，早期的正常婴儿和孤独症婴儿在注视眼部的时长上差异并不明显，然而，随着年龄增长，孤独症婴儿注视眼部的时长减少了。

　　第二个例子是易莉老师谈到的给论文取标题的方法。我们既可以采取莎士比亚的写法——吃还是不吃（To eat or not to eat）、信还是不信（To believe or not to believe）；也可以采取简·奥斯汀的押头韵写法——黏黏的还是滑溜溜的注意力（Sticky or slippery attention）。

3

**　　真实的学术写作，一方面，讲究文章的"颜值"；另一方面，讲究写作的逻辑严谨。**

　　文章的"颜值"，是指拼写、语法与格式等。其中最容易被人忽略的是学术写作格式。人们常误解科学，将实证看作其唯一，但它的本质是定义、验证与质疑。质疑是科学最大的贡献。

　　在现代科学范式之下，科学家通过定义术语、建立公理体系、逻辑论证、引用文献、同行评审、约定写作格式等手段，建立了一个"性价比"较高的、容易沟通的知识良性循环体系。

　　在这个体系中，掌握学术写作格式代表练会了学术基本功。

　　目前学术圈主流的学术写作格式有：以《细胞》《自然》《科

学》三本顶级期刊为代表的格式，适合大科学领域交流；AMS（American Manifest System）格式，用于数学、计算机科学等领域；AIP（American Institute of Physics）格式，用于物理学、天文学等领域；MLA（The Modern Language Association）格式，用于人文学科等领域；芝加哥（CMOS，The Chicago Manual of Style）格式，用于很多其他领域。当然，还有易莉老师书中反复提及的，适合社会科学、教育学和工商管理领域的 APA（American Psychological Association）格式。

这些格式规约的形成，来之不易。每一个版本的更新，代表着相关学术共同体关于论证与逻辑的最新共识。借助参考文献软件，青年学者可以更轻松地输出这些格式。

而写出逻辑严谨的文字绝非一日之功。对于绝大多数青年学者来说，备择假设的推敲，是最难过的一关。21世纪最新的逻辑学发展，也向我们提出了新的挑战。逻辑，不仅需要考虑形式逻辑，也就是传统的三段论，还需要考虑非形式逻辑，也就是论证。试看一个经典例子。

前提 1：所有的生物都需要水。

前提 2：玫瑰需要水。

因此，玫瑰是生物。

很多人会认为这个结论"玫瑰是生物"是正确的，事实上，这个结论确实是正确的，不过其推理过程是完全错误的。这就是认知科学历史上最著名的"玫瑰三段论"。我们一旦转换内容，就不难发现这里面的逻辑错误。

> 前提 1：所有的昆虫都需要氧气。
>
> 前提 2：老鼠需要氧气。
>
> 因此，老鼠是昆虫。

比较两个案例可以发现，这两个推论的论证结构是一模一样的，但是大部分人都会被第一个三段论所蒙蔽。这就是在讨论问题上认知科学给我们的一个重要启发：人在论证过程中会被具体内容干扰，而非如古典经济学家们所言，是"生而理性"的。

4

真实的学术写作，时而需要将每个读者想象成一批人，遵循学术社区的写作规范；时而需要将所有读者想象成一个人，尽量减少读者的语义能量与句法能量消耗。

对于前者，不同的学术社区有不同的写作规范。比如，在心理学论文中，往往需要包括摘要、前言、方法、结果、讨论和标题等部分。同样，写作中的作者排名、信息点呈现等也需要遵循 APA 格式。

对于后者，什么是语义能量与句法能量？

文章之于大脑，就像布料之于熨斗。当你的文章如丝绸般平滑，读者只需将熨斗温度调到最低，投入一点点大脑能量，就能轻松愉快地开始一场冒险。而如果你的文章是粗糙的干棉布，读者就需要将熨斗温度调到最高，投入大量的大脑能量，还经常得忍受难看的皱褶与乱窜的蒸汽。

这就是杜克大学英语系乔治·戈朋（George Gopen）教授提出的阅读能量模型。每一次写作就是一次对话，在屏幕那头，你爱着的人（情书）、你恨着的人（论文审稿人），正是他们的期望决定了写作的普遍规律。

戈朋教授参考认知神经科学原理，用 Et 来表示大脑处理一个句子所需的全部能量。阅读文章所有句子消耗的能量，即 Et 的总和。Et 由两部分构成，一部分是人们分析句子结构时消耗的"句法能量"，另一部分是人们连接句子以及理解语义时消耗的"语义能量"。[1]

$$Et = 句法能量 + 语义能量$$

人们在阅读一个句子的时候，受到大脑结构与时间的制约，能够投入的整体大脑能量有限，因此，每个 Et 是固定的。

如果你的写作消耗了读者更多的句法能量，那么读者只能投入更少的语义能量，可能读完全文，却完全不理解你想要表达的意思。而如果你的写作消耗了读者较少的句法能量，那么读者就能在语义上投入更多。

从写作的阅读能量模型出发，你还需要从读者角度来确定句子结构，需要铭记几个要点：（1）读者预期句子的动作应该由动词来表达。（2）读者预期句子讲述的是最先出现的人/物的故事。（3）读者预期谓语要紧跟着句子的主语。（4）读者预期在着重号处读到作

者最想要强调的内容。（5）读者预期句子一开始的内容与前面一句
话有联系。

5

真实的学术写作，一方面，需要个人埋头苦干；另一方面，讲究与人协作。

写作为什么难？**一方面，难在写作这种输出，本质是道数学题**。你需要从 10 万个字词中，提取 1000 个字词，来排列组合成一篇千字文。此时，你面对的是一个无穷大的组合，远远超过了人脑的计算能力。

另一方面，难在写作这种输出，本质是一种对话。试试看，将你自己关在一个房间里面自言自语，你能坚持多久？别说一个月了，一天都坚持不了！试试看，对着一个啥都听不懂的小孩讲话，你能坚持多久？同样，别说一个月了，一天都坚持不了，除非你是孩子的父母。

写作者就在天天坚持这种高难度的自我对话。有时候，你要假设你的读者拥有上帝视角，全知全能；绝大多数时候，你要假设你的读者一无所知。

因此，与人协作，事实上降低了写作的对话难度。学术写作更是合作写作的典范。易莉老师在书中详细介绍了如何与平辈合作、与长辈合作以及与晚辈合作，相信你读毕会格外受启发。

6

其实，真实的学术写作，首先在于它是真实的。在书中，易莉老师用非常诚恳的语气讲述了写作中的情绪问题，她自己经历的写作进步，她读过的写作类好书，以及她修改学生论文与项目申请书的体验。

对于易莉老师引用的一项研究，我的印象尤为深刻：如何在写作中保持情绪的稳定？一篇发表在《心理科学》的研究发现，写作中有三种类型的人："海龟"（匀速完成任务）、"忍者"（提前症，尽快完成）以及拖延者。[2]

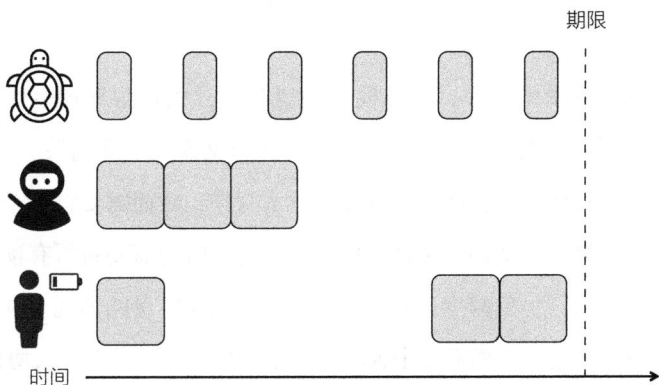

"海龟""忍者"和拖延者的工作状态

拖延者和"忍者"都很难按时完成任务，而平均分配时间的"海龟"更容易按时完成任务。其中，只有"海龟"的情绪是正性的，"忍者"看起来是比较紧张的，而拖延者则表现出惊恐的状态。

　　用易莉老师的话来说，学术写作是个庞大的工程，需要逐步完成："当我意识到时间紧迫通常是焦虑的一大来源时，我开始为一项任务预留充足的时间，保证自己最后能在游刃有余的状态下完成。可能有人追求最后一刻的心跳，而我更注重长期持续的效果，不止这一次的完成。保持良好的情绪会让你在将来愿意长期坚持，并且享受写作的过程。"

　　这样的话语在书中比比皆是，我相信各位读者能感受到易莉老师的真诚。

小　　结

　　真实的学术写作，既不同于创意写作，也有与创意写作相通的一面。真实的学术写作，一方面，讲究文章的"颜值"；另一方面，讲究写作的逻辑严谨。真实的学术写作，时而需要将每个读者想象成一批人，遵循学术社区的写作规范；时而需要将所有读者想象成一个人，尽量减少读者的语义能量与句法能量的消耗。真实的学术写作，它一方面需要个人埋头苦干，另一方面讲究与人协作。

　　但真实的学术写作，首先在于它是真实的。写作期间，你既会享受破解科学难题、心流涓涓的快乐；也会面临文思枯竭、词不达意、总被拒稿的苦闷。因此，它需要你坚持大时间周期的自律与刻意练习。而《学术写作原来是这样》一书，正是你前行路上的好导师、好助手、好伙伴。

06

致薇拉 *

初　　识

这一年，他24岁，是个惨绿少年。大学毕业不久，连遇惨事。

父亲在上一年被政敌枪杀。屋漏偏逢连夜雨，原本订好的婚约，被未婚妻父母取消。

理由很简单：年轻的他前途未卜——没有收入，以写诗、翻译为生。

任何精通世事的爸妈，当然都不愿意将自己的女儿嫁给一个收入不稳、父亲离世的年轻诗人。

幸好，诗人总会拥有读者。

---

* 本文首次发表日期为2018年10月15日。此文为读由纳博科夫写给妻子薇拉一生的信件组成的书信集《致薇拉》有感。

幸好，诗人的读者中总会出现知音。

她第一次读到他的诗歌——那些他写给未婚妻的诗歌。爱，就心有灵犀。她把他的不少诗歌都剪下来，小心翼翼地贴在日记本上。

当他失恋了，婚约被取消后，她听到他心碎的声音：

> 我小心翼翼地，
>
> 为你怀着这颗心。
>
> 但有人用肘撞了一下，
>
> 心跌得粉碎。[1]

终于，两人有机会相识。

这是一个舞会。她的目标就是他。那么，该如何吸引年轻诗人的注意力呢？她的长相并非出众，但她是勇敢与聪明的——她戴上了假面。

年轻的诗人果然被她深深吸引，想探究假面背后的神秘，从此中招。

相　爱

相识的这一天，是5月8日。

年轻诗人求爱的方式与众不同。一首又一首诗歌，如同暗号一样，不断发表在一本文学刊物上。

　　她，当然看到了，而且懂了。

　　两人开始鸿雁传书。在第一封信中，他感情炽烈地表达道：

　　　　你呼唤——在一棵小石榴树上

　　　　一只幼枭像那条小狗那样吠叫

　　　　傍晚时分，弯弯的月亮

　　　　是如此孤独和清丽

　　　　你呼唤——像泉水飞溅在青绿色的傍晚

　　　　水珠清扬，一如你的声音

　　　　那月儿，闪烁着它的光辉

　　　　颤动着穿过一只陶壶[2]

　　他的"撩妹"技巧在信件中一览无余：

　　　　有人给我提供一个职务，……但两件事情迫使我暂回柏
　　林。第一件事是我的妈妈必然会很孤单；第二件事情——是个
　　秘密——或者是我迫切想要解决的一件相当神秘的事情……我
　　6号动身……会在10号或11号到柏林……要是你不在那儿，我
　　会去找你，找到你。期待很快见到你，我奇妙的喜悦，我温柔
　　的夜晚。[3]

　　两位互撩高手，从此相爱。

很快，两年后，26岁的他与23岁的她结婚。8年后，34岁的他与31岁的她，生下一个孩子——他们一生中唯一的孩子。

他写下了数百封信给她，甚至一天两封。那些炽热的语言，温暖了一对贫贱夫妻。

我的欢乐，我的爱，我的生命，我难以理解：你怎么能不跟我在一起？我与你难分难舍，以致此刻我感到失落和空虚：没有了你，就丢了魂。

你让我的生命变得轻盈、奇妙和五彩缤纷——你使得每样事物都呈现出幸福的光彩——始终有所不同：有时，你的眼睛是烟灰色，很柔和，而有时候则乌黑，眉毛飞扬——我不知道我喜爱你的眼睛何时更多一分——闭上还是睁开。

现在是晚上11:00：我竭尽全力想要穿过空间看见你；我的思念请求一份凌空去柏林的签证……我兴奋而甜蜜……[4]

婚 外 恋

"我的欢乐，我的爱，我的生命，我难以理解：你怎么能不跟我在一起？"

年轻时的许诺还在耳边。

但，长期没有固定收入，依赖一些零散的稿费、私教谋生，分居异地，两人的感情出现裂缝。

这一年，他38岁，与一位女诗人相爱。

他在巴黎，她在柏林。

那些信件，变得躲躲闪闪。

当远在德国的她听闻那些绯闻并质疑他时，他坚决不承认，采取了高超的文字技巧辩护，手法如下：

坚决否定——绯闻一定是假的，我多么爱你。

> 我的至爱，多么可爱，多么迷人，你写的有关小家伙（以及阁楼！）的这一切事情，总之，这是一封特别亲切的信，除了"卑鄙的谣言"。（4月20日信件，p370）[5]

偷换版本——我也听过这些绯闻，它们也传到我这里了，不过我听到的版本是这样的。

> 同样的谣言也传到我这里——我不会怀疑它们也会蔓延到柏林。那些传播谣言的狡猾的家伙应该被粉碎！我从一位老人那儿听到另一个版本——我和贝贝洛娃有私情。
> 我确实经常去科科什金家——他们两位都很亲切——我强调"两位"。我的每个举动、声明、姿态、面部表情在当地文学和半文学圈里受到了详尽和恶意的议论。（4月20日信件，p371）[6]

亲爱的读者，相信你能猜出来，薇拉和贝贝洛娃是好友关系，她知道两人关系清白。

强调自己仅仅是女人缘好而已。

　　但伊柳沙搞错了：他嫉妒的不是我的写作，而是无聊八卦渲染我的女人缘。（5月10日信件，p386）[7]

但事情终究败露了。

他低估了一位陷入热恋中的女诗人的狂热。

她带着孩子，与他在法国戛纳会合时，那位女诗人追上门来了。

选她还是选我？她给出了最后通牒。

痛苦的诗人，想了又想，最后做出了选择。

女诗人哭着离开了戛纳。

巅　峰

持续写了多年的信件，中断了。

接下来的几年，他们的感情慢慢走出低谷，信件才开始恢复。

还是有了裂缝。

之前38岁时，他用了12年时间，写了近400页信件；之后40年时间，他只写了近百页信件。

诗人的名气越来越大，出版了一本又一本诗集、小说、译作。用法语写，用俄语写。

但依然穷。诗人说，人有三样东西无法隐瞒，咳嗽、穷困和爱，你越想隐瞒越欲盖弥彰。

诗人作了一个决定，放弃母语俄语，改用英语写作。

来到美国。不断地谋生又谋生。找了一份又一份并不长久的工作。

他与她的感情，异国他乡，相濡以沫，变得坚固。虽然，他有时还会吹嘘自己的女人缘。

这一年，他55岁。写出了一生的巅峰之作。

> 洛丽塔，我生命之光，我欲念之火。我的罪恶，我的灵魂。
>
> 洛——丽——塔：舌尖向上，分三步，从上颚往下轻轻落在牙齿上。洛——丽——塔！[8]

这是一个恋童癖的故事，这是一个精神分裂者的故事，这是一个中年大叔与14岁少女的故事。

他写完后，如释重负，两度想将书稿扔进火炉。

她抢救了。并且坚持出版。

连续被4家美国出版社拒绝后，终于得到法国巴黎的一家出版社支持。

大卖。从此财务自由。两人在他60岁时辞去工作，欧洲列国游之后，定居瑞士，入住蒙特勒皇家旅馆，终老一生。

谢　幕

人生的四幕戏，该谢幕了。

在最后一封信中，77岁的他对74岁的她，写道：

在荒漠中，电话铃响了：

我没有听见，

很快它就挂了。[9]

他叫纳博科夫，1899年生，1977年卒。她叫薇拉，1902年生，1991年卒。

07

轻轻的告别 *

1

2018年9月27日，斯坦福大学詹姆斯·马奇（James G. March）教授去世，享年90岁。世间从此少了一位大师。

马奇是我最佩服的智者，比任何中国人都更像中国传统意义上的君子、士大夫、大儒。他是最有创造力的诗人、管理学家、社会学家、心理学家、经济学家、政治学家、教育家，还是计算机模拟领域的先驱，更是最懂管理与领导本质的人。马奇用自己的90年时间诠释了什么是生活上的"君子不器""名利如浮云"与爱情上的"相濡以沫""不离不弃"。

马奇对我的影响是全方位的，教学、研究、管理、生活，无不

---

* 本文首次发表日期为2018年10月1日。

涉及。曾与一位老师相约去拜访马奇，这位老师住在马奇家附近，劝我尽快成行，未来不要留遗憾。不想一语成谶，从此错过。

2

人类群星闪耀，智慧浩瀚，究竟哪些智者值得追寻？

这是一个曾长期困扰我的问题。从2009年开始，我拥有了数年奢侈的独立研究时间。因此，我盘点了中英文上万本传记，购买了其中数千本，在其基础上，整理出一个智者数据库与智者思想谱系图。我在认知科学领域关于智力、天才、创造力、专业技能习得的诸多研究，都依赖于此。

我在初步整理出的"智者清单"里，挑选出20世纪出生的200多位智者。然后让他们捉对厮杀，看哪些智者能最终胜出。这么一轮一轮下来，最后一轮胜出的三十六位智者，仍有马奇。

用马奇的理论来解释他为什么能胜出，也许更有价值。马奇将人类的知识体系划分为模型、故事、行动三者。在模型上，科学家是典范；在故事上，作家是典范；在行动上，创业者是典范。那么，有哪些智者能同时在模型、故事、行动三者上取得杰出成就？一位科学家，不是一位好的诗人；一位诗人，难以影响成千上万人的行动。

多数智者，只能在单一维度胜出。而马奇是全方位的胜出。

3

马奇首先是一位科学家。马奇早年就成为大师。在他年仅30岁时，在卡内基理工学院的行为高级研究中心任职时，他与众所周知的跨学科天才、图灵奖与诺贝尔经济学奖双得主赫伯特·西蒙（Herbert A. Simon）合写的《组织》成为经典。2001年，丹尼尔·雷恩（Daniel A. Wren）与阿瑟·贝德安（Arthur G. Bedeian）组织了一项调研，《组织》在20世纪最具影响力的20大管理书籍中排名第7。1994年，马奇出版的著作《决策是如何产生的》第一章即"有限理性"，详细介绍了他与西蒙奠基的组织研究的"有限理性"流派，这也成为今日行为经济学基础。

科学界目前流行用H指数快速评价一位科学家的成就，虽然粗暴但不妨作为一个参考。什么是H指数？它是指一名作者有 h 篇论文分别被引用了至少 h 次。一个人的H指数越高，则表明他的论文影响力越大。在中国，30以上有望获得院士；在全世界，100以上为公认的学术大师。而马奇的H指数高达111。因此，马奇也当选为美国国家科学院院士、美国艺术科学学院院士、美国哲学学会会士、国家公共管理学院院士和美国国家教育学院院士。

我的心理学训练最早来自组织行为学，与马奇的研究领域有较多交集，因此，对他的研究比较熟悉。当年北美组织行为学界、管理学界、社会学界流行一个段子：当你的研究没灵感了，去翻翻马奇的著作吧。

马奇同样深深影响了我的治学。我自成一家的"认知写作学"采用马奇的模型、故事与行动框架，整合认知科学与文学领域的知识，并为写作者提供了写作的最小模型、最小故事与最小行动。

我即将出版的四大方法系列著作中的第二本书，谈学习大法，同样深受马奇影响。马奇说，别再浪费时间去寻找最优学习方法了，学习常常在三个层面同时发生：第一个是学习做什么，寻找好的技术、战略或合作伙伴；第二个是学习如何做，精炼并改进在某项技术、战略或合作上的能力；第三是学习期盼什么，调整绩效目标。这三个层面的目标会相互干扰，你不要奢望用一把锤子来应对学习的所有层面，那只会导致学习效率低下。因此，我尝试结合认知科学、学习科学与智者研究，为学习者提供一套新的方法。

4

少为人知的是，马奇还是一位诗人。他出版了九本诗集。马奇还将诗歌广泛应用到管理学研究、社会学研究中，并指导领导者的行动。

马奇说，"学问有个特征比（学问）有没有用更重要，那就是美不美。"[1]

马奇说，"写诗是思索和增加那些美的一种方式，也是思索和增加那些美存在于生活垃圾桶这一荒谬性的方式。"[2]

马奇建议所有领导者都要读诗。为什么？领导者经常面临一个问题：他们所生活的世界，一方面要求他们清晰（目标清晰、决策正确……），另一方面世界本身并不清晰，二者相互矛盾。因此他们必须说一套做一套，很多人无法忍受这一点。马奇说，"诗歌是表达与审视怀疑、悖论和矛盾的天然媒介"[3]；马奇说，"大多数时候，诗歌透过两个镜头看世界，一个是清晰的，一个是模糊的。因为生活既清晰又模糊，人既可敬又卑鄙。两方面同时存在，你必须同时看到它们，不要妄图调和它们之间的冲突，而要把它们都看作人生的本质。"[4]

马奇用管道工与诗人来形容伟大领袖的本质。马奇甚至在商学院开设领导力课程，用贞德、堂吉诃德等文学人物的故事，去剖析领导者常常面临的矛盾。2003年马奇拍了一部电影《激情与纪律——堂吉诃德的领导力》，电影中马奇有这样一句旁白：

> 我们生活的世界重视现实的期望和清晰的成功，堂吉诃德两者皆无。但是尽管一个失败接着一个失败，他坚守愿景和使命。他坚韧不拔，因为他知道自己是谁。[5]

马奇关于堂吉诃德这句话，我同样多次引用："游侠骑士让自己疯狂，既不是为了别人的嘉奖，也不是为了别人的感谢。游侠骑士的愚蠢行为不需要辩护。"[6]

5

马奇的思想对企业家同样影响深远。2003年，两位管理咨询师罗伦斯·普赛克（Laurence Prusak）与托马斯·戴文波特（Thomas H. Davenport），调查了世界上最大的企业CEO常常引用的管理大师名言。然后他们整理出一份管理人师清单，询问这些知名的管理大师，谁是你心目中的大师？结果显示，排在第一位的是德鲁克（Peter F. Drucker），第二位是马奇的好友西蒙；第三位正是马奇。

如果按照世俗推论，马奇从事的研究与管理、组织、企业密切相关，那么马奇理应名利双收。但出乎所有人意料的是，马奇拒绝担任任何公司的顾问。平生只以私人身份给当时身为花旗银行总裁的好友支招。

对于马奇来说，他宁愿从事纯净的教育工作，也不愿让自己的研究像众多与企业走得近的学者一样，受到利益污染。不止一次，我为马奇晚年退休时，在斯坦福大学晚宴上的致辞而动容：

> 大学只是偶然的市场，本质上更应该是神殿——供奉知识和人类求知精神的神殿。在大学里，知识和学问之所以受到尊重，主要不是因为它们能够造福个人和社会，而是因为它们象征、承载并传递着有关人性的见解。
>
> 高等教育是远见卓识，不是精打细算；是承诺，不是选择；学生不是顾客，是侍僧；教学不是个人工作，是圣事；研究不是投资，是见证。[7]

甚至正是因为马奇对教育的理想，让我创办了一家英才教育机构，试图给18～48岁的职业人士提供那些真正的教育。

6

马奇的研究、思想深深地影响了他自己的人生。对他来说，有趣大于一切。我在《人生模式》一书的第20章《有趣男女》中如此引用马奇：

> 世上有趣的女生远多于有趣的男生。……男人生下来的时候是男孩，人们告诉男孩，作为男孩，他们必须坦率、一致、符合逻辑。然后，男孩开始上学，这时人们还是告诉他们，他们必须坦率、一致、符合逻辑。所以，男性终其一生都要做到坦率、一致、符合逻辑——与两岁的目标一致。这就是男人不仅不如女人有趣，而且不如女人有想象力的原因。[8]

马奇与爱人杰恩（Jayne）厮守一生，两人20岁时结婚，生育了4个孩子。就像纳博科夫将一生所有著作都献给薇拉一样，马奇将自己的9本诗集都献给了杰恩。几年前，杰恩不幸患上阿尔茨海默病，记忆一点一点消失。虽然医生与家人反对，但马奇依然坚持住到杰恩的病房中。他说，即使她认不出我了，我的存在依然能令她心安。

2018年8月28日，杰恩不幸离世。而马奇，在一个月后同样不幸离世。70年岁月，相濡以沫，相敬如宾，虽不能同生，挽手至终点。

2014年，我在结婚10周年的纪念文章《十年》中，如此引用马奇："如果只在不被辜负时去信任，只在有所回报时去爱，只在学有所用时去学习，那么就放弃了人之为人的特征。"[9]

马奇用自己的一生，诠释了什么是信任、爱与学习。在一生挚友西蒙去世后，马奇代表西蒙的家人、师友，主编了纪念文集——《那位一生追寻人类智慧模式的男人》（*Models of A Man*），为20世纪最伟大的通才送行。在书的末尾，马奇写了一首诗歌《轻轻的告别》悼念西蒙，现在，请允许我引用马奇的诗歌为他告别：

　　我们以

　　悲伤之仪，怀念生命

　　友人已逝，声影犹存

　　生者唯念，饮泣失语[10]

08

乱世中，一位文人的苦恋 *

1

我的藏书中有不少是人物传记、信件。通过这些文本，得以了解一些不为人知的故事。

近期回到南边书房，顺手翻到《夏济安日记》。

夏济安是谁？1916年出生，江苏人。1937年毕业于上海光华大学英文系（今华东师范大学外语学院）。毕业后相继在光华大学、西南联大、北京大学、香港新亚书院任教。1950年由香港去台湾，先后任台湾大学外文系讲师、副教授、教授。夏济安在台湾大学外文系任教期间，培养出了一大批优秀作家，包括白先勇、王文兴、李欧梵、王德威等。

* 本文首次发表日期为2018年10月30日。

　　夏济安的弟弟夏志清很有名，是钱锺书、张爱玲的知音。夏志清的成名作是1961年出版的《中国现代小说史》。当年夏志清耶鲁大学博士刚毕业，三年不问发达，寄居学校，直到结婚才搬出学校宿舍。埋头治学，终于有了这么一部好书。

　　在这本书中，他第一次将钱锺书、张爱玲放在一个前所未有的现代文学史位置。之后，才有了两人渐为人知，名声越来越响亮。夏志清更是张爱玲为数不多的知音，两人通信数十年。

　　因此，在我的书架归类中，一直将夏志清、夏济安、张爱玲三人的著作放在一起。

2

　　《夏济安日记》一书是1946年，夏济安写给一位叫作李彦的女生的单恋日记。在他去世不久后，由弟弟夏志清整理出版。按照今天的话来说，就是一位年轻的大学讲师对自己班上女学生的单恋。

　　那一年，夏济安30岁，在西南联大外文系任教。一位历史系的湖南女生选修了他的英文写作课。她就是夏济安苦恋的对象：李彦。

　　为君子讳，夏志清在1974年《夏济安日记》初版时，将全书中的李彦均替换为R.E.一词。到了如今，2006年的《夏济安日记》再版，又恢复了原样。

　　虽然当时西南联大师生恋的例子不少，但夏济安独特的是，他以一位文人的浪漫，将李彦想象成一位完美的女生，在日记中展现了爱情的神圣、对贞洁的捍卫。

多年后，这本日记读来依然动人，这是根本原因。

3

夏济安爱上李彦后，1946年1月16日，夏济安痛苦地写道：

> 我很愿意娶那女孩，如果我有那份勇气和恒心去求婚，她可能就会成为我的。但是不！我保持沉默，我不对任何人透露我的秘密，只除了上帝。[1]

情人眼里出西施。在夏济安看来，李彦是那么完美，1946年2月20日，夏济安写道：

> 很奇怪的，她总是不敢望我。今天做作文，她伏案疾书的时候，我细细地端详了一下，觉得她的鼻子和面部轮廓，真是美得无可比较，肤色亦是特别娇嫩。我能够有这样一个人做太太，真是太福气了，她的座位是在阳光下，我有时站的地位，把阳光遮住，我的头的影子，恰巧和她的脸庞接触，她不知觉得不觉得？[2]

　　甚至，夏济安已经开始考虑相处后，两人的语言、饮食习惯的问题了。1946年2月22日，夏济安写道：

　　　　恋爱不能离痛苦，但我已不怕痛苦。对于李彦，我今天多了两个考虑：（1）苏州话是一种很好的语言，我舍不得放弃，除非她亦跟我学。（2）她做的菜是不是都辣？我现在虽稍能吃辣，但天天吃辣，可亦吃不消。这些小困难，如她对我有真爱，亦不难克服。[3]

4

　　然而，这个时候，夏济安依然是单相思，并没有做任何表白。他留意女学生的一切，但就是没有任何表白。试看日记中的点点滴滴。

» 1946年2月6日：李彦坐在第一排，看见了不免又动心，发现一点：左手无名指上有一枚翡翠金戒，不知何所指。[4]

» 1946年2月12日：她只对我说了一句话——这一句话使我高兴一上午，上七至八、八至九两堂课，精神兴奋，倍于往昔。[5]

» 1946年2月19日：李彦未来上课——干脆死了这条心吧！[6]

» 1946年2月20日：我本来想出一个类似 *My Native Place* 的题目，因为她是哪儿人，我根本都不知道哩。可是福至心灵，

给我想出了 *My Life* 这样一个好题目。[7]

» 1946 年 2 月 27 日：她来了。今天穿了一件新的浅青色的绒线夹克，戴了一双黑皮的长统手套。[8]

1946 年 3 月 2 日的日记中，夏济安为自己辩护：

决定放弃当然是个悲剧，这个悲剧的造成是由于我所生非其时，非其他。

假如我生在外国，不要说是在近代，即使在简·奥斯汀的时代，我同她早已有谈话的机会，甚至舞也跳过几次，彼此是什么样的人，大家也可以认识了。假如我在中国早生五十年，那么我如看见有什么满意的对象，只要央人说亲就是了。

现在偏偏生在这个新旧交替的时代，配亲这件事，我认为绝对行不通，谈恋爱又没有机会（有机会给我谈恋爱的女子都引不起我的兴趣），两路都不通，我只能放弃了。[9]

经过漫长的自我折磨，夏济安终于决定表白了。在夏济安的想象中，女方早已与自己惺惺相惜，互为灵魂伴侣。因此，在他即将离开昆明回到上海之前，他写了一封信，长达七千字以上。然后两人相约。

如果你是女生，与男方第一次相约，第一次收到这样的信，会是如何反应？只会有一个反应：吓坏了。

1946 年 4 月 27 日，夏济安写道：

　　写了一天信，长达七千字以上。晚饭后去践约，竟然就会
吵架！我真该死！[10]

　　第一次正式追求失败了。第一次约会，竟然以吵架告终。夏济安依然采取文人的方式：写一封道歉信。

　　夏济安人缘不错，当时的西南联大人才济济。他约了四位外文系的好友支招。他们就是钱学熙、卞之琳、齐良骥与顾寿观。

　　钱学熙（1906—1978），我国著名英文教授，曾以首席翻译的身份，参加板门店朝鲜战争停战谈判工作。卞之琳（1910—2000），被公认为新文化运动中重要的诗歌流派新月派和现代派的代表诗人。齐良骥（1915—1990），1937年毕业于北京大学哲学系，之后又回校任教。顾寿观先生则精通古希腊语、法语、德语、英语，是我国著名翻译家，他翻译的柏拉图的《理想国》被称为最好的译本。

　　那些如今教科书上的名家也像今天的年轻人一样，不断给夏济安支招。甚至，钱学熙、顾寿观、齐良骥润色了他的道歉信。1946年5月5日，夏济安写道：

　　昨天的稿子，顾和齐看了都还满意，可是经钱一看，又大加改动，结果效果又增进不少。预备明天送去。[11]

　　集齐众多西南联大教授才子恋爱经验与文笔的道歉信，开篇如下：

李小姐：

离我闯祸的日子已有好几天，怕你再生气，一直不敢来道歉。我那天回去以后，就很后悔，连夜送封信来赔罪，第二天早晨又送上一信，那两封信也许你没有收到。可是它们的语调，和第一封长信一样，都根据我主观的设想，太不顾到事实，所以显得很唐突鲁莽，你看到了，或者反而更不愉快，我不知道应该怎样做才可使你饶恕我，所以只是难过了好几天，毫无举动。现在已经冷静地考虑下来，我想我应该再来请一次罪，并且说明自己一下。[12]

5

追求再一次失败了。道歉信没有任何回音。

这是一位年轻文人的单恋失败。也是他对自己命运预判的失败。

1946年3月23日，夏济安写道：

我的野心其实就是要成为全国英文写作的第一人。这方面非用功不可。照现状观之，我这部 *The Professor* 可以进行得很顺利（以前定主人翁为李教授，与我的爱人同姓，那时是预备放弃的时候，拟借此留一个纪念；现在决定追求，而她大有成为我太太的可能，使他姓 Li 不妥，已改为 Prof.Liu）。[13]

1946年4月1日，夏济安写道：

> 我只要用功写作，名利之取得，真是反掌事耳。等到她大
> 学毕业的时候（一九四九），我一定已经是个国际名人了。就
> 不知道她有没有这个福气。[14]

英文写作第一人的头衔最终并没有落到夏济安身上，以及《教
授》这本书也并没有完成。

一切戛然而止。命运的时钟，停留在1965年2月23日。

这一天，夏济安英年早逝，时年49岁。

6

他爱她，爱得忠贞，爱得热烈，爱得隐秘。而她同样是羞涩
的，他爱她，她不可能不知，他忍耐着控制自己的话语与行动，可
他藏不住炙热的眼神。

无疑，最终他的追求失败了。1946年5月6日，夏济安写道：

> 信发掉，午睡熟睡两小时，为近数星期所未有之事。
>
> 晨起时，精神极坏，连那封信险些都无力抄写。用白纸
> 写，简直把一行字写正都不容易，后来还是用了有格稿纸书写。
>
> 晚上卞大谈其恋爱经验。[15]

而这位文人对自己的失败早有预料。

1946年1月12日，夏济安写道：

在我看来，这世界上的人，大多数是不可救药的，他们和野兽一样，只求享乐，并不要什么道理。偶尔有少数的人，有时或者要向高尚的生活爬，可是没有多大时候，又跌下来了。真正明白是非的人，几万万人中间没有几个，他们不需要人家传道。自己知道研究探索，一字不识，亦可成圣人。[16]

1946年3月4日，夏济安写道：

我是绝对的贞洁主义者。这一世如果找不到十全十美的对象，也许只能同女人不来往，永不结婚了。这样对于自己也许太残酷，然而不这样做，我的心就不能安。"心安理得"是我立身准绳，为了它，只能牺牲快乐。情愿清清楚楚地吃苦，不愿糊里糊涂地享乐。[17]

1946年6月25日，夏济安写道：

我年岁已大，生理上实很有需要。不过同任何女子发生了关系，只有使我更难过，因一则对不起李彦，二则别的都不完美。[18]

夏济安真的在爱情上失败了吗？什么是成功？什么是失败？

夏济安既不想像卞之琳一样妥协，也不想像众人一样世俗。"心安理得"是他的立身准绳，为了它，他宁愿保持爱情的神圣、纯洁，情愿清清楚楚地吃苦，不愿糊里糊涂地享乐。

7

读《夏济安日记》这本书时，我是先读的张爱玲写给夏志清的信件，再读的夏济安的单恋日记。

奇妙的是，因为夏志清于1976年给张爱玲邮寄了此书。于是，我在张爱玲的日记中也可以看到关于此书的一些片段。 1976年3月15日，张爱玲写道：

> 济安的日记与三本《皇冠》收到了还没工夫拆开。[19]

1976年4月4日，张爱玲写道：

> 忙到今天才拆开邮包，多谢给我《（夏）济安日记》，马上狼吞虎咽看了序与前几页，有兴趣到极点。这段以后再看一遍。[20]

1976年7月28日，张爱玲写道：

> 我是真的看了《夏济安日记》许多地方惊异震动，对人性若有所悟。[21]

张爱玲从不关心他人的隐私与八卦，为何也会惊异震动？

我想，惊异震动张爱玲的，是夏济安那人性中的闪光点：一往情深、神圣的爱。

8

读《夏济安日记》，如果不是隐隐约约出现的战火、枪炮，我们会以为，这是一个和平时代的单相思故事。

1946年2月21日，夏济安写道：

> 除了想她，东北问题也很使我忧念，因此午觉不能入睡，连日少休息，精神不佳。
>
> 我的关心国事，倒是出于真心。我不在其位，尚且如此关心，一旦真的做了大官，岂不一天到晚要愁死了吗？
>
> 东北问题，非美苏打一打不能解决。我看得很清楚，可是还在替国家着急。
>
> 战机实已迫切。今秋平津开得成学否还成问题。[22]

1946年1月14日，夏济安写道：

> 政治协商会议开幕，国共双方下令停止冲突，一般人很乐观，我悲观。中国人自己不争气，国事要叫美国来解决，美国

情愿看见中国不战而被瓜分，不愿看见中国内战而得统一，我
们亦没有办法想。[23]

这几天发生了什么？

1946年1月10日，国共双方下达停战令。同一天，政治协商会
议在重庆开幕，出席会议的有国民党、共产党、民主同盟、青年党
和无党派人士的代表38人。

同样，读张爱玲小说，如果不是偶尔浮现的乱世景象，我们以
为，这是一个21世纪的故事。

9

乱世中的爱，可以无果而终。

但，乱世中的人，依然要活得优雅。

张爱玲的晚年，漂泊不定，衣食有忧。爱人离世，知交半零
落。能信件往来的，不多，夏志清、宋琪寥寥数人而已。离世时，
在美国一个寓所中，隔了好几天，才被世人发现。

夏济安的盛年，身处乱世，才华横溢，却不懂爱，与女生一次
又一次地交往，都以失败告终。英年早逝，一生单恋，一生未娶。

然而，他们的生活姿态是优雅的。

这份优雅，是身处乱世，风雨如晦，依然优雅；是知交零落，
一生孤独，依然优雅。

02

人性之书

09

机器人叛乱 *

时间：2404年

还有16年，你即将完成你的使命。你推开窗，看着冬眠医院外渐渐败落的城市。雾霾渐起，你的思绪回到380年前的那天。

那时，就像那个时代富人常常会做出的选择一样，你的主人决定将自己冬眠起来，一直到400年后。主人们可以"像植物一样活着"，将自己的身体封装在胶囊里面，一动不动，然后任漫长的岁月腐蚀胶囊。

当然，明智的主人们知道，"像植物一样活着"难以帮助自己度过冬眠期间的400年。胶囊的电源断了怎么办？医院受损，需要搬动胶囊怎么办？主人们纷纷决定"像动物一样活着"，就是让机器人来照顾自己。于是，有了你的诞生。

---

* 本文首次发表日期为2013年1月15日，后曾用作《机器人叛乱》一书推荐序。

　　你是那一批机器人中毫不起眼、默默无闻的一个。主人们制造了你。你的终极使命就是帮助主人度过400年的冬眠期。为了完成这一终极使命，主人在程序中赋予了你小小的自由——

　　你可以搬动主人胶囊；当封装主人身体的胶囊电源快用完了时，你可以采取其他方法去获取电源。

　　你就像一条狗一样，你的终极使命就是那条短而有力的狗绳；你的小小的自由就是那条长长的狗绳。当你抵抗短狗绳束缚时，你会遭遇强有力的牵拉，将你扳回继续照顾主人的正轨；当你抵抗长狗绳束缚时，你遭受扳回的力度则轻一些，采取什么样的方式搬动主人胶囊，那是你的自由。

　　一年又一年，十年又十年，百年又百年。你与沉默不语的主人胶囊相安无事。闲暇时，你也与其他机器人聊聊八卦，看看新闻，打打游戏。不太妙的是，保存主人胶囊的这座城市日益衰败。是污染，是战争，更是人性的贪婪。幸好，冬眠医院设计伊始，考虑得足够多，所以，你与机器人同伴们度过了一次又一次危机。

　　终于，400年过去了384年。你遇到了一个棘手、难以解决的问题。你的身体日益腐朽，岁月"铜锈"了你当初的机灵；保存主人身体的胶囊的电源也快用完，一次又一次报警。最多，只能再坚持3天。你该怎么办？

　　你有两个选择。一个选择是其他机器人遇到类似情况，采取的"A策略"。A策略就是将自己卖掉，然后委托其他机器人帮你照顾主人，度过剩余的16年。卖掉你这一堆破铜烂铁，获得的电源足以支撑主人跑到终点。

当你将自己看作机器人，当你还记得为了完成使命，那条短狗绳过去岁月一次又一次的牵拉，你会选择A策略。

然而，短狗绳也同样受到了岁月的腐蚀。于是，有了"B策略"。B策略就是将主人的电源拔掉，给自己充电。在400年刚开始的时候，你想都不敢这么想，因为每次产生这种想法，都会遭受那条短狗绳狠狠的惩罚。机器人三定律已经深深地写在你的中央控制系统中。

但是，这已经不是400年刚开始的时候了，这是最后的16年。于是，你选择了"B策略"。而这，就是你的主人曾经做过的选择。

> 在那漫长的演化历程中，你的主人——人类——就是那个机器人，而基因则是人类的主人。

越是在进化早期，基因的利益对生物的影响就越像短狗绳那样致命；随着漫长的时间演化，在进化后期，生物体本身的利益逐步背叛了基因的利益。

人，是机器人；人，背叛了自己的主人——基因。这，就是人类心智演化史上的"机器人叛乱"。正如真核动物开启了人类进化新篇章；当载体背离了基因利益时，"机器人叛乱"开启了人类心智进化的新篇章。

进化心理学强调的是基因的利益，"我们带着石器时代的大脑生活在互联网时代"，然而，进化心理学仅代表事情的一面。随着漫长的演化，人作为基因载体，自身的利益会与基因的利益发生冲突，最终背叛基因的利益。

基因利益、人自身利益的多寡，形成了人类心智架构的双进程：快与慢。在快的心智处理进程中，我们下意识地做出反应，调用的认知资源非常少；在慢的心智处理进程中，我们想得多一些，像"机器人叛乱"一样，去改写主人的使命，调用更多的认知资源。这，就是人类心智的"双过程理论"，[1]如下图所示。

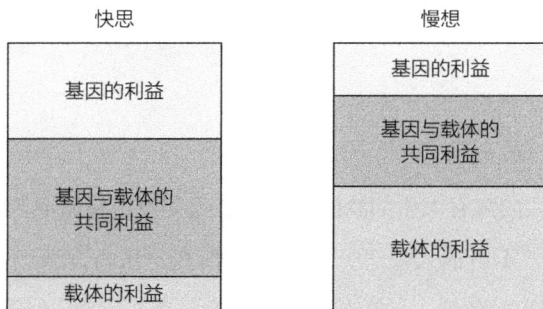

快思	慢想
基因的利益	基因的利益
基因与载体的 共同利益	基因与载体的 共同利益
载体的利益	载体的利益

人类心智的双过程理论

2404年，你违反了机器人三定律，杀死了你的主人。

你在主人的尸体旁边，静静地望着他，静静地等待你的电源用完。你是机器人，你没有名字。

10

浮生若梦 [*]

中国人向来有人生如梦的说法，黄粱美梦，转眼成空，如此短促的一生，不由催人反思，人生意义何在？从古至今，哲人学者给出了不同的答案。一条路径是"本质主义"，不断追问：人生的"真正"意义是什么？"真正"的幸福是什么？如何寻找"真实的"自我？在本质主义者看来，世间种种谜题，一定存在一个无偏答案，并且这个答案可以自然地投射到所有星球、所有世界、所有文化、所有族群。梦醒梦灭，朝露昙花，儒家是朝闻道，夕死可矣；佛教是一朝顿悟，昨日成空，立地成佛。

但自从现代科学范式诞生后，尤其是认知科学开始入侵传统心智领域，我们发现，"人类存储、回忆历史的能力有限，对服务于当前信念、欲望的重构记忆敏感；人类分析能力有限，对加诸经验

---

* 本文首次发表日期为2018年1月9日，为《三生有幸》一书推荐序。

之上的框架敏感；人类固守成见，对支持先入之见的证据不如对反对先入之见的证据挑剔；人类既歪曲观察又歪曲信念，以提高两者的一致度；人类偏爱简单的因果关系，认为原因必定在结果附近，大果必定有大因；与复杂的分析相比，人类更喜欢涉及有限信息和简单计算的启发式"。[1]

既怯懦又勇敢，既渺小又伟大！这才是活生生的人类。因此，在求解各类心智谜题时，譬如幸福、意识，出现了向"操作主义"与"多维分层"的转变。我们不再假设，凭借人类这颗大脑能够很好地理解人类大脑。既然人类受制于认知局限，我们难以抓住自己的头发，将自己从地面上提起来。但是，我们可以轻松地动手动脚去操作自己身体的某个部件，我们也可以借助工具将自己从地面上提起来。

于是，意义感取代意义，幸福感区分幸福。意义感、幸福感成为可以借助科学家手中的测量工具进行"操作性定义"的变量。一层一层地剖析与观察变量，我们终究获得了更多不同于常识的"反常识"。比如，无论梦中世界还是真实人生，都会遵循李晓旭在《三生有幸》一书中总结的传播律、参照律、峰终律、自珍律的人生体验四定律。

什么是传播律？它是指我们不能像传播知识那样，以直接的方式传播体验。就像剧透，你不能让朋友获得同样的剧情体验，你只能告诉对方下载剧集后观看，让他自己去体验。

什么是参照律？它是指我们的大脑神经网络先入为主地体验相对参照量。就像在五公里长跑之后喝的第一口水最香甜，连续熬夜完成工作后躺倒入睡最惬意。

　　什么是峰终律？它是指我们对一件事的评价的权重，压倒性地集中于结尾和高峰。就像你去进行肠镜检查，结束环节的疼痛和过程中疼痛的峰值，主导你对整个体验的疼痛感的评价。

　　什么是自珍律？它是指你更珍视自己拥有的物品。就像你拥有一幅画作，你对它的评价会高于未拥有它之前。你辛苦写好的文章被人修改的感受，会大大深刻于你修改别人文章的感受。

　　如果说从"本质主义"到"操作主义"是近代科学范式诞生后带来的第一次认知革命，"多维分层"则是进化论、相对论、量子物理、复杂性、网络科学这些思潮交错在一起带来的第二次认知革命——从牛顿到爱因斯坦。既然人难以提起自己，低层级的心智为何会涌现出高层级的意识？心灵哲学大师丹尼特的"多重草稿模型"（Multiple Drafts Model）告诉我们，意识本质上是一个文化的起重机。一级一级、一层一层，将一台"虚拟机"安装在另一个"虚拟机"之上，最终涌现人类复杂而迷人的心智。

　　如果简单直接粗暴地来理解，我们可以参照丹尼特在《心灵种种》中提出的心智之塔模型（如下图所示），将那复杂而多变的虚拟机嵌套关系总结为四种心智：达尔文心智、斯金纳心智、波普尔心智、格列高利心智。[2]达尔文心智受制于基因本能；斯金纳心智受制于操作条件反射；波普尔心智开始在个体层面的虚拟机中进行思想实验测试。到了第四个层级，人类则摆脱了生物个体的局限，人与人借助社会脑连接在一起，开始有了文化。这是第一次，人类摆脱肉身束缚，在进化意义上获得了"超越"——千年前的故事还在传诵；千年前的美德还在传承。

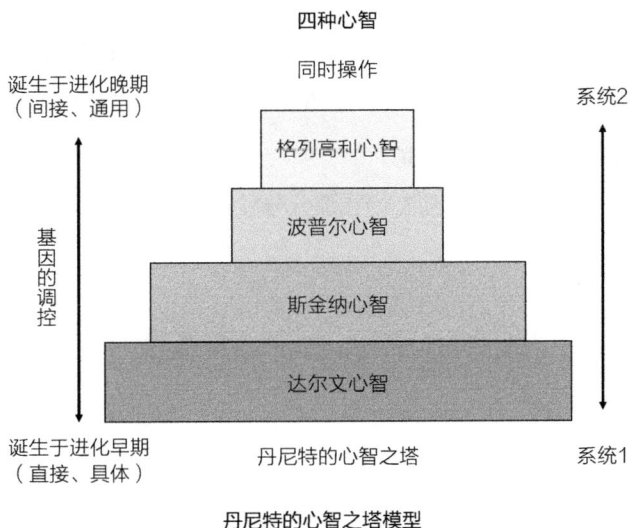

四种心智

同时操作

诞生于进化晚期
（间接、通用）

系统2

格列高利心智

波普尔心智

基
因
的
调
控

斯金纳心智

达尔文心智

诞生于进化早期
（直接、具体）

丹尼特的心智之塔

系统1

丹尼特的心智之塔模型

天地呵，那万物逆旅；光阴呵，那百代过客。人生如梦，是一个极佳的思想实验。短短百年，看似漫长，突然一梦，时间尺度发生了大变化，亲历黄粱一梦者不得不再次建构人生意义，重新讲述一个关于自我的故事：我是谁？我来自何方？我要去往何处？

既然人类受制于认知加工局限，心智、自我、认知、意识等会在不同时间尺度上分层涌现，同理可证，幸福也会遵循同样的规律。因此，我们可以将幸福整理为秒时间尺度上生发的愉悦、分钟或小时时间尺度上生发的专注、超越时间尺度上生发的意义。一旦将幸福置入时间尺度考量，那么，三种幸福从此凸显，不同时间尺度的幸福之间的冲突、整合成就了三生有幸的人类，一些以往百思不得其解的人生谜题从此豁然开朗。

落花流水，时光散漫。人生啊，可以像李白一样秉烛夜游、任侠放歌，将那辉煌璀璨浓缩在春日一夜；也可以像沈复一样，慢慢地穷困潦倒一生，慢慢地与芸娘在月光下对酌，在池塘前微醺而饭，那何尝不也是一种幸福？

浮生若梦，为欢几何？恰在那分分秒秒、滴滴答答。

11

人生如戏，戏如人生 *

1

有些书，属于才华横溢，虽然你知道作者是在一本正经地扯淡，依然从中很有收获。

《人间游戏》就是一本这样的书。它不是那类因为正确而成为杰作的书，而是因为幽默、敏锐、机智与深刻成为杰作的书。

1964年，这一年的艾瑞克·伯恩（Eric Berne）54岁，他已经出版了自己的专业著作《心理治疗的沟通分析》，正式提出人际沟通分析学说。[1]

他像一个浪子，又像一个正经的科学家。拿着打牌赢来的钱，伯恩周游了全美数十个精神病医院，并开始以心理咨询为业。结果

---

* 本文首次发表日期为2021年8月8日。

在1955年，他向旧金山精神分析协会申请会员资格，却被拒绝。一怒之下，他干脆舍弃精神分析的基本假设，自成一派，以讲课为生。

2

简单来说，伯恩提出的人际沟通分析学说有三大支柱。

第一大支柱是结构分析。伯恩认为每个人身上都存在父母我、成人我、儿童我三种自我状态。我们每个人不断地在这三种自我状态下切换。

当你与恋人在一起时，是儿童我—儿童我，你们像孩子一样亲嘴；当你与合作伙伴进行商务谈判时，你们都是成人我—成人我，反复地计算利益，权衡得失；当你与一个地位高于你、智识高于你的人在一起，你们之间可能会出现儿童我—父母我的交流模式。

三种不同自我的组合，形成了人类九种基本交流模式。慢慢地，你会形成你的固化认识：我好，你好；我好，你不好；我不好，你好；我不好，你不好。这就是心理地位，如左图所示。

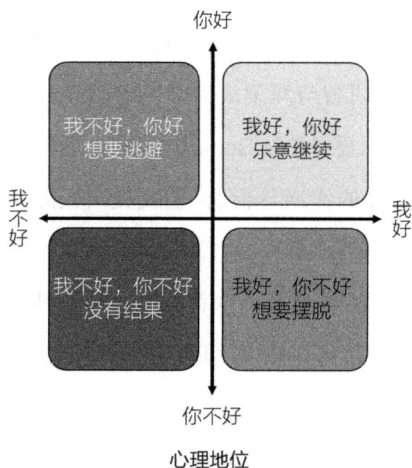

你好

我不好，你好
想要逃避

我好，你好
乐意继续

我不好 ——————————— 我好

我不好，你不好
没有结果

我好，你不好
想要摆脱

你不好

心理地位

3

第二大支柱是什么？与伯恩的人性观有关。

伯恩认为人生注定是一片阴暗景象，从出生开始，我们就等着死神降临。

如果说华生、班杜拉、塞利格曼是廉价的美式乐观主义者；那么弗洛伊德、荣格、勒温就是深刻的欧式悲观主义者。身为美国人，伯恩却更像在欧洲哲学传统下长大的学者们，对人类命运持有深深的悲观看法。某种意义上，这也是他早年选择精神分析，并且与埃里克森共事的原因。[2]

既然人生如此灰暗，意义无从寻找、光明从不到来、"上帝"已死，在人类向死而生的人生旅程中，我们总要做点什么。

这就是伯恩的人际沟通学说的第二大支柱：时间分析。

人生如此无聊，于是，我们发明了各种打发时间的方法。

除了独处，人们总会聚集在一起。当人们聚集在一起，沟通从此发生。你我会分别用六种方式来打发时间，这就是伯恩总结的六种时间结构模式[3]。

退缩：比如上课走神这类，你明明身子在，心却不在，与周边的同学没有任何交流。

仪式：我们努力去模仿那个自己崇拜的人，遵循印入自己脑海中的那套程序，比如，为什么每个美国人要过圣诞，中国人要过春节？你在用仪式打发时间。

消遣：我们谈论过去，我们吹牛，我们一起吃烤串与小龙虾，但回家后，一切了无痕迹，对于你的人生来说，没有任何改变。

活动：我们一起完成一个什么活动，获得安抚或打击。比如，成年人就必须白天参与"工作"这个活动，如果你身为一名40岁的成年人，整天无所事事，做白日梦，那么，整个社会都会唾弃你。你从"工作"这个活动中获得廉价的安全感。终于，你可以通过"工作"来养家糊口，受到社会尊敬。但是，"活动"并不意味着总是积极的，它也会令你受伤，比如突然之间的失业、裁员等。

心理游戏：你与她像彼此的猎手与猎物。她说，今天特别忙，晚上不要来找我吃饭；当你收到这个"饵"，你知道，她的真实意思是"晚上要来找我，一起吃饭"。否则，晚上你会收到她的埋怨，"忙什么呢？都忘记找我吃饭了？"

你看，人类之间的心理游戏就是这么有趣，这么言行不一。人们彼此狩猎，彼此发出饵，但只有一方能成为赢家。生活、婚姻、派对、性、咨询室、善行，游戏无处不在。

亲密：我们像孩子一样，分享彼此的感受与欲望。此时此刻，你我都不是猎物或猎手。

4

人们为什么会形成某种特定的结构偏好？

比如，有的成年人与人沟通时，更喜欢使用"儿童我"模式。这类人，我们称之为"妈宝"；有的成年人更喜欢使用"父母我"

模式，这类人，我们称之为"控制狂"。有的人为什么总是认为自己不好别人都好？这类人，我们称之为抑郁症倾向。有的人为什么总是认为自己不好别人也不好？这类人，我们称之为反社会人格。

人们为什么会重复玩某类心理游戏？比如，一个妈妈会不断地与孩子、爱人玩一个"逮住你了"的游戏。故意纵容孩子、爱人的一些毛病，当孩子、爱人出现这些毛病时，这个妈妈以一个强势的口气说道：

看！老公！你又夜不归宿？看！

看！你这个"小混蛋"，跟你爸一样，从小不学好，整天玩游戏。

原本可以过上幸福美好的一生，为什么无数人却将自己的生命浪费在一次又一次地重复这些消极的心理游戏呢？这就牵涉伯恩的人际沟通学说的第三大支柱：脚本分析。

小时候，你从以父母为代表的大人世界那里习得了很多人生脚本。这些脚本，慢慢地固化在大脑中。当你长大成人后，它们构成了你的"扭曲"系统。

"扭曲"系统好比一个滤镜，你带着它看世界。当与你的脚本重复时，你又不断积累一个又一个"点券"——我老公果然是个"混蛋"，我儿子果然是个像他爸那样的"小混蛋"。你的行为模式再次得到奖励。

5

　　人际沟通分析学派有三大经典著作。第一本是出版于1964年的《人间游戏》，写作重心正是介绍伯恩的心理游戏概念，也就是时间分析中的心理游戏。具有讽刺性意味的是，伯恩写完《人间游戏》一书，没有出版社愿意出版，他不得不自费出版。结果，这本书成了有史以来最畅销的大众心理学著作之一。如今，依然还在不断影响着全世界。

　　第二本是托马斯·哈里斯（Thomas A. Harris）2004年出版的《你好，我好》，写作重心是介绍伯恩的自我状态概念，也就是结构分析。

　　第三本是伯恩晚年的作品，也就是《人生脚本》，写作重心是介绍脚本分析。

　　当然，这仅仅是对伯恩思想的一个极简介绍。因为时代缘故，伯恩学说充满瑕疵，后继者打了一层又一层补丁，甚至引入了新的糟粕。比如，在脑科学中被批评无数次的左右脑学说，竟然在新的人际沟通分析学说中改头换面地出现。

　　在我看来，伯恩学说有三大硬伤。

　　（1）深受精神分析的影响。有太多的东西，是无法验证的。

　　（2）将人性的基本分析单位选择为沟通。这错得很离谱。沟通仅仅是人类行为之一，但人类除了沟通这类言语行为，还有无数非言语行为。

　　（3）人际沟通分析流派高度重视游戏，将人类的游戏分成性、金钱等。只是，从伯恩到该流派各名家的分类体系，自相矛盾处颇多。

无论如何，伯恩对人性的深刻洞察充满现代性的幽默讽刺，今天的我们依然可以从中受益。比如畅销书《蛤蟆先生去看心理医生》正是基于伯恩理论。

小　结

即使我们对人性持有悲观态度，你依然可以像弗洛伊德一样去做精神分析，像荣格一样去探讨分析心理学，像伯恩一样去进行人际沟通分析。

在"分析"中，去玩一场名为"理性"的游戏。荒谬世界，理性烛光，温暖你我。

这也许就是这些致力于探索人性的智者，对我们最大的启发吧。

12

来自地球的神 *

1

2013年12月，美国度假胜地太浩湖之滨，正在举办一个顶级科学会议。一位小个子男人领军的研究团队上台演示自己开发的程序，一群世界上最聪明的头脑聚精会神，认真聆听。他的程序事先并没有任何具体的游戏运行策略，只能像首次接触游戏的小孩一样看到屏幕、控制游戏和知道自己得了多少分。他只是告诉程序，尽可能得高分。

演示效果好得出乎意料，所有人都被震住了！该款软件通过反复试错，学会了三款经典游戏，甚至超过了专业玩家。对于这位小个子男人来说，演示的收获是一张震惊世界的面额为4亿英镑的支

---

* 本文首次发表日期为2014年12月18日，为《重塑大脑，重塑人生》一书推荐序。

票。一个月后，谷歌以4亿英镑收购了他成立才两年的公司。他是谁？凭什么拿到这张支票？

他就是毕业于伦敦大学学院的神经科学家，DeepMind创始人戴密斯·哈萨比斯（Demis Hassabis）。2007年，他与埃莉诺·马圭尔（Eleanor Maguire）教授合作，发现五位因为海马体受伤而健忘的病人，在畅想未来时也会面临障碍。[1]而马圭尔教授正是当代神经可塑性（Neuroplasticity）研究的权威。

什么是神经可塑性？它是指神经系统为不断适应外界环境变化而改变自身结构的能力。传统观念认为，成年后脑细胞发育趋于停滞。近年研究发现，受到刺激及学习新技能能促进脑细胞发育，即神经具备可塑性。例如马圭尔研究发现，因为伦敦路线复杂，所以伦敦出租车司机的海马体比常人更大。

哈萨比斯是一位天才，从小是神童。他跨越了游戏开发、神经科学、人工智能等多个领域。他的人工智能研究深受自己的神经科学研究影响，2007年他在对海马体的研究中发现，大脑中与过去记忆有关的部位，对于规划未来同样至关重要。受益于此，他结合当下机器学习领域最热门的深度学习技术，将人工智能大大地往前推进了一步。

2

通读《重塑大脑，重塑人生》一书，我们会惊讶地发现，在20

世纪也有一位类似人物。他就是神经可塑性研究先驱保罗·巴赫-
利塔（Paul Bach-y-Rita）。他与哈萨比斯一样特立独行，也是一位
跨越太多学科的通才，从医学、心理药物学、眼球神经生理学、视
觉神经生理学到生物医学工程。巴赫-利塔从不局限于一个领域，
不懂就学。当他发现父亲中风并通过康复训练恢复正常后，他对大
脑神经可塑性产生了兴趣。他质疑了当时神经科学的一个基本假
设——大脑功能区域特定论（Localizationism），将人类大脑看作一
个网络结构：

> 大脑有许许多多神经回路，所谓神经回路就是共同做某一
> 个工作的神经元之间的联结。假如某一条重要回路断掉了不能
> 通行，大脑就用其他小路来绕过它，以到达目的地。[2]

正如巴赫-利塔所言，当我们的视觉通道出问题了，可以尝试
换用其他通道，如触觉来代替眼睛。我们能否开发出一台能让盲人
借助舌头获得视觉的机器呢？我们能否在20世纪技术不成熟的条
件下，开发出人类第一台富有科幻色彩的认知增强与感觉替代机器
呢？巴赫-利塔与哈萨比斯一样不断挑战人类智慧的极限，他真的
在20世纪开发出来了！

伴随巴赫-利塔的努力，神经可塑性研究如今已从脑科学边缘
跃升为热门研究。《重塑大脑，重塑人生》这本书就是一部神经可
塑性研究传记，介绍了该领域的各位先驱、翘楚及著名患者的故
事。作者每一章围绕一个神经可塑性的热门话题，分别介绍了相关

科学家及其背后的故事：如何进行触觉代替视觉这样的感觉替代；
如何战胜阅读障碍与改善老年人记忆力；如何通过经颅磁刺激技术
（Franscranial Magnetic Stimulation，TMS）提高人们的心智能力；
如何利用神经可塑性对抗抑郁症等。种种看似科幻的技术，在作者
笔下一一道来。

3

难能可贵的是，作者诺曼·道伊奇（Norman Doidge）当面采
访了书中多数科学家。其中，与我日常工作关系密切的两位，是
莫山尼克（Michael Merzenich）与帕斯科-里昂（Alvaro Pascual-
Leone）。

莫山尼克是神经可塑性圈的圈内翘楚，他早年创办致力于大
脑教育的"科学学习"（Scientific Learning）公司，成功上市十余年
后，又看到了欧美老龄化社会带来的机遇，再次创业，创办了致力
于提高老年人大脑能力、延缓认知老化的Posit Science公司。Posit
Science公司在《美国科学院院报》（PNAS）上的研究报告指出，60
至87岁的老人，经过一天1小时，一周5天，8～10周的听觉记忆
训练后，很多人拨回了他们的记忆时钟10年左右，有的人甚至可以
拨回25年。[3]我创办的脑与认知科学专业公司安人心智深受其启发，
第一批产品同样是针对老年人阿尔茨海默病早期预警、临床诊断与
认知增强。帕斯科-里昂是著名脑科学专家，他是重复经颅磁刺激

技术（rTMS）的开创者，经颅磁刺激技术也是安人心智跟进与研发的认知增强技术与设备。

4

如今，神经可塑性研究已成为一个朝阳产业。灵敏大脑市场研究公司研究表明，2007年是欧美认知训练兴起元年，从此美国认知训练市场快速发展。而安人心智则是国内较早致力于认知增强的脑与认知科学专业公司。

虽然这一产业还非常不成熟，部分公司挂羊头卖狗肉，以致2014年10月20日，以美国斯坦福大学长寿中心为首的一些科学家，联署一份《来自学界对于认知训练产业的声明》，指出了产业发展的一些问题。而一些科学家又联合签名，回击该声明。[4]历史不会重复，但总会押韵。阅读过《重塑大脑，重塑人生》一书的读者，会惊讶地发现，很多今天对神经可塑性的批评非常类似当年对神经可塑性先驱巴赫-利塔的批评。

我相信，我们处在一个最好的时代。新一代大脑黑客技术已经诞生。过去磁共振成像（MRI）等脑成像技术只能让你观察大脑，现在光遗传学技术（Optogenetics）能打开或关闭神经元；Clarity技术能洗掉细胞胶质，让大脑透明；CRISPR技术可以编辑基因。现在，你可以开始确定人脑几千种不同类型的神经细胞功能，第一次研究情绪、记忆和意识来源。

如果说人类登月计划开启了太空之旅的第一步，继人类登月计划之后，投资巨大的人类脑计划则将为人类登临下一个宜居星球做好准备。受益于哈萨比斯与巴赫-利塔这类不断挑战人类智慧极限的跨界者，体力借助外骨骼，可以增强百倍；脑力借助增强现实头盔等各类认知增强设备，可以拥有更好的视觉、听觉、触觉、嗅觉和味觉，乃至更完美的记忆与更快速精确的决策，**我们就是登临下一个星球的神。**

一个新时代徐徐展开。你我将为能参与这个时代而激动。

13

负面效应——人性基本法则 [*]

1

2014年，互联网创业火爆，一位跨界创业者经营了多个品牌，其中有一个是餐饮品牌。

有评论家写了一篇文章，论证他创办的该餐饮品牌为什么一定不会成功。为了反驳评论家的观点，这位创业者用调侃的口气写了一篇文章：某某品牌为何"失败"了？

结果这篇文章流传很广，不少媒体转载时改成了：某创始人亲自揭秘，我是如何失败的？

这位创业者无意中犯了一个违背心理学的传播大忌——将品牌

* 本文首次发表日期为 2020 年 12 月 18 日，为《会好的》一书推荐序。

与负面新闻关联在了一起。

多数读者在阅读时，无力区分你是真倒闭了还是假倒闭。看了标题，就误以为你真的倒闭了。时隔多年，这个餐饮品牌真的倒闭了，这是后话。

2

为什么好事不出门，坏事传千里？你会发现，**与积极事件、积极情绪相比较，人类更偏爱消极事件、消极情绪。**

彼此相爱的人，分手后更讨厌彼此，即使当初他（她）曾经对你百般地好。但分手后，你只会记住，他（她）是如何伤害你的，那些甜言蜜语成了谎言。

在一个公司中工作，即使有过那么多愉快时光，但你更容易记住的是离职的不愉快。在生活中，使用一个外卖App，即使你点过100次外卖，只要有一次恶劣体验，你都可能从此改用另一个。两个国家的关系也是如此。

从爱情、工作、生活，再到国际关系，人类存在一个倾向——放大"坏"的影响，削弱"好"的影响。这被心理学家称之为"负面效应"。

3

负面效应（Negativity Effect）在心理学文献中有大量叫法，有时称之为负面偏差（Negativity Bias），有时称之为负面主导（Negativity Dominance）。

它作为人性基本原则，在生活中存在已久，不知不觉地影响重大决策。但是作为科学研究话题，直到近些年才成为心理学探讨的议题。

最关键的论文来自两位心理学家2001年的研究成果。

第一篇论文是美国宾夕法尼亚大学心理学教授保罗·罗津（Paul Rozin）的《负面偏差、负面主导和感染》。[1]

第二篇论文是美国佛罗里达州立大学心理学教授罗伊·鲍迈斯特（Roy F. Baumeister）的《"坏"比"好"更强大》。[2]

第一篇论文迄今为止，已被引用3293次；第二篇论文被引用的次数更多，已有7303次。

这两篇论文开启了认知科学、神经科学与心理科学中探讨负面效应的先河。

在第一篇论文中，**罗津教授发现人类存在普遍倾向，即赋予负面实体更大的权重。**

究竟有哪些负面实体？（1）负面事件，比如天灾人祸；（2）负面物体，比如野外的老虎；（3）负面的个人特质，比如在一种文化中，我们普遍不认同的一些个人特征，如肥胖、怯懦等。

人类的负面效应会通过四种方式体现出来。

第一种方式，我们倾向于将负面实体看作比正面实体更强大的事物。比如前文中举的例子，坏事的传播力量比好事更大。

第二种方式，我们倾向于认为负面事件的发展更快。诺贝尔经济学奖得主、认知心理学家丹尼尔·卡尼曼（Daniel Kahneman）研究发现，人类普遍存在"损失厌恶"心理。"得"带来快乐，"失"导致痛苦。但我们对得失的心理评估并不等同于它的实际经济价值。

一般来说，在心理评估时，人们对损失的感受要大于对收益的感受，前者往往是后者的两倍左右。

第三种方式，当一个负面实体与正面实体组合在一起时，我们心理评估的结果比实际结果更消极。

如果你需要同时告诉别人一个好消息和一个坏消息，你该如何做？诺贝尔经济学奖得主、行为经济学家理查德·泰勒（Richard H. Thaler）告诉我们，如果得小失大，二者应分开。40元的获得与6000元的损失相比，几乎没有减少损失的作用，分开还能有得到40元收益的感觉。

第四种方式，与正面实体相比较，人类赋予负面实体更广泛、更复杂的概念定义。

罗津尝试寻找"杀人犯"的反义词，结果一个也没找到，只找到为数不多的同义词。同样，"痛苦"的同义词比"快乐"的同义词多得多。

与英文相比，中文这一特点更为突出。我甚至将中国文学称之为忧伤的文学。

宇文所安在《诺顿中国古典文学作品选》中，将《诗经》列为中国文学的源头。[3] 回溯《诗经》，"心之忧矣" 在《诗经》中重复表达了27次，如：沔彼流水……心之忧矣；载离寒暑……心之忧矣；绿兮衣兮……心之忧矣；衣裳楚楚……心之忧矣；载起载行……心之忧矣；明明上天……心之忧矣。

即使将 "忧矣" 排除在外，《诗经》中也有近40个词汇诉说忧伤。反之，快乐相关的词汇少得可怜。

在第二篇论文中，鲍迈斯特教授收集了来自亲密关系、社交网络、人际互动、个人学习、家庭教养方式等领域的证据，最终发现，**坏的情绪、坏的父母、坏的反馈比好的影响更大。**

人类更倾向彻底处理坏的信息，而非彻底处理好的信息；人类更倾向避免糟糕的自我定义，而非追求好的自我定义；人类更容易记住坏的刻板印象，而非好的刻板印象。

4

在2001年罗津与鲍迈斯特两位教授的研究之后，越来越多的科学家承认，**负面效应是人性的基本原则**。

为什么会这样？

从进化心理学角度很容易理解，在远古时代，人类面临的是来自生存的挑战。你我的基因深处，铭刻的是人类的祖先在远古时代对洪水、饥饿、短命、毒蛇的记忆。

一个有趣的研究是，年仅8个月的婴儿会更快地转头看蛇的图片，而非青蛙的图片。[4]另一个实验表明，5 岁的小朋友观察一组面孔时，会更快地识别悲伤的面孔，而不是开心的面孔。[5]

我们先天偏好应对负面事件、消极情绪。这种"雕刻"在基因深处的负面效应，被商人、媒体与政客广泛利用。

与那些强调成长的广告相比，我们更偏好那些唤醒恐惧的广告。人类往往只记住了"创伤"的概念，有意无意忽略了创伤后成长的能力。

与那些强调真善美的人物报道相比，我们更偏好戏剧性的负面报道。如一个好人突然变坏，眼见他起高楼，眼见他宴宾客，眼见他楼塌了。

与那些强调国际关系复杂的言论相比，我们更偏好强调冲突、对抗的言论。塞缪尔·亨廷顿（Samuel P. Huntington）的《文明的冲突与世界秩序的重建》盛行至今。

5

人类还有药可救吗？按照负面效应，答案当然是无可救药。人类的愚蠢超乎想象，病入膏肓。

事实并非如此。悲观者常常正确，乐观者往往成功。

与动物相比，人类是唯一能控制自己的负面偏见，并摆脱负面效应的物种。

你的基因告诉你，你应该害怕蛇。但是，一位安全感很强的妈妈，会在游戏中不断让孩子学会如何正确地面对蛇这种令人害怕的事物。

你的基因告诉你，你应该对人类的未来持有悲观态度。但是，总有平克这样的学者用雄辩的著作告诉你，人类暴力正在减少。我们正处在一个联结得越来越紧密、前所未有的文艺大复兴时代。

同样，研究负面效应的科学家，用大量实验告诉了我们很多超越负面效应的方法。比如，正视恐惧的方法是将恐惧写下来；对负面事件提前在大脑中进行预演，那么当不幸来临时，你更容易胸有成竹。

同样，文学因为恐惧而生。从中国的《诗经》再到西方的《圣经》，都记录了大量人类早期的灾难事件，如洪水与战争。一旦诉诸文字，从此变成美。

14

我们赖以生存的框架 [*]

1

　　人无时无刻不在做决定，小至吃穿用度，大至找工作、创业、找伴侣、购房等，这些时候，你是如何思考的？

　　比如，你要购买口罩，如何选择合适的口罩？是否要考虑口罩的标准？不同标准下的防护级别是怎么样的？自己需要在什么场景下使用口罩？适合自己的口罩款式和型号是什么？在哪个平台购买？买什么牌子的？

　　再比如你要买房，是不是需要想想周边产业，有多少家上市公司，高薪人群比例如何？是否对孩子教育有利，对应的学区是什么？小区里的房子是新的还是老旧的？房子的户型如何？购买用途

---

* 　本文首次发表日期为 2022 年 5 月 10 日，为《框架思维》一书推荐序。

是自住还是投资？

你可能隐约感觉到，自己在做决定时，不仅仅基于理性推论，还要基于一些更基础的东西。这些东西，让你对事物运转有一种直觉，能够更清晰地意识到自己是如何思考、如何坚持或改变自己的想法的。

这些底层的东西，在科学界有不同说法。而一个流行的说法就是：框架。

顾名思义，框架就是架子。有建筑学上的框架，帮助你提高盖房子的效率，比如中国古典建筑流行土木框架，如今流行钢筋混凝土框架；有软件工程上的框架，帮助你提高开发软件的效率，比如前端开发流行React框架。

同样，在你思考时，也存在认知框架。什么是认知框架？**认知框架就是那些协助我们做出选择、做出判断的底层架子。**

2

在了解认知框架的最新研究之前，你不妨跟着我看看它的前世今生。

人工智能之父马文·明斯基（Marvin Lee Minsky）是框架理论的创立者。1975 年，明斯基在论文 *A Framework for Representing Knowledge* 中提出框架理论。[1]

明斯基提出的框架理论的关键内容是什么？他认为，当一个人遇到一个新的情况，或者对当前问题的看法发生了实质性的变化，他就会从记忆中选择一个叫作"框架"的结构，并且可以根据需要，改变"框架"细节来适应现实。

与众不同的是，明斯基从人工智能角度定义了框架的数据结构。一个框架的顶层（Top Levels）是固定的，表示固定的概念、对象或事件，并且表示关于假定情况的事情总是正确的。底层（Lower Levels）有许多终端＋"槽"（Slots），由特定的实例或数据填补，每个终端都可以指定其赋值必须满足的条件。

打个比方，一个表述"椅子"的框架，可能会有表述座位、靠背和椅子腿的一些终端。要表述一把特定的椅子，只需要在相应框架的终端里填入一些结构，这些结构就会更细致地表述这个特定的椅子的靠背、座位和椅子腿等特定的特征。

这样，框架就可以表述各种信息，比如常见的5W1H，也就是何因（Why）、何事（What）、何地（Where）、何时（When）、何人（Who）、何法（How）。多个框架关联在一起就组合而成框架系统。

丹尼尔·卡尼曼同样重视框架。与明斯基将框架作为人类与机器人的底层运算机制不同，卡尼曼更关心的是人们的决策与判断如何受到框架的影响。这就是他与同事阿莫斯·特沃斯基（Amos Tversky）提出的框架效应（Framing Effects）——针对一个问题的两种在逻辑意义上相似的说法却导致了不同的决策判断。

试看一组经典的框架效应研究：生存框架（Survival Frame）和死亡框架（Mortahity Frame）。

假设让你看以下情景：

假定在一种流行疾病的侵袭下，将有600人死亡。现在有两种方案。采用方案A将有200人获救；采用方案B，600人全部获救的概率为1/3，而全部死亡的概率为2/3。试问应该采用哪种方案？[2]

结果显示，有72%的人选择了A方案。然后，对第二组被试叙述同样的情景，同时将解决方案改为C和D。采用方案C将会有400人死亡；采用方案D则600人全部获救的概率为1/3，全部死亡的概率为2/3。这一次，78%的人选择了方案D。而事实上，方案A与方案B，方案C与方案D是等值的。

之所以会造成以上效应，可能是由于受到提问方式的影响，使得第一组被试考虑的是救人，而第二组被试考虑的是死亡人数。因此，第一种情况下人们不愿冒会死更多人的风险。第二种情况则倾向于冒风险救活更多的人，两种情况分别表现出对损失（死更多的人）的回避和对利益（救活更多的人）的偏好。

很多时候，框架都是在潜意识（后台）运作，如果你没有刻意思考，你往往不会知道自己在某个场景下用的是什么框架，为什么要用这个框架。

3

我们再来看看关于框架的最新研究。《框架思维》是大数据之父维克托·迈尔-舍恩伯格（Viktor Mayer-Schönberger）等人联合撰写的一本关于如何打造认知框架、如何培养框架思维的新书。在明斯基、卡尼曼等前辈开创的框架研究基础之上，作者再一次强调了框架作为人类基础认知能力的重要性，忘掉"跳出框框思考"那些结论吧，学会在算法时代与大数据时代更好地优化自己的认知框架。

在我的著作与课程中，我常常将人类高阶认知能力总结为四种底层认知能力：命名、分类、变形与旋转。在《框架思维》一书中，作者们则将认知框架总结为三大要素：因果律、反事实思维与约束。

框架底层要素 1：因果律

因果关系是建构框架的一个基本要素。世界为什么可预测？因为你是用因果关系来看待世界的。因果关系，简而言之，就是从原因推论出结果。因而我们能够在行动之前，预测出每个决定可能带来的后果，从而不断修正、优化自己的行动方案。

因果关系存在于一切生物之中，那些能很好地利用周边环境中的因果关系，并以此来指导自己行为的生物，往往比那些不太在意因果关系的生物活得更好。

人类一生下来就懂得某些因果关系。即使是婴儿，也知道掉落的物体会垂直落下。人类也会很自然地从经验中总结出因果关系。

与大多数生物对因果关系的反应不同，其他生物不会进行抽象的框架建构，一只狗伸出爪子就获得奖励，它不知道这是因为它表现出了友好，而不是因为伸出爪子。

人类具有抽象思维能力，能够把因果推论转化为框架。这些心智模型就成为可供反复利用的模板，可以不断应用到新的环境中。它们未必完美，但灵活，可以相互替代，不仅减轻了我们的认知负担，而且大大减少了决策时间。

如何更好地以因果模板进行思考？首先，至少要有因果模板意识；其次，在思考问题时要懂得如何去利用它。你可以停下来问问自己："发生这件事的原因是什么？我是怎么解释的？这么解释是否正确呢？"

框架底层要素2：反事实思维

英国哲学家卡尔・波普尔（Karl Popper）有句名言："让假设代替我们去死。"意思是人类大脑具有模拟能力，在行动前，会先模拟环境，想想可能出现的情况，进而判断是否需要采取行动或如何行动，从而规避伤害自身的行为。

反事实思维是建构框架的第二个要素。它以目标为导向，透过现状做出各种预想，以提前应对可能出现的情况及问题。你会发现，反事实不是空想、幻想，而是以目标为导向的，取决于我们对因果关系的理解。

人类大脑爱"脑补"，反事实思维能够让我们利用已知的信息，去想象缺失的信息，填补想象世界的空白，并让我们想象不同情况下事态的演变。想象另一种现实，我们的因果推理就具有了可操作性。

反事实思维和因果推理二者是相辅相成的：如果没有因果关系，我们将被淹没在一片无意义的事件海洋中，漫无头绪；如果缺少了反事实思维，我们将被现实所困，毫无选择余地。

反事实思维的闪光处在于：

（1）反事实思维可当作是对"因果决定论"的一种制衡。因果决定论认为道路只有一条，但是，当你想象另一种可能性时，也会想到不同的原因。

（2）反事实思维能让我们成为更好的因果思考者，当你看见更多的可能性时，视野也会被拓宽，而不会拘泥于泥淖。

（3）我们和反事实互动的方式使之变得可为我所用。想象某些不存在的东西，比用纯粹的概念术语思考更容易。

（4）反事实思维可以激活我们的隐性知识，发现更多创造性解决方案。

（5）反事实思维给人一种使命感，使我们从理解转向行动，从领悟转向决策。

框架底层要素3：约束

约束是建构框架发挥作用的第三个要素。为什么要约束？人类的想象力是无穷尽的，你可以想象出无数与因果心智模型无关的现实，但是，它们对你的行动是否都有参考价值？适当的约束才能让我们合理发挥想象力，有效释放创造力，为决策及行动提供正确指导。

什么是约束？它指以特定方式塑造我们反事实思维的规则和限制。它会不会对我们的思考形成束缚呢？我们以不同的方式与这些约束共存，比如，放松、收紧约束条件；增加新的约束条件；剔除旧的约束条件等。

某种意义上来说，约束实际上释放了自由，而非捆绑了手脚。比如，建筑师弗兰克·盖里（Frank Gehry）说，他接到过最困难的任务，是要求在没有任何约束条件下为一位富有的赞助商建造一座住宅，这让他崩溃，因为毫无约束即虚空。

应对约束，关键在于收放自如，约束过多，你可能会错过要事；约束过少，你可能无法聚焦要点。应该怎么做？

你首先需要认识到，每一个框架，都有软性约束与硬性约束，软性约束是有弹性的或可改变的，只需付出相当的努力即可进行调整。硬性约束是固定的、不可渗透和不可侵犯的。硬性约束是心智模型的核心所在，忽略它就意味着放弃框架本身。

所以，当你为了进行反事实思维而选择约束条件时，先要确保守住哪些硬性约束，而在选择软性约束时，作者总结了三条指导原则：

> » 可变性：指选择可以改变的约束；
> » 最小变化：指对约束应仅做微调，而非彻底改变；
> » 一致性：指某个约束的改变不能与另一个约束产生矛盾和冲突。

有了约束，你就可以确定决策，展开行动，框架的建构就从认知范畴转向至关重要的行动。

分析至此，你发现框架如何发挥作用了吗？框架赋予我们认知能力（由于因果律）和行动能力（通过反事实思维），它也确保我们的认识和行动有意义（通过恰当的约束）。

如果当前的框架无法满足需求怎么办？重新建构框架吧。越多元的框架，越能让你发现不同的观点，主动去拥抱变量，更加适应环境的变化。

4

人人都可以建构框架，只是需要一定的技巧。这些技巧可以通过训练和经验获得，更重要的是对新事物持开放的态度。

如何建构框架？它实际包括两个不同的过程：应用框架与框架转换。应用框架时，你需要考虑到前面说的因果关系、反事实思维和约束条件，它能帮助你迅速确定合适的选项，然后采取行动。框架转换时，你需要注意它的风险，但是，框架转换能让你从不同的角度看待问题，新视角会打开新的思路，开辟新的途径，因此可能会带来更大的回报。

当你在建构框架时，需要注意避免框架僵化，增强思维敏捷性，也就是保持框架的灵活性。比如，普通人建构框架，会对自己的认知框架进行不断的调整、修正，但是恐怖分子把这种认知的灵活性视为堕落，而把自己建构框架中的僵化看作是纯粹和秩序的象征，因而会做出很多非理性行为。

如何更好地建构和运用框架，维克托·迈尔-舍恩伯格等人总结了五点建议：

（1）发挥框架的作用。框架建构时刻都在发生，但它可被专门用于改进决策。

（2）有节制地梦想。运用一个框架意味着迅速高效地识别出适合的选项。

（3）聪明地重构框架。转向另一个框架令你以不同的眼光看待世界，但它也有风险。

（4）条件很重要。你可以通过认知多样性提高建构框架的能力。

（5）超越自我去思考。社会的作用是确保框架多元化，以便在变化之际获得最优的应对之策。

小　结

多年前，认知语言学创始人乔治·莱考夫（George Lakoff）与同事合著了《我们赖以生存的隐喻》一书，强调隐喻在日常生活中的重要性。认知语义学创始人伦纳德·泰尔米（Leonard Talmy）、框架语义学创始人查尔斯·菲尔默（Charles Fillmore）等人发现，比隐喻更重要的是框架。

其实，不仅语言源自框架、依赖框架、反映框架，你的选择、决策同样源自框架、依赖框架、反映框架。对一个正常成年人来说，也许注意力、记忆力不如选择、决策能力重要。我们赖以生存的是框架。当你以正确的方式应用正确的框架，改善与调整框架，也许会带来更好的人生发展结果。

15

"刻意练习"错在哪？

1

昨天傍晚时分得知，《刻意练习》作者、认知心理学家安德斯·艾利克森（Anders Ericsson）于美国时间2020年6月17日上午去世，享年73岁。

艾利克森自1992年开始在美国佛罗里达州立大学心理学系任教。后者在悼词中给予他高度评价，认为**他改变了世界关于专家技能习得与专家绩效（Expert Performance）的观念**。

我非常同意佛罗里达州立大学心理学系的评价。在我心目中，**艾利克森是研究大师的大师**。如果用简短的悼词来纪念先生的一生，我会如此写道：

* 本文首次发表日期为2020年6月25日。

　　艾利克森继承诺贝尔奖得主、图灵奖得主西蒙开创的认知心理学研究人类专家绩效的传统，率先将口语分析法、日志分析法等方法应用在人类专家绩效领域，并提出了快速成为专家的关键——刻意练习（Deliberate Practice）方法论。

围绕刻意练习方法论，艾利克森强调了结构化设计的练习、长时工作记忆的重要性。难得的是，艾利克森通过撰写流行科学著作与演讲，影响了数千万人的行动——尝试跳出舒适区进行练习。

虽然，伴随认知科学的快速发展，刻意练习方法论受到诸多质疑，目前已经初步被证伪，不再成为认知心理学领域的可靠理论。但无论如何，艾利克森虽败犹荣。他二十年如一日的研究，继续启发今天的认知科学家更好地理解人类专家绩效的秘密，帮助人们更好地成为专家。

2

艾利克森是瑞典人，出生于1947年。1976年，也就是在他29岁时，获得瑞典斯德哥尔摩大学心理学博士学位，随后在卡内基梅隆大学从事博士后研究。当时他的指导老师就是赫伯特·西蒙。

为什么有的人在音乐、体育、游戏和科学等领域能取得杰出成就？

整个研究领域，在认知心理学上被称之为"专家绩效"，有时也译为"专家行为""专家表现",研究的是专家如何习得专业技能,以及专家如何在一个领域取得杰出成就。这个领域正是由西蒙奠基的。

1973年,西蒙与另一位认知心理学家威廉・蔡斯(William Chase)两人发现,与新手相比较,国际象棋大师在摆盘、复盘等实验当中的成绩明显强于一级棋手和新手。其中,国际象棋大师、一级棋手、新手三类人能记忆的组块分别是7.7、5.7和5.3。

艾利克森加入西蒙团队、做博士后期间,就是继续在研究国际象棋大师与新手的对比。他在这个领域发表了第一批学术论文。当时,西蒙作为20世纪罕见的学术天才,还开创了一种新的研究人类认知过程的方法——口语报告法。

什么是口语报告法?举例来说,当时的认知心理学有一个常用的实验——河内塔实验。你会面对A、B、C三根柱子,A柱子上堆叠了很多中间带孔的圆盘。你需要做的事情就是将圆盘从A移动到C,B柱子作为过渡。完成实验后,西蒙要求你用口语报告,当时做这个实验时,每个步骤是如何思考的。

在口语报告法发明之前,心理学家研究人们的思维过程是偏内省的,而口语报告法是偏客观分析与行为分析的。这类方法尤其适合研究人类的专业技能习得。

艾利克森配合西蒙大大完善了口语报告法的程序。我建议作者开始写作之前,可以使用心算来热身,这也是来自口语报告法的标准程序。

3

从1976年到1993年，艾利克森的主要研究成果集中在将口语报告法应用到人类专家绩效研究领域，并且深入探讨了各类专家绩效的表现。经过长达20年的厚积薄发，1993年，艾利克森在德国访学期间，写出了自己最重要的论文：《刻意练习在专家绩效获得中的作用》。[1]

正是在这篇论文中，他正式提出了"刻意练习"一词。在这篇文章中，艾利克森用了很长的篇幅介绍了心理学研究历史上先天-后天的争议，然后提出了自己最重要的观念——刻意练习对于专家技能习得的重要性。在论文中，他认为，除了身高等少数由基因决定的个体差异，绝大多数专家技能并不依赖天赋，是可以通过刻意练习习得的。

这是一篇非常重要的论文，截至今天，已经有上万引用，是心理学历史上被引用次数最多的论文之一。然而，与高引用次数相反的是，这篇论文仅仅提供了微不足道的实验支持，也为后续刻意练习方法论被诟病埋下了伏笔。

如果你读过这篇经典论文，相信你也会有与我一样的感受，艾利克森的文笔很好，但从可以证伪的科学角度来说，欠缺的东西太多。比如，刻意练习究竟是什么定义？文中含糊不清；什么样的练习是刻意练习？什么样的练习不是刻意练习？一切都是作者说了算；除了刻意练习，难道没有其他练习方法可以达成更好的专业技能习得吗？仅仅只有一两个横断研究，可以支撑起这么宽泛的解释吗？

4

20 年后来看，这些非常严重的问题，当时艾利克森并没有在论文中清晰地回答。艾利克森从一开始就在接受媒体采访时以大胆的维京人风格推崇刻意练习。在 1993 年的一次研讨会上，一位主持人问道："你是说，只要有固定的练习量，我或其他人就能像你正在研究的人一样成为专家吗？"艾利克森坚定不移地回答道："是的，只要你愿意前进，并愿意投入精力与时间。"

当时，科学家们纷纷反对，包括许多著名的心理学家，比如以研究天才儿童著称的埃伦·温纳（Ellen Winner）。1996 年，温纳认为，来自艾利克森的这些证据，虽然清楚地证明了动机、承诺和努力工作的作用，但并不能排除先天才能在取得高成就方面发挥必要作用的可能性。

当时，美国刚刚在 1991 年结束冷战，成为地球上的霸主。美国梦张扬一时，几乎所有的美国中产阶级都相信：只要我努力，就可以取得自己想要的一切。另一位认知心理学家、来自佐治亚理工学院的菲利普·阿克曼（Phillip Ackerman）认为，如果父母们对这一理论抱有很大期望，未来可能会非常失望——因为这是没有数据支撑的期望。

然而，当时的美国社会和艾利克森集体忽略了这些问题。一时间，美国社会出现了无数本关于刻意练习方法论的大众读物。艾利克森自己也在《哈佛商业评论》等主流媒体上发表文章进行宣传。其中，最知名的图书莫过于马尔科姆·格拉德威尔（Malcolm Gladwell）的《异类》。在书中，格拉德威尔完整地介绍了艾利克森1993年那篇关键论文，尤其是将其中2个实验转述为1万小时定律，如下：

> 把学院学习小提琴演奏的学生分成三组。第一组是学生中的明星人物，具有成为世界级小提琴演奏家的潜力，第二组学生只被大家认为比较优秀，第三组学生的小提琴演奏水平被认为永远不可能达到专业水准，他们将来的目标只是成为一名公立学校的音乐教师……实际上，到20岁的时候，这些卓越的演奏者已经在他的生命中练习了1万个小时，与这些卓越者相比，那些比较优秀的学生练习的时间是8000个小时，而那些未来的音乐教师，他们的练习时间只有4000个小时。[2]

在书中，格拉德威尔武断地下了结论："一个人在学习的过程中，要完美掌握某项复杂技能，就要一遍又一遍地艰苦练习，而练习的时长必须达到一个最小临界量。事实上，研究者们就练习时长给出了一个神奇的临界量——1万小时。"[3]他强调，人们眼中的天才之所以卓越非凡，并非天资超人一等，而是付出了持续不断的努力。只要经过1万小时的锤炼，任何人都能从平凡变成超凡。这就是1万小时定律。

同一时间，还有 *The Talent Code*（中文版译为《一万小时天才理论》）、*Talent is overrated*（中文版译为《天才源自刻意练习》）、*The Genius in All of Us*（中文版译为《天才的基因》）、*Bounce*（中文版译为《天才假象》）等书先后出版。

1万小时定律迎合了大众心理，传播到中国来，同样深入人心。有媒体人用其创办同主题的视频选秀节目；有鸡汤写手用其创办改变自我的会员计划。然而，它真的错了！

2013年1月，我实在看不下去部分科普写手对刻意练习的歪解，在豆瓣上发了一篇文章：《心智工具箱（12）：刻意练习》，在文中介绍了1万小时定律为什么是错误的，以及背后的学术研究——刻意练习的本质。这篇文章刚一发表，就得到了豆瓣首页推荐，对普及1万小时定律与刻意练习的区别略有帮助。

5

时间很快到了2016年，艾利克森有感于刻意练习与1万小时定律捆绑得如此紧密，引起了学术界越来越多的攻击与大众越来越多的误解，与科学作家罗伯特·普尔（Robert Pool）合作，撰写了一本大众科普书 *Peak* 正本清源。

机械工业出版社引进版权，将中文名译为《刻意练习》。我修改了《心智工具箱（12）：刻意练习》一文，作为该书的推荐序。

诸多读者读了我的推荐序，同意1万小时定律是错误的——1

万小时定律并不等同于刻意练习，但没注意到我在推荐序中对刻意练习的保守态度，依然将其当作绝对真理在传播。那么，刻意练习究竟错在哪儿呢？最核心的错误有以下三点：

刻意练习的定义含糊不清

从1993年到2019年，艾利克森偷偷地换了很多次定义。有时，他认为刻意练习是一种结构化设计的程序；有时认为刻意练习需要符合4~6个标准，比如，目标要清晰，要有即时的、有益的反馈，要全神贯注及不懈努力，要持续反思和完善等。

2014年，艾利克森的理论经历了最严重的挑战。来自密歇根州立大学的认知心理学家大卫·哈姆布里克（David Hambrick）与他的小师妹布鲁克·麦克纳马拉（Brooke Macnamara）分析了20年来所有的刻意练习研究项目后认为，**刻意练习只是专家绩效研究领域的一个弱证据**。[4]

艾利克森为了反驳同行，竟然做出了自相矛盾的动作，不断修改刻意练习的定义。在最开始的反驳中，艾利克森认为同行分析的几十个刻意练习研究，只有一个符合自己心目中的刻意练习标准。

被同行继续质疑之后，艾利克森甚至对自己的过往研究也一并否认了。艾利克森做出了一个有违科学审美的新举措，直接在《刻意练习》一书中修改了刻意练习的定义，并提出了一个新的定义："有目的的练习"（Purposeful Practice）。

然而，艾利克森在2016年出的书中，引用自己过往的一些研究，是"有目的的练习"，但在学术论文中，在其他合作者心目中，依然是"刻意练习"。

此时，有请另一位学术明星闪亮登台。《坚毅》作者、心理学家安杰拉·达克沃思（Angela Duckworth）与艾利克森合作了一个对全美拼字竞赛选手的研究。结论是：越坚毅的参赛者练习的时间越久。但最重要的发现是，练习方法对结果起着至关重要的作用。刻意练习比其他类型的备战方式更有利于参赛者在决赛中晋级。[5]

显然，无论在读者心目中还是达克沃思心目中，两人合作进行的研究肯定属于刻意练习，然而，在《刻意练习》一书中，艾利克森将其排除在外了，认为这是"有目的的练习"。书中如此写道：

> 当我们拿各个参赛者在大赛中的表现与他们学习的过程进行比较时，发现最杰出的拼写者相比其他同伴在有目的的练习中花费的时间明显多得多，这主要是在单独的练习中，他们专心致志地记住尽可能多的词汇的拼写。[6]

好吧，一个研究、一种练习究竟属于刻意练习，还是不属于刻意练习，得看你碰到的是哪一年的艾利克森。

如果你碰到的是1993年的艾利克森，刻意练习很简单，是一种结构化设计的练习；如果你碰到的是2014年的艾利克森，刻意练习必须有教练或教师在场，必须给反馈；如果你碰到的是2016年的艾利克森，那么刻意练习必须不同于"有目的的练习"；如果你碰到的是2019年的艾利克森，那么刻意练习的定义又开始变得宽泛了。

刻意练习的解释效力有限

刻意练习的核心学术观点，强调的是个体间差异而非个体内差异。什么是个体间差异？简单粗暴地说，就是人与人在音乐、体育、游戏和科学等领域的绩效差异。什么是个体内差异？就是伴随时间、练习，你在一个领域越来越厉害。

没有人会愚蠢地否定"练习会带来进步"，也就是没有人会否定练习的个体内差异。但艾利克森引来无数争议的地方正在于，他过度强调刻意练习这种方法论作为成为专家的唯一关键变量了。

这下，心理学家都不干了。从 1993 年起，就有研究天才儿童的、研究双胞胎的心理学家反对，也有研究组织培训、组织行为学的专家反对，更有大量研究环境对人的绩效影响的心理学家反对。

连被称为"心流之父"的心理学家米哈里·契克森米哈赖（Mihaly Csikszentmihalyi）也反对，他认为刻意练习不可能带来心流，而心流才是顶级专家的表现。

在一项研究中，研究人员对所有刻意练习的研究进行了分析，结果发现，**总体而言，刻意练习对绩效的影响并不高。**按照心理学的常规做法，如果刻意练习能解释 50% 的效力，才可以称之为强效应，但在多数领域刻意练习的效力都低于这个临界值。

而在艾利克森的论文与图书中，甚至认为，**刻意练习方法论应该可以解释几乎所有专家成就。但是，上述研究的结论完全相反。**

这篇论文的结论，可以总结为两点。

> » 结论1：练习时间长短和表现好坏有正相关，但练习时间仅
>   能解释表现当中12%的变异量；
> » 结论2：练习效果对游戏类表现帮助最多，接着是音乐、运
>   动、教育，但练习仅能解释教育和职业表现中不到5%的变
>   异量。

简而言之，刻意练习对各个领域的解释效力有限。

刻意练习的研究存在统计学与程序硬伤

统计学的硬伤那部分，较为技术性，不再赘述。感兴趣的读者
可以参考本文的参考文献，自行查阅相关论文。而程序硬伤就是，
究竟什么样的练习算刻意练习？我们无从定义，无从测量。有时
候，需要教练陪伴的才算刻意练习，一个人练习的不叫刻意练习；
有时候，无须教练陪伴与反馈。

比如，我在《刻意练习》推荐序中委婉地批评艾利克森忽略了
两点：（1）高认知复杂度的活动，比如，销售、管理与刻意练习关
系不大，显然，这类活动的刻意练习无从谈起。（2）成年人的最佳
学习方式是学习社区。但在艾利克森那里，很多时候，刻意练习是
独自练习的近义词。

2014年之后，学界对刻意练习的批评越来越多。混乱的定义、
无法测量与复用的方法、统计硬伤以及可有可无的解释效应，导致
目前刻意练习方法论并没有得到专家绩效领域的主流认知心理学家
的承认。[7]

6

那么，到了今天，刻意练习还值得相信吗？

虽然从学术上来说，它已经被质疑。从目前双方交锋来看，刻意练习流派扳回局面的概率很小。

但无论如何，艾利克森对专家绩效领域的研究都不可否定。艾利克森在提出刻意练习方法论时的精神，比如：坚持大时间周期的练习；结构化设计练习项目，每天高效安排自己时间；勇敢迈出自己的舒适区，获得那些自己想获得的技能。这些依然激励着后辈学子前进。同时，艾利克森将口语报告法、日志分析法首先应用在人类专家绩效领域，依然值得我们学习。

科学从来不是捍卫自己的观点，而是定义、验证、质疑。在这种螺旋式循环中不断上升。艾利克森虽败犹荣。这场学术的"战争"，让我们深刻地铭记人性之复杂，专家技能的习得，从来不是一件简单事，而是来自基因、环境的交互作用，更受制于认知能力、任务内容与外在情境等诸多因素。

正是有了杰出的艾利克森二十年如一日地研究顶级运动员、音乐家、医师，才让我们得以更深刻地理解人类专家绩效的奥秘，更好地成为专家。

感谢你，艾利克森。

16

理解意识——从笛卡儿到丹尼特 [*]

丹尼特其人其书

《意识的解释》是丹尼尔·丹尼特的一部重要著作。阅读此书，你将跟随一位知识渊博的智者，从哲学与科学的双重角度，来探讨人类最深奥的问题——意识。

丹尼特，出生于1942年，17岁在美国卫斯理大学就读时，他第一次接触到语言哲学家奎因的著作，大受触动，从而转学到哈佛大学学习哲学。经奎因推荐，他于21岁时赴英国伦敦，在牛津大学师从哲学家赖尔，攻读博士学位。

之后，丹尼特的博士论文在1969年，也就是他27岁时以《内容与意识》为书名结集出版。丹尼特的博士论文昭示了他未来在心

---

* 本文首次发表日期为2022年7月20日，为《意识的解释》一书推荐序。

灵哲学与认知科学领域的三个主要研究方向：意向性、意识与自由意志。这三大概念也是心灵哲学与认知科学经常探讨的基本命题。

什么是意向性？即心灵代表或呈现事物、属性或状态的能力。在意向性上，丹尼特1987年出版的论文集《意向立场》，1996年出版的科普著作《心灵种种——对意识的探索》，确定了主要思想。什么是意识？即对内部和外部存在的感觉或知觉。在意识上，丹尼特1991年出版的《意识的解释》，确定了主要思想。什么是自由意志？即能在各种可能的方案中进行选择和决定行动的能力。在自由意志上，丹尼特2003年出版的《自由的进化》，确定了主要思想。

在完成对意向性、意识与自由意志三大心灵现象的理论体系构建后，丹尼特开始将主要精力转向认知科学、进化论与宗教方面的研究，先后出版了《达尔文的危险思想》《甜蜜的梦：意识科学的哲学障碍》《打破魔咒：作为自然现象的宗教》《无神论的未来》《科学和宗教》《直觉泵和其他思考工具》等书。

丹尼特的写作风格独树一帜，擅长旁征博引，哲学中的思想实验、语言分析、概念辨析常常与科学中的实验证据、模型模拟、理论推演同时出现。他关于不同心灵现象的论述还经常自引，处处互文。如此一来，加大了读者理解丹尼特思想的难度。《意识的解释》也不例外，虽然是丹尼特最负盛名的一本著作，但对于第一次接触丹尼特思想的读者来说，理解并非易事。以下，结合丹尼特的主要著作，对他的意识理论做一番简单介绍，以帮助各位读者理解。

意识不是什么?

意识也许是人类最神秘的心智现象。为什么人会产生那些只属于自己并且难以言说的主观体验呢? 那些有关视觉、听觉、嗅觉的意识,那些有关喜怒哀乐的意识。

一个颇具影响力的观点认为,意识源自身与心的交互,这就是法国哲学家笛卡儿在1641年首次发表的《第一哲学沉思集》中提出的身心二元论。[1]

在笛卡儿看来,身体是物质实体,心灵是精神实体,两者是不一样的。一个非物质性的"心灵"和一个物质性的"身体"如何能够互动? 笛卡儿认为,二者通过松果体互动。大脑接收躯体感官输入的信息,并对它们进行处理,然后通过松果体将信息发送给非物质性的"心灵"。"心灵"进行思考和推理,并决定要做什么,然后再通过松果体向大脑发送信号,指挥躯体以恰当的方式执行行动。这就是著名的身心二元论。

丹尼特用形象的"笛卡儿剧场"来比喻这类观点。在我们的大脑中有一个中心"剧场"(松果体),所有感官收集到的视觉、触觉、嗅觉信息等都会汇聚到这里,按照到达的次序依次在剧场中"呈现"。同时,大脑中有个代表"自我"的小人(内在观察者)在执行观察任务,观察所有在特定时刻投射在屏幕上的感官信息(构成意识的内容),做出决定并发出命令。这个小人观察的,就是我们所意识的。

那么,意识在何时出现呢? 用"笛卡儿剧场"来理解,意识就

是在某个时间节点上，大脑的某个位置对外界事物进行的内部再现。[2]这个结论实际包括四个要点：[3]

（1）意识是某种"呈现过程"。好比我们用眼睛在观察外界事物，实际上，我们用"心灵之眼"在观察进入"笛卡儿剧场"的感知觉信息。

（2）意识是"实在的表现"。在"笛卡儿剧场"，那个代表"自我"的小人看到的事物是对外界事物的完整"复制品"。

（3）意识具备精确的"时空坐标"。从时间上来说，更早进入"笛卡儿剧场"的事物会更早被意识到，因此，意识具备时间坐标。从空间上来说，意识被汇总在中心"剧场"那里统一处理，因此，意识具备空间坐标。

（4）意识由你自己说了算。当别人对你的意识评判与你对自己的意识评判产生冲突时，你对自己的意识拥有绝对权威，也就是说，你更能察觉你的意识。

这些观点听上去很有道理，在过去近400年里深深地影响了我们对意识的思考。然而，它们似是而非。丹尼特在《意识的解释》一书中，对这四个要点都进行了精彩反驳。

首先，意识不是某种"呈现过程"。"呈现"并不意味着意识的产生。举个例子，一位贪玩的爸爸原本应该带孩子，结果他在聚精会神地玩手机，虽然孩子在他的视野范围内，但是孩子并没有成为他的"意识"。

其次，意识不是"实在的表现"。我们人类对外界事物的"再现"并不是一步到位的，而是经历了漫长的演化过程的。任何一种感觉通道，无论是视觉还是听觉，在人类进化早期都并不成熟，而是一步一步演变成今天这个成熟的视觉和听觉系统的。这就像你购买的电脑或手机，经历了一代又一代算力的提升。显然，在刚开始时，手机摄像头分辨率较低、算力有限，我们难以完整地再现外界事物。但难道那个时候人类就没有意识吗？并非如此。

再次，意识并不具备精确的"时空坐标"。先看时间坐标，当我们谈论的是小时以上这样的大时间尺度时，笛卡儿剧场模型成立，的确有一些事物更早被意识到。但如果我们将时间尺度缩小到毫秒呢？答案并不成立。比如放烟花时，按照严格的笛卡儿剧场模型，我们应该先看到光，再听到烟花爆炸的声音。但是实际上，在10米内，我们的感觉是同时看到光和听到烟花的爆炸声的。按照传播速度计算，声音传播10米大约需要30毫秒，光需要的时间则可以忽略不计。显然，在毫秒的时间尺度上，时间坐标开始变得混乱，出现了明显的分层。光传播更快，但在大脑层面处理视觉信号花费的时间更多；声音传播更慢，但在大脑层面处理声音信号花费的时间更少，从而较快的光传播和较慢的声音传播得以平衡。再看空间坐标，今天认知科学的发展早已证实，松果体并不是大脑处理信息的中枢。

最后，意识并不是完全由你自己说了算的。丹尼特将意识依赖个人内省的这种观念称为理解意识的"现象学"路径。所谓现象学，即我们的视觉、听觉、嗅觉等对外界事物产生的现象经验，或我们对体液流动等身体内部感受产生的现象经验。前者，一般被称为外感受；后者，一般被称为内感受。[4]

与理解意识的"现象学"路径截然不同的是"异己现象学"（Heterophenomenology）的路径。《意识的解释》一书将其译作"异现象学"，徐英瑾将其译作"异类现象学"[5]，刘占峰将其译作"异己现象学"[6]。我认为"异己现象学"更能突出丹尼特对不同人称的强调，因此采用该译法。

在丹尼特看来，以笛卡儿为代表的哲学家，在理解意识时采用的是"第一人称复数"。笛卡儿在著作《第一哲学沉思集》中假设读者只要与他进行类似的内省活动，就能产生与他类似的意识。也就是说，从"我"能推广到"我们"。

显然，这种纯粹现象学的理解意识的路径并不合理。心理学的行为主义对其进行了猛烈的攻击。以华生、斯金纳为代表的行为主义心理学家甚至认为，我们一上来就应该放弃研究诸如感觉、思维、推理、情感这样的心理过程，而直接去研究行为。斯金纳甚至认为自由意志是一种幻觉，他认为人类行为依赖于先前行为的后果，他将这一理论阐述为强化原则——如果行为的后果是坏的，那么该行为很可能不会被重复；如果结果是好的，那么重复该动作的概率就会变大。[7]

丹尼特倒不像斯金纳那么极端，但是他也深受行为主义的影响，因此提出"异己现象学"，认为人类是从"第三人称角度获取第一人称信息"的，这些信息之间可以彼此交流与共享。你的意识是私人的，但你用言语表达出来，参加心理学实验留下的数据，这些是可以被客观记录的，并且可以在不同的人之间进行比较。最终，我们就获得了一个新的世界：异己现象学世界。

假设你是一名心理学家，在你的心理实验中，参与者所相信的、所希望的以及他的信念与欲望留下的种种痕迹构成的世界，就是一个异己现象学世界。你是他的这个世界的观察者、记录者。

那么，意识究竟是什么？

在对以笛卡儿为代表的身心二元论者进行批判后，丹尼特显然需要回答一个问题：既然意识不是某种"呈现过程"，也不是"实在的表现"，也不具备精确的"时空坐标"，更不是完全由你自己说了算，那么，意识究竟是什么？答案就是他的多重草稿模型。

什么是多重草稿模型？它是如何理解意识的？一句话来概括就是：意识是多重草稿相互竞争之后的结果。展开来说，这句话可以详细地拆解为以下四个问题及其答案：

第一，是谁撰写的草稿？

大脑并不存在一个中心枢纽。即使"松果体是大脑处理信息的中枢"这一说法已经从科学上被证伪，但依然有很多科学家尝试用新的名词去取代它。这些草稿是由大脑中数百亿个神经元与神经递质相互作用形成的结果。

正如丹尼特所言，按照多重草稿模型，各种各样的知觉能在大脑中完成，靠的就是对感觉输入并行、多轨道的诠释和细化过程。进入神经系统的信息处在连续的"编辑修改状态"中。在编辑过程中，各种各样的内容增添、结合、校正与重写都可能以不同的顺序发生。我们实际经验到的不是感官的刺激，而是感官信息经过加工和编辑后的结果。

第二，是否同时存在多份草稿？

很多份！很多份！很多份！只是，有的草稿处于激活状态，有的草稿处于沉默状态。你可以把它们分别理解为编辑中和已存档的草稿。"笛卡儿剧场"是串联的，在单一路径按时间顺序加工。多重草稿模型是并行的，在多个路径同时异步加工。所以，"笛卡儿剧场"中大脑里的"小人"所做的工作是被分解的，并且在时间和空间上分布在大脑中的专门区域。

第三，多重草稿是如何转化为意识的？

类似"群魔混战"的竞争方式，谁力气大谁胜出。在笛卡儿剧场模型中，信息的处理是按照信息到达的次序依次进行的。而在多重草稿模型中，不同的"草稿"相互竞争，获胜的"草稿"被看见，其他草稿则消失。大脑内部没有剧场，也没有呈现，只是在进行信息加工。

但在"群魔混战"时，并不存在一个主管者！在多重草稿模型的多轨进行过程中，各种各样的内容增添、结合、校正与重写都可能以不同的顺序发生。随着时间的推移，会产生某种类似叙事流的东西，无限地延续到未来。

第四，多重草稿在什么时候转化为意识？

不存在特定的时间！"笛卡儿剧场"中意识的产生是在某个特殊的时间点，在这一刻，输入的感觉会产生意识。在多重草稿模型中，并不存在一个特定的时间点让一份"草稿"从无意识转变为有意识。

哲学家大卫·汤普森（David L. Thompson）有个视觉信息加工的例子，可以让你更形象地了解多重草稿模型。某个视觉信息输入后，大脑中的各种信息加工回路就会被激活。一个回路认知成一棵草，另一个回路认知成一个人，这两个回路同时加工，互相竞争之后，其他回路也陆续被激活，认知到的信息越来越多，渐渐地，认知为人的回路胜出，认知为草的回路败下后消失。

接下来，认知为人的回路再激活更多的信息回路，这些回路继续加工，互相竞争。最后区分出是男人还是女人，是老人还是小孩儿等。某一时刻"胜出"的草稿，就成为这一时刻的意识内容。

意识从何而来？

从多重草稿模型出发，丹尼特继而讨论了人类的意识是如何产生的。他借用道金斯在《自私的基因》中的观点，将人类意识的产生看作一个从基因到模因的一层一层进化选择的过程。他发明了一个极其精彩的思想实验"机器人叛乱"来形容这一过程。

人是承载基因与模因的机器人，越在进化早期，基因的利益对生物的影响就越像一条短狗绳那样至关重要。随着漫长的时间演化，在进化后期，生物体本身的利益逐步背叛了基因的利益，最终就形成了模因。详情请参考认知科学家基思·斯坦诺维奇（Keith E. Stanovich）的著作《机器人叛乱》，以及我为该书撰写的推荐序

（见本书第9篇）。[8]

最终，诞生了人类独特的心智架构。这就是丹尼特在他的著作《心灵种种》里提出的"四种心智模型"。该模型把人类的大脑分成四种机制。[9]

第一层（底层）是达尔文心智。这层的我们像动物一样，受本能的驱动。比如你看到蛇会害怕，看到红色会兴奋，这是大脑经过漫长的演化习得的进化模块。丹尼特将大脑的这部分工作机制命名为达尔文心智。

第二层是斯金纳心智。按照达尔文心智，老鼠看到猫本能会害怕。但如果在老鼠看到猫的时候给它一些甜头，老鼠会不断地去尝试，这种甜头就是刺激。从刺激到行为之间，既可以像巴甫洛夫一样，给予猫与老鼠之间直接刺激的经典条件反射，也可以像斯金纳一样，给予以代币为中介物的操作性条件反射。

第一层达尔文心智与第二层斯金纳心智是所有动物共有的。第三层波普尔心智和第四层格列高利心智是人类独有的心智。波普尔是科学哲学家，提出了著名的"可证伪"概念——可证伪的才叫科学。波普尔心智意味着你在头脑中对一些事情提前进行测试。这就是人类最重要的能力——对真实世界予以抽象，并在头脑中进行测试与预演。

你会发现你的思想可能对，也可能错。你放弃错的，挑选对的去执行。什么是对错呢？你有时会依赖自己的判断，有时会依赖社会习俗去判断，这也就形成了第四层格列高利心智。格列高利（Richard Gregory）是一位英国认知科学家，丹尼特用他的名字来命名第四种心智。如果你将波普尔心智比喻成人类大脑模拟真实世界的那台虚拟机，那么在格列高利心智中这台虚拟机就不再是由人类个体而是由人类群体制造的了。

　　既然人难以提起自己，为什么低层级的心智会涌现出高层级的意识？实际上，丹尼特在本书中提出的多重草稿模型告诉我们，意识本质上是一个文化的举重机。一级一级、一层一层，一个虚拟机安装在另一个虚拟机之上，最终涌现人类复杂而迷人的心智。

03

第三部分

人生之书

17

举头有神明[*]

前不久，我旗下一家公司的一个新办公室正式启用，是出入方便的二楼，也是我喜欢的大挑高，窗外是安静的树林。

为了庆祝乔迁之喜，我邀请新朋旧友来了个暖房趴，顺便带着大家参观新办公室。大家发现一个有趣之处，新办公室每个房间的门牌都是一位大神的名字，并且在相应的房间里面有一幅该大神的肖像画，画上附有一句出自该大神的金句。这些大神，都是我推崇的智者。那么，他们分别是哪些大神，以及挑选了他们什么金句呢？

* 本文首次发表日期为 2018 年 12 月 3 日。

1

按年龄大小排序，第一位大神是詹姆斯·吉布森（James Gibson，1904—1979）。

吉布森是可供性理论的提出者。在讨论产品设计时，人们常常注重的是产品的可用性，却不知还有一个概念叫可供性。可供性与可用性不同，它不关注产品有什么用，而是关注它能否提供新的可能。从"可用性"到"可供性"，意味着更突出生命主体的价值。从关注"自己的作品有什么用"转为关注"自己的作品有什么不一样，是否能提供新的可能性"。

在21世纪，人们仍在不断地低估、误解可供性。因此，金句挑了吉布森这句话：

> 当我们感知物体时，并不是观察某一特性，而是观察该物体的可供性。[1]

2

第二位是赫伯特·西蒙。

西蒙一直认为自己是一个"简单的人"。这当然是谦词，即使放到整个人类历史来看，西蒙也算得上是天才中的天才。你可能都不会相信，一个人竟可以神奇到这种地步：拿了诺贝尔经济学奖，又拿了计算机科学领域中的图灵奖，拿了美国心理学会的终身成就奖，还是人工智能、认知心理学与认知科学的奠基者。

在穿越人生这个迷宫式花园的过程中，西蒙打造了一连串令人眼花缭乱的身份，对涉足过的每个领域都产生了革命性的影响，留下了足够多供人追寻的足迹。但他始终坚守的是：我是一名科学家。因此，特挑选他这句精彩的话，我曾用作多年的签名：

> 好的科学家就是一个好的"赌徒"，你需要掌握秘密武器。[2]

3

第三位是詹姆斯·马奇。

2018年9月27日，马奇去世，享年90岁。世间从此少了一位大师。我在悼文《轻轻的告别》中写道：

马奇是我最佩服的智者，比任何中国人都更像中国传统意义上的君子、士大夫、大儒。他是最有创造力的诗人、管理学家、社会学家、心理学家、经济学家、政治学家、教育家，还是计算机模拟领域的先驱；更是最懂管理与领导本质的人。马奇用自己的90年时间诠释了什么是生活上的"君子不器""名利如浮云"与爱情上的"相濡以沫""不离不弃"。

人，不仅仅追求结果逻辑，更追求身份逻辑，除了功利，还有激情。马奇对我的影响是全方位的，我时时用马奇的这句话来提醒自己：

学问有个特征比（学问）有没有用更重要，那就是美不美。[3]

4

第四位是丹尼尔·丹尼特。

有一段时间，我迷恋研究智者的心智模式，因此，购买了数千本聪明人的传记或相关著作。我从中选出了200多位智者。然后让他们捉对厮杀，看哪些智者能最终胜出。比如，在倒数第二轮挑选中，我既选了钱锺书，又选了赵元任。此时，我让钱锺书大战赵元任，看两人谁能战胜对方。最终找到证据，钱锺书的确讽刺过赵元任。而钱锺书又的确成功说服我了，于是从我的智者清单中，删赵留钱。

最后一轮保留下来的智者，就有丹尼特。他被称为"当代罗素"，也被称为"进化论四君子"。在我眼里，他像一个老顽童，永远热情地行走在探索人类心智之奇的路上。

在认知科学家斯坦诺维奇看来，直觉泵是丹尼特最独特的贡献。它是指"在思维实验中通过不同变量来激发系列直觉的工具。一般而言，直觉泵并不是驱动发现创造的引擎，而是说服或教育的工具——一种使别人采用与你相同的方式思考的方法"。丹尼特就像一个模因工厂，不断生产令人深思的直觉泵。光是启发了斯坦诺维奇的就有：理性障碍、双系统理论、三重心智模型、机器人叛乱……因此，挑选了他的这句话：

> 一个好的直觉泵比任何一种论证和分析都更为有力。[4]

5

最后一位是史蒂芬·平克。

平克是当代最重要的认知科学家之一，曾出版过《语言本能》《心智探奇》等众多好书，并曾荣获普利策非虚构类写作大奖提名。

我提倡写作的古典风格。何谓古典风格？简单清晰如最真。这方面中国代表人物与派别是韩愈与桐城派，西方代表人物则是笛卡儿与拉罗什福科。关于古典风格的论述之作，值得推荐的有两本书：《风格感觉》与《古典风格》。前者正是平克所著；后者由弗兰西斯-诺尔·托马斯和马克·特纳两位作者合著。

因此，特挑选平克在《风格感觉》一书中的金句：

> 写作是将网状的思考，变成树状的结构，用线性的语言表达出来。[5]

小　结

　　我暗暗地想，在智者的目光注视下，我们也许会变得智慧一点吧，就像哲学家希拉里·普特南（Hilary Putnam）先生所言：

　　　　我发现有两件事帮助我建立新思想，一个是自我批判，即批判我先前发表过的任何东西，还有一个就是阅读伟大的哲学家……

　　　　我觉得，阅读总会开辟新的可能性，如阅读康德、亚里士多德、维特根斯坦、约翰·杜威、威廉·詹姆斯。由于我越来越聪明，康德、亚里士多德等也都变得越来越聪明了。[6]

18

寻找智慧的三类人 [*]

引　子

在《经验的疆界》一书中，詹姆斯·马奇直面一个看似简单却复杂的问题：经验在组织成功与人类智慧获取中扮演何种角色？一方面，经验被人们视为最好的老师；另一方面，经验又阻碍进步。马奇以渊博的知识，融合多学科智慧正面回答了这一人类智慧难题。全书根据马奇2008年在康奈尔大学的演讲改编而来，整本书不到100页，但句句有出处，每页有洞见，可谓字字珠玑。与其说这是一本组织行为学的书，不如说是一位老人，到了晚年，回顾一生，临行前，给后生小辈送上的珍贵礼物。由于演讲主题所限，马奇探讨的是组织智慧何来；但在正式行文中，马奇对人类智慧何

---

* 本文首次发表日期为2013年11月18日。

来，已论述透彻。

这是一本对于普通读者来说难懂的小书，从文学、管理学、心理学、组织行为学再到复杂网络科学，涉及学科与专业术语多。因此，特撰文解读马奇此书的逻辑与精彩之处。

智慧是什么？智慧从哪里来？

这是《经验的疆界》一书第一章回答的问题。在这本小书里，马奇没有纠缠组织三大特征：组织内部的利益冲突；组织适应涉及多个嵌套水平的同步交互适应；多个组织同步调整、共同演化，而是直接追问：智慧何来？经验在人类的智慧与组织的智慧追求中起着什么样的作用？或者应该起什么作用？

智慧是什么？马奇写道：智慧在于适应环境与优雅地诠释经验。前者如罗马天主教会和欧洲的几所老牌名牌大学，适应环境，得以存活数个世纪。后者如人类渴望理解经验，马奇引用国立巴黎高等矿业学院前任校长雷蒙德·费舍塞尔（Raymond Fischesser）的说法，把智慧定义为"有效地关注重要之事"。这样的智慧，因为反思、理解并欣赏生活而伟大，并不仅仅因为掌控生活而伟大。

在人类寻求智慧的路上，存在三类路径。我们可以通俗地将马奇整理的三个流派比喻成三类人。这三类人分别如下。

笛卡儿信徒：这一类人崇尚科学，擅长分析。他们喜欢一板一眼的演绎，追求简练但推广性强的理论。他们的历史观是，历史是蹒跚前进的，智慧伴随历史发展而增长。他们主要来自经济学、心理学、管理学、社会学、政治学、公共行政管理学和人工智能等领域。

讲故事的人：这一类人强调语言、暗喻，阐释意义。他们喜欢将自己放在权威与成规定见的对面，捍卫弱势群体尊严。他们的典型代表是弗洛伊德、福柯，虽然经常以偏概全，但是也喜欢对人类状况刨根问底。他们尤其喜欢雕琢语言的细微之处，从中挖掘出意义。他们的历史观是，智慧与历史相互构建，对智慧增长却避而不谈。他们主要来自文学、评论、史学、人类学、语言学、法学和宗教研究等领域。

适应者：这一类人强调历史的复杂性，试图通过强调人如何适应环境来理解智慧。他们将人、动物、技术、各类组织、整个社会都看作适应的产物。他们的历史观是，历史有很强的路径依赖性，具备多重均衡，智慧可以非随机增长。

沿着这三类人的智慧观、历史观、背后更底层的抽象思想，马奇在接下来的三章阐明了各种路径寻找智慧的关键、可能遇到的门槛与不足之处，最后在全书第五章予以总结。与一般人对各个学科的肤浅了解不一样，马奇对这三类人了如指掌，并且贡献卓越。

在"笛卡儿信徒"上，他在书中一笔带过，读者肯定会忽略的"垃圾桶模型"，是他的发明。该模型是人类决策模型中的经典。

不太为中国读者所知的是，马奇早年就成为大师，1958年，他与西蒙合写的《组织》成为经典。1963年，马奇与理查德·西尔特（Richard Cyert）合著《企业行为理论》，再次成就经典。1994年，马奇的著作《决策是如何产生的》第一章即"有限理性"，详细介绍了他与西蒙奠基的组织研究的"有限理性"流派，成为今日行为经济学的基础。

与西蒙不一样的是，马奇更低调与更注重审美。在"讲故事的人"这方面，他出版了9本诗集，在人文领域有足够的发言权。在"适应者"上，马奇深受进化论影响，是科学达尔文主义资深拥护者，并以睿智的人生态度展现了自己对生活与众不同的适应性。

如何复制成功？

这是第二章回答的问题。马奇发明了一对词汇来形容人类思维的先天特征：**低智学习**与**高智学习**。马奇将人类从经验中获取智慧的模式区分为两种，一种是低智学习，是指在不求理解因果结构的情况下，直接复制与成功相连的行为。

让我们先来看一个"低智学习"的例子。有一位大叔，他看到路边的大妈烧饼卖得不错，于是他也跟风卖烧饼。大妈的烧饼因为多放了一个鸡蛋，大家都爱买，他也效仿大妈，跟着在烧饼里多放一个鸡蛋。然而，令人遗憾的是，大叔并没有看到大妈的烧饼受欢迎的真正原因，其实是大妈有一个漂亮的女儿。这种模仿行为，被马奇称为"低智学习"。

另一类是高智学习，是指在努力理解因果结构并用其指导以后的行动。举个例子，查理·芒格（Charlie Munger）通过综合对历史人物、公司案例的分析，以及各类心理学与数学知识，最后总结出人类误判心理大全与投资清单。这类力图理解因果结构——人是怎么失败的，并且用其指导今后的投资行为，被马奇称之为"高智学习"。

低智学习与高智学习并无优劣之分。只是前者在动物中较为常见，容易引发各类启发式行为；后者只在人类中常见，需要借助符号语言。马奇在第二章重点剖析了"低智学习"，在第三章，重点分析了两种最具代表性的"高智学习"：故事与模型。如何复制成功？具体而言，"低智学习"有三类机制。

试误：亲自摸索，不断尝试，观察结果。复制与成功相连的行动，回避与失败相连的行动。两类研究成功揭示了试误的一些注意事项。一类来自寻找"老虎机"这类问题的最佳解题策略的研究，结果表明，最佳策略取决于时间范围；另一类来自教育心理学的迷宫强化学习研究，这类研究尝试理解简单选择情境下人类的学习情况，结果表明，学习者选择的策略，并不符合最佳策略。

模仿：观察其他学习者的经验。其他学习者采取什么行动导致成功，那我就采取什么行动。马奇的阅读量到了"令人发指"的地步，在模仿这一段里，马奇并没有抄袭组织行为学粗陋与简单的结论，而是直接跳到复杂网络的流行病学传播模型。成功的人是如何在与他联系的人中传播思想的呢？如果我们将思想也看作病毒，最终状态取决于供应病毒、接受病毒的人的性质，"疾病"的性质与整个网络的性质。最终会出现"识阈效应"（Threshold Effect），传播多半会止于趋同，而非最优化。

天择：繁殖与成功相连的属性（例如，规则、程序、形式），淘汰与失败相连的属性。也就是两条规则，天择规则与繁殖规则。天择规则决定繁殖哪些属性；繁殖规则决定如何繁殖那些属性。

那么，人类在低智学习上，容易犯哪些错误呢？马奇在这里没有讨论那些众所周知的人类信息加工的局限性，比如短时记忆的记忆组块仅限于7加减2，以及他与西蒙奠基的"有限理性"，而是直接回到历史，找了几类难以避免的错误。

其一，笛卡儿信徒们的模型相对历史的复杂性来说，总是小变量、内隐的、简单的。这么一来，就容易犯下"误设"与"迷信"的错误。

其二，历史充满随机不确定性。如果历史充满随机不确定性，根据经验寻找最优解，就要解析信号、噪声和样本的联合效应。但是，拟合越好的模型，其实对噪声的包容也越好。同时，随机变异会造成两类典型的、违背直觉的意外——"首次超越定理"与"竞争上限定理"。

其三，在复制成功时，众选项的潜在结果分布受到历次所做选择以及历次变现结果的影响。普通作家，写书会写到这种程度："复制成功会影响到你选择的选项"。比如，你认为是勤奋导致成功，那么，你可能更努力地去学习；比如，你认为人脉导致成功，那么，你可能更努力地去社交。

但是马奇不是这么写的，他直接写道：

> 复制成功自然会影响到你选择的选项。不过大家没注意到的是，复制成功经常还会影响其他选项的潜在结果分布。[1]

比如，我说过的"奖赏会伤人"现象，就是典型的例子。一个人在做事情的时候，如果倾向于选择外在动机，那么，他慢慢地会变成受奖励与惩罚驱使，更重要的是，他会失去对内在动机的行为偏好。

仅仅写到这一步不算什么，接下来，马奇继续分析了"练习效应""胜任力陷阱"与"马太效应"，以及"成败评定与目标调整如何影响复制成功"。同时，马奇特别强调，别再去寻找什么最优学习方法了！他指出，学习在三个层面同时发生。

> » 第一个是学习做什么：寻找好的技术、战略或合作伙伴；
> » 第二个是学习如何做：精进在某技术、战略或合作伙伴上的胜任力；
> » 第三是学习期盼什么：调整绩效目标。

因为学习在这三个层面同步进行，所以很难找到最佳选项，三个层面的适应会相互干扰。

其四，经验抽样率受样本结果的影响。人类存在一个过于自大的心理特征，马奇将其称为"高智学习"。我们常常可以看到，仅仅是依靠模仿国外产品而获得成功的创业者，会给自己的成功寻找一套完整的理论框架来解释。

对于这类心理现象，马奇以"风险规避"与"配偶选择"两个案例说明了人类不少行为没那么复杂。首先看风险规避，风险规避不一定要看成慎重选择、神秘特质或情景产物，可以看成简单地从日常经验中学习形成的一种倾向。再看配偶选择，一夫一妻制不一定是文化习俗、道德规范或理性计算的产物，可以看成简单地从日常经验中学习得到的产物。

人类如何讲故事与模型？

这也是第三章回答的问题。与大多数社会科学家不一样，马奇认为社会科学家的各种模型都是"准故事"。故事与模型，只是"高智学习"的一体两面。

马奇说，故事和模型是两种压力联合作用的产物。一方面，故事和模型必须精妙复杂到显得有趣并彰显人类智慧。另一方面，故事和模型必须简单到足以让人理解。在这两种压力的联合作用下，故事和模型往往会变得比较详尽，详尽到足以赞美人类智慧；又不会变得太过详尽，免得不能让人理解。故事和模型倾向于展现——也许可以叫作——"最大可理解复杂性"。此思想出自马奇的一生挚友西蒙的《人工科学》。西蒙利用"可理解"与"近可分解"两个指标来描述复杂系统的演化。

马奇说："在熟悉的框架内简化经验，是人类理解世界的基础，文学理论家、法学理论家、现象学家、符号交互学家和民俗方法学家都这样做，知识形式稍有不同。"[2]接着，在这一章，马奇总结了四种常见的神话主题。

理性神话：人类遵循结果逻辑采取行动、为行动辩护，人类精神由此得到明确表达。行动是做选择，做选择要遵循结果逻辑。理性神话遍布公共领域的管理故事和模型，也遍布私人领域的管理故事和模型。很多人认为"激励"是组织行为的关键所在，这一观点的基础就是理性神话。

层级神话：问题可以分解成一层一层的子问题，行动可以分解成一层一层的子行动，组织采用层级结构并用层级方式解决问题，依赖的基础就是层级神话。采用层级方式解决问题，就是把任务逐层分解下放，各部门平行开工，然后把成果逐层整合上去。

领导者个人举足轻重神话：任何历史故事要想有意义，都必须和伟人扯上关系；组织历史是组织领导者根据个人意愿创造的。在典型的组织故事或模型中，个人行动被视作组织历史的基本构件。历史是人创造的，是大人物相互斗争、相互合作的结果。组织历史的重大发展应该归因于非凡的人类行动和能力，也就是领导者个人的行动和能力。就像有关军队沉浮的故事变成了领军者有无能力的故事一样，有关商业公司兴衰的故事，领导者的身份、性格、义务也成了焦点。

历史有效神话：历史遵循的路线，通向唯一的均衡，这个唯一均衡由先前条件和竞争共同决定。很多人强调市场竞争是商业公司的自然选择机制，他们之所以这样强调，就是因为相信历史有效。历史有效的基本观点是：历史青睐那些符合环境要求的个人、组织、形式、实务和信念；竞争会确保历史的有效性；能够生存下来，就说明与环境要求的匹配度较高。

能够总结出四类神话，已经足够看出马奇的功力；能够立即写出反主题，更是能看出一位智者的思考。

> » 理性神话的反主题是身份主题：个体不是遵循结果逻辑的，
>   而是把情境与身份要求匹配起来。
> » 层级神话的反主题是非层级网络主题：复杂的联系网络把组
>   织中的个人连接起来。
> » 领导者个人举足轻重神话的反主题是复杂性主题：历史是由
>   复杂的多人行动创造出来的。
> » 历史有效神话的反主题是历史无效主题：适应是缓慢的，具
>   有多重均衡。

马奇还不满足于此，在书中，他经常玩一类高级智力游戏——在正反神话主题之后，是否还存在更深层次的东西？在这一章，马奇写道：

> 这些神话，很多下面潜藏着一个更大的神话——人类举足轻重，也就是说，人类可以通过个体的或集体的智慧行动影响历史进程，让历史按照对自己有利的方向发展。这样的神话，既是一种信仰，又是经验诠释的基础。很多人相信"显而易见，人定胜天"，只是不太成功的组织中相信这一点的人少一些罢了。[3]

接着，马奇分析了故事的意义与价值：真理、正义和美。

能够讲述令人信服的、高智的经验故事，是优秀管理者、优秀研究者和优秀顾问的标志。真理、正义和美是相互独立的美德，但是美学价值并不比真理价值和正义价值小。对学术而言，真理价值、正义价值和美学价值是三位一体的，没有主次之分。[4]

如何产生新事物？

这是第四章回答的问题。我们再次回顾，智慧是什么？回答是：适应环境与优雅地解释经验。

人类通过第二章的"低智学习"与第三章的"高智学习"获得智慧。在"低智学习"上，我们往往倾向于采取试误、模仿、天择三类机制复制成功，受制于人类智慧的自身缺陷，我们容易出现四类错误。在"高智学习"上，有故事与模型两种常见机制，我们通常会有意无意地，在讲故事与模型时，重复四类神话主题。

在适应环境的同时，人类却失去了创新能力。"适应"的低效本身在阻碍新事物的诞生。马奇说："新事物大部分是坏的，也没有很好的办法去鉴别新事物的好坏；新事物在时间上延迟出现、在空间上偏离本地而出现，而适应是短视的，这是新事物有关问题的本质；适应是新事物的敌人，但是长期来看，新事物还是源源不断地涌现，这是新事物的产生机制之谜。"

马奇说："对那些想通过故事和模型从经验中挖掘启示的人来

说，这个工作说明还不错。对'初尝云雨'的人而言，所有'房中术'都是令人兴奋的新发现，不管其他人对这些'房中术'有多么熟悉。同样的，与初做学问的人相比，经验丰富的学者不大可能宣称自己的东西是原创。"[5]

马奇说："新事物研究和创造力研究有时把新事物和创造物混为一谈。新事物是偏离成规定见的事物，而创造物是后来被判定为成功的新事物。"[6]

如何产生新事物？**幸运的是，人类通过进化的"搭乘"机制——那些几乎总是失败的智慧（如乌托邦智慧）与那些明显成功的智慧（如常规智慧）捆绑在一起，走向成功。**在这点上，人类需要谦虚与承认不足。马奇引用契诃夫的话说道：

> 作家，特别是艺术家，是时候承认，我们无法弄清这个世界上的任何事情，正如苏格拉底曾经承认以及伏尔泰一直承认的那样。公众自以为知道并了解一切事情；越傻的人似乎越容易说自己无所不知。然而，如果一位深受公众信任的艺术家决定发表声明说他一点都不了解自己见到的事情，那么在思想王国，这种声明本身就具有重大意义，是一个巨大的进步。[7]

如何促成组织产生新事物？马奇总结为三点：一是组织宽裕，来自高效适应；二是管理者的狂妄自大，来自高效选拔管理者；三是对新事物的过度乐观，人们希望压倒现实的项目成功。

马奇提到人类获取智慧的两难——要么犯过度拟合错误，要么犯过度简化错误：

> 有人曾建议，统计模型建造者要有类似的谦虚。实际上，
> 模型越通用（即可以引申出的关系模式和函数形式越多），就
> 越有可能"拟合"系统中的噪声，结果就是拟合度高但预测力
> 差。面对偏差-方差困境，模型建造者必须选择是建造复杂模
> 型，犯过度拟合错误；还是建造简单模型，犯过度简化错误。[8]

小 结

第五章是全书小结。马奇说，**经验是永远的老师，但也是不完美的老师**。最后，用马奇的金句结束本文："我们生活的世界重视现实的期望和清晰的成功，堂吉诃德两者皆无。但是尽管一个失败接着一个失败，他坚守愿景和使命。他坚韧不拔，因为他知道自己是谁。"

为什么马奇如此喜欢堂吉诃德？正是因为堂吉诃德坚持自己——无论成败，无论毁誉，做世界上那位独一无二的游侠骑士。智者马奇，承载并传递着有关人性与人生的独特见解。人类因为马奇这样的智者而美好。

19

我的第一份工作 [*]

1

20年前，我刚毕业时的第一份工作在清华紫光。

那时，清华紫光资助抑郁症大师贝克（Aaron T. Beck）的弟子、好友徐浩渊博士，成立了一个心理学新部门。我是这个部门里唯一的男生，负责认知行为疗法在线系统的开发。

是的，你没看错，是贝克，就是认知行为疗法的发明者，也是目前公认权威的抑郁症自评量表的作者贝克。

那时，整个部门初创，包括徐浩渊老师在内，只有4位同事。徐浩渊老师是一个大顽童，对拯救国民心理健康充满强烈的热情。

我以为这份工作会持续很久。然而意外发生，我生病了，不得

---

* 本文首次发表日期为2018年9月27日，后曾用作《信息分析心理学》一书推荐序。

不离开项目。

休养身体几个月，其间帮中国科学院心理研究所的一位导师做了一些项目，以此谋生。顺便拜托他帮忙找了一份工作。

没想到这份工作，竟然还是在清华大学的下属公司工作。原本老总招聘我的初衷，是与心理所的这位导师联合成立人力资源咨询部门，我来负责这个部门。遗憾的是，这项工作拖拖拉拉，等到我辞职时，这个部门还没成立。

在这期间，我就与公司已有成熟业务的团队合作，这是我的第一份正式工作——企业竞争情报咨询。

2

人们容易将这份工作理解为"商业间谍"，然而并非这样。我的工作并不与窃听等行为相关，而是在写字楼里写报告，在图书馆中检索大量商业数据库，去客户公司那边做调研。

但某种意义上，这份工作又的确需要像情报工作一样，以敏锐的商业嗅觉、强悍的信息处理能力，给客户提供一份正确的决策建议。这份工作不是"商业间谍"，但又会直接影响一些重大项目的决策。

第一份工作对人的职业素养的确影响深远。那时形成的信息分析能力，在我之后20年的职业生涯中，起到了无比巨大的作用。

当时入门企业竞争情报分析时，我不由地思考：我受过的心理学训练如何与竞争情报工作结合呢？找啊找，最后在一本书上找到答案了。它就是《信息分析心理学》。

作者理查德·霍耶尔（Richards Heuer）是美国中央情报局的资深专家。他拥有60多年的美国情报界工作经历，在情报分析、反情报分析等领域享有盛誉。因贡献卓著，曾荣获美国中央情报局、美国国会、情报教育国际协会（IAFIE）等组织机构颁发的多种奖项。

霍耶尔与谢尔曼·肯特（Sherman Kent）、罗伯特·盖茨（Robert Gates）、道格拉斯·麦克埃钦（Douglas MacEachin）并称为美国中央情报局四大功臣，为美国情报体系的建设立下了汗马功劳。

《信息分析心理学》正是霍耶尔的经典名作。在这本书中，他第一次将认知心理学知识引入到情报分析工作中。该书首先在第一部分介绍了人类信息加工的基本机制；继而在第二部分探讨了人类信息加工的局限及相应解法——一个又一个巧妙的思维工具；最后在第三部分深入探讨了各种认知偏差如何影响信息的搜集与加工。

它不仅是一本情报工作者必读之作，也是一本很好的认知心理学科普之作。

3

在《信息分析心理学》一书中，我印象最为深刻的是霍耶尔发明的竞争性假设分析法（ACH法），也就是书中第八章详细介绍的内容。

什么是竞争性假设分析法？它是由霍耶尔提出的一种情报分析方法，它要求分析人员尽量列出更多"假设"，然后让这些假设之间相互"竞争"，所以称之为"竞争性假设分析法"。其中，哪一个假设更容易胜出，看的是证据。更具体地来说，竞争性假设分析法可以分为8个步骤[1]：

（1）头脑风暴，列出可能的假设；

（2）列出每个假设的支持与反对论据；

（3）构建"假设–证据"矩阵；

（4）精简矩阵，剔除明显不具有价值的假设与证据；

（5）就各个假设得出暂时结论，尝试证伪假设；

（6）分析结论对于少数关键证据的敏感度；

（7）报告结论；

（8）明确未来观察中应注意的标志性信息。

在实际操作时，我们往往并不需要严格遵守这8个步骤，但都会构建一个"假设–证据"矩阵。人在做决策的时候，很容易受认知偏差影响，尤其会忽略备择假设。"假设–证据"矩阵其实就是让你一上来就充分考虑所有的假设，在更大的范围内列举证据，列出每一条的"假设–证据"的关系。再看看假设与证据之间是不是存在一致性，是支持还是不支持，你可以用"+"和"–"来表示。如果支持，记为"+"；如果不支持，则记为"–"。经历一轮判断之后，更容易胜出的假设自然一目了然。再重新组织形成新的假设，并不断重复这一过程。这就是竞争性假设分析法的精髓。

人生有一些重大决策，比如第一次买房、第一次结婚、第一份工作，这些都特别适用于竞争性假设分析法，因为你需要权衡多个因素的利弊。受限于工作记忆广度，没办法同时考虑到4个以上的假设和证据之间的关系。但你可以将它们在纸上一条一条列出来，并逐一评估它们之间的关系，最终能够得出一些更好的结论。

4

令我没想到的是，多年后我会再次回到情报分析领域。当追溯自己过往的知识体系，试图整理出对知识工作者最有用的知识时，我才发现，第一份工作的情报分析训练让我受益了10余年。

从2018年开始，我开设了一个系列课程，称为英才四课。英才四课是我实现"尝试建立一套21世纪快速提升知识工作者高级认知能力的课程体系"的野心的路径。

其中第一门课就是"信息分析"，侧重提高人获取信息的速度与准确度。在做整个信息分析课程设计时，我强调3个高阶模型：全局认识、交叉验证与有趣度。其中第二个交叉验证，它来自道金斯。但交叉验证的拓展——竞争性假设分析法，则来自《信息分析心理学》一书。

你看，读书读的还是背后的人、背后的事、背后的知识体系。

当任何一件事情，以10年、20年的大时间周期来观察时，你总会有很多意想不到的收获。

如果20年前初出茅庐的我，执著于自己是一位心理系毕业生，对不得不从事的竞争情报工作敷衍了事，那么，我极可能错过提高自己信息分析能力的机会。

我更不会想到，20年后的某天，自己会开设一门"信息分析"课程并撰写相关图书，以及为各位读者推荐霍耶尔的这本书。

人生就是这样兜兜转转，你永远不知道，早期的某项积累，未来会以何种形式派上用场。

与其追求知识的实用，不如追求知识的趣味。

20

《原则》的原则 [*]

2018年春节期间，终于读了桥水基金创始人瑞·达利欧（Ray Dalio）的《原则》。读之前，有人将其当作思维模式典范向我推荐，因此我对此书寄予厚望；读完后，不得不感慨，达利欧是一位一流的投资人，但还不是我心目中的智者。

1

简单统计全书，出现桥水285次，中国89次，其他尚在世的名人名字不下30次。当然，你可以说达利欧对中国抱有强烈好感，但是我难以想象，在一本号称人生总结的传记中，一位真正淡泊名利

* 本文首次发表日期为2018年2月19日。

的智者会用如此之大的篇幅来提及某些国家、某些领导人。试看芒格如何提及同时代的优秀人物：

> 这些规模优势非常强大，所以当杰克·韦尔奇（Jack Welch）到通用电气时，他说："让它见鬼去吧。我们必须在每个我们涉足的领域做到第一或者第二，否则我们就退出。我不会在乎要解雇多少人，卖掉哪些业务。如果做不到第一或者第二，我们宁可不做。"[1]

　　在达利欧的著作中，你只看到那些同时代的杰出人物如何优秀，但是为什么优秀，对不起，限于保密条款，不能告诉你。而在芒格的视角中，那些杰出人物为什么优秀，你一清二楚。芒格之所以引用韦尔奇，是因为他要论证普世智慧。同样，芒格引用平克是因为《语言本能》，引用西奥迪尼（Robert B. Cialdini）是因为《影响力》。从达利欧在书中引用的29篇参考文献多数是商业畅销书这件事上来看，他大概只知道金斯不知古尔德（Stephen Jay Gould），只知卡尼曼不知斯坦诺维奇，只知威尔逊（Edward O. Wilson）不知阿奇舒勒（Genrich S. Attshuler）。

2

　　再说说书中的知识硬伤。作者提及MBTI总计10次，并将其当作一个强力工具，在整个公司中普及。达利欧认为："利用MBTI等测试，我们对不同人的思维方式逐渐有了更为清晰、更以数据为基础的理解。"[2]然而，熟悉心理学的朋友都知道，MBTI只是一个过时且缺乏科学证据的心理测试而已。

MBTI为什么会流行？

MBTI流行的重要原因在于，在你迷惘时，它能给你个答案，为你贴个标签，让你获得同辈认同。这种贴标签活动，放在团队发展与培训时，容易显得政治正确：

> » 对人分类；
> » 每个人都有缺点、优点；
> » 每个人都要善于利用自己的优点，尊重别人的缺点；
> » 其中，部分容易被大家验证的维度，比如向内－外向等是绝对正确的，符合实际情况。

这种逻辑是多么无敌！这种流程本身就能为提高团队沟通的效率做贡献，但是，这种贡献是来自MBTI本身还是来自流程本身呢？我深表怀疑。

MBTI为什么不靠谱？

它靠谱吗？答案是否。正如专攻人格心理学的金晶博士所言，在判断一个心理测量工具是否科学的时候，通常要考虑三个方面：

可靠性（Reliable）、效度（Validity）和完备性（Comprehensiveness）。

可靠性： 是指你隔几个礼拜或几个月重新做这个测验得到的结果是一样的。在这个标准下，MBTI先天不足，因为它最大的一个问题是使用二分法，对于人的每一组特质，比如内向-外向，或者思考（Thinking）-感觉（Feeling），会有一个切分点把人一刀切，于是每个人就被归类到了一边。相反，心理学界更流行的大五人格特质测验是把你在这个维度轴上的精确位置找出来，而不是给你做二分法归类。虽然人格可能因为情境、时间等有所变化，大五人格特质测验也不可能有100%的可重复性，但是与这种二分法相比，信度更高。

二分法的另一个先天缺陷是假设一个人如果是一种类型，就不能是另外一种类型。即使从最简单的思考-感觉这个维度，有些人可能有清醒理智的思考，同时善于感知情绪，这样的话直接分成两类就过于武断了。

效度： 是指是否能有效预测行为。MBTI并没有可靠的科学研究来提供效度数据，而大五人格特质测验有很多的元分析（Meta-analysis）研究表明它与工作绩效表现存在相关性。

完备性： 从MBTI的几个维度来讲，它并没有经过严格的自下而上的对多种特质的全面总结和统计分析，也不能涵盖所有重要的维度。它基于早期荣格的理论，那时候人格心理学的发展还很有限，很多分类系统还没有完善，就算有一些道理，也只能算一家之言，没有经过百家争鸣的过滤和筛选，所以它的完备性和理论基础都有可质疑的地方。

在人格科学领域，科学家早早地放弃了MBTI，而是以大五人格特质模型为主。MBTI在学术上真正的启发之处，在于尝试结合动机与特质，比如"内向的情感"这种描述。但这种描述不够科学，仅仅是卡尔·荣格（Carl Gustav Jung）凭借着对人性深刻的认识做出的初步尝试。荣格当时并不知道为什么是这样。今天的心理学家则可以做得更优雅。

超越自我验证

心理学家已经证明，人们最容易验证别人的"外向性"，而大五人格特质模型中的"神经质"与"尽责性"在一般的面试过程中很难被证明。**证明人们不太容易证明的东西，恰恰是科学的独特贡献，以及区分科学与非科学的界限。**

因此，我们可以做个思想实验，其中一组被试，从MBTI里面选取容易被人们自我验证的维度，比如内向–外向，再随机组合其他三个维度，从而构造出一个虚假的人格类型。其中内向–外向取真，人们是内向的，就告诉他是内向的，反之亦然，而其他三个维度则随机抽取。另一组被试，其人格类型来自所谓的专业的MBTI测验结果。让两组被试读MBTI相关描述文本，分别对与自己的情况的相似性和对自己的启发性打分。结果可能会出乎意料，感兴趣的朋友可以试试看。

以上仅仅只能部分说明人们在进行人格判断的时候，会受到多大程度的误导。虽说并不能彻底推翻或证明什么，但是可以从某个侧面证明人格类型学说的一些弊端，或者反过来说是一些优势。进一步，我们可以围绕人们的人格判断，依次组合大五人格特质模型，将人们进行人格判断的时候，哪些特质容易受到验证、哪些特质不太容易受到验证、其中有什么样的差异，做系统性分析。

达利欧完美地重复了我指出的这套错误逻辑。**以数据为基础的理解，的确可以增进企业管理效率，但是，如果依赖的数据本身是错误的呢？**

我难以想象，以达利欧的英明睿智，他怎会发现不了MBTI的错误呢？比如，他在书中也轻描淡写地提及大五人格特质模型："我们主要使用4种测试——MBTI、职场人格量表、团队倾向简表、分层系统理论。但我们仍在不断试验（如大五人格），所以测试组合也肯定会变化。"[3]但是，为什么还要将其写在人生总结的图书中呢？我只能怀疑达利欧平时是否有检索源头文献的习惯。

依据达利欧的原则来说，不怕有错，怕的是不承认自己有错。强势地将一套蹩脚的心理测验逻辑强加在数千员工身上，给员工们贴上一堆错误的标签，干涉其生活与职业发展，我想，这可不是一位真正智者的习惯。

有趣的是，达利欧在2021年发布了一套以大五人格特质模型为基础的人格测验。这个画面有点搞笑，信奉《原则》的读者，还在模仿达利欧，试图将MBTI引入到自己的工作流程中。结果人家自己都抛弃MBTI，改为使用大五人格特质模型了。

3

如果说误用MBTI还是一个专业色彩较强，需要一定专业素养才能发现的错误，那么，左右脑分工论，则是任何一个常年坚持阅读《科学美国人》(*Scientific American*)的读者，都不会犯的错。而达利欧，则将其当作一个重要原则，展示给所有读者与员工。

> 理解右脑思维和左脑思维的差别。你的大脑分为负责意识的上层和负责潜意识的下层，同时还分为左、右半球。你也许听说过有的人是左脑思维者，有的人是右脑思维者。这不只是一种说法。加州理工学院教授罗杰·斯佩里因这个发现而获得了诺贝尔医学奖。简单来说是：
>
> （1）左脑按顺序推理，分析细节，并擅长线性分析。"左脑型"或"线性"思考者分析能力强，通常被形容为"明智"。
>
> （2）右脑思考不同类别，识别主题，综合大局。富有"街头智慧"的"右脑型"或"发散"思维者，通常被形容为"机灵"。[4]

左右脑分工这类太初级的错误，我都懒得批评了。**对学习者来说，即使是最简单的学习任务，也需要左右脑的共同合作才能完成，绝不会出现左脑忙得不可开交，右脑在一旁闲着的情况。**

上述原则错了没关系，达利欧却将其当作企业"宪法"，写入数千人公司的条款中，成为组织流程的一部分，然后再向成千上万读者兜售。我想问达利欧的是，所有原则是否经过了科学家评审、合伙人评审、员工评审，还是仅仅由你个人评审？真正极度求真的原则可不是从个人经验出发的，而是注重证据层级的。

4

看到这里，读者是不是以为我要对这本书否定到底了？不。我最早的心理学训练来自组织行为学，会非常容易挑出此类专业错误；但创业15年后，我明白了知行合一的难度。达利欧真诚地将自己的创业历史与一生坚持的原则，在所有人面前剖析，实在难得。与挑错相比，我们更应该学习达利欧一流的投资方法与一些靠谱的企业管理方法。

那么，我们从他身上，可以学到什么呢？我尝试整理达利欧在书中总结的生活与工作原则，并点评。

生活原则

（1）拥抱现实，应对现实。

点评：精彩。尤其是"观察自然、学习现实规律""理解自然提供的现实教训""从更高的层次俯视机器"三个原则。

（2）用五步流程实现你的人生愿望。

点评：这是写得最差的一节，作者几乎不拥有丝毫现代动机科学的知识。

（3）做到头脑极度开放。

点评：这是作者写得最好，也是我最认可的一节，放在后面单独点评。

（4）理解人与人大不相同。

点评：作者的心理学知识停留在道听途说的水准。

（5）学习如何有效决策。

点评：作者没正经学习过现代决策科学，只知卡尼曼不知斯坦诺维奇、加里·克莱因（Gary Klein）、吉仁泽（Gerd Gigerenzer）。

工作原则

（1）相信极度求真和极度透明。

点评：这是我最认可的一节，放在后面单独点评。

（2）做有意义的工作，发展有意义的人际关系。

点评：认可，但缺乏知识新鲜感。

（3）打造允许犯错，但不容忍罔顾教训、一错再错的文化。

（4）求取共识并坚持。

（5）做决策时要从观点的可信度出发。

（6）知道如何超越分歧。

点评：高度认可，这四条提供了大量有创意的发明，放在后面单独点评。

（7）比做对什么事更重要的是找对做事的人。

（8）要用对人，因为用人不当的代价高昂。

（9）持续培训、测试、评估和调配员工。

点评：上述3条谈用人，认可，但废话较多，且不少处违背当代组织行为学、管理学最新成果。

（10）像操作一部机器那样进行管理以实现目标。

（11）发现问题，不容忍问题。

（12）诊断问题，探究根源。

（13）改进机器，解决问题。

（14）按既定计划行事。

（15）运用工具和行为准则指导工作。

（16）千万别忽视了公司治理。

点评：上述7条，高度认同，作者也提供了部分有新意、反常识的做法，比如，使用助手来提高效率，但多数知识点可以合并到其他条目中，因此，不单独点评。[5]

5

达利欧的整套观念实际上隐藏了一个深层次的人性观。我们可以将其总结为几个基本逻辑。

人是机器

"人是机器"，这个隐喻在计算机诞生后，很容易被人接受。但是，达利欧在这个观点上"反常识"的做法是，他不仅仅将人看作机器，更将人看作数亿种机器中的一种：

在大爆炸发生时，宇宙所有的法则和力量都被创造、被推进，随着时间的推移相互发生作用，就像一系列复杂的、环环相扣的机器——星系的构造、地理和生态系统的构造、我们的经济和市场，以及每个人。我们每个人都是一部机器，它又由不同的机器组成，如我们的循环系统、神经系统等，这些机器创造了我们的思想、梦想、情感，以及每个人特性的所有其他方面。所有这些机器一起进化，创造了我们每天遇到的现实。[6]

从"人是机器"到"人是机器中的一种"，这样的观念转变带来了效率的巨大提升。如同达利欧所言：

人在尝试理解任何东西（经济、市场、天气等）时，都可以从两种视角出发。

（1）自上而下——努力找到这些东西背后的唯一驱动法则或规律。例如，在理解市场时，人可以研究影响所有经济和市场的普适法则，如供求关系；在理解物种时，人可以集中了解基因密码是如何对所有物种发生作用的。（2）自下而上——研究每种具体情况及其背后的法则或规律，例如，小麦市场独特的法则或规律，或者使鸭子区别于其他物种的基因序列。[7]

大家看到这里，大概会想到我经常提及的一个词汇——批量解决问题。做任何事情，解决任何难题，要思考如何批量解决问题。例如，你要找一个男朋友，你就要想着怎么吸引一批优质单身男性，所以我常常建议优质大龄女青年成为优质社群的发起者；例如，你要创业，思考如何做一个好公司，你就要想着批量创造一批好公司。同样，在我的演讲《灵魂选择自己的伴侣》中，我也提到了演绎法与归纳法的差异：

> 绝大多数人忘记了，理解知识有两种方法，第一种是归纳法，第二种是演绎法。原本两种方法相辅相成，互为表里。现在的人过于强调归纳法，却忘记了演绎法。
>
> 什么是演绎法？从体系、模型与框架入手。举个例子，我用科学计量学的一本核心期刊做了一个知识图谱。你会发现，将该领域可视化后，整个科学计量学领域值得关注的核心研究者并不多，不到10位。科学计量学是一个小的研究领域，因此值得关注的研究者就这么多；而在认知科学、儿童心理学这么庞大的研究领域，按照二八定律，贡献了学科80%论文被引的学者，也不会超过42人。[8]

达利欧将自上而下的原则，不断运用在公司经营、个人生活上，从而带来了效率的巨大提升。**为什么一旦将人理解为机器中的一种之后，会带来效率的巨大提升呢？关键点在于：机器是可以制造、可以模仿、可以复用、可以分层逼近真实、可以流水线分工的。**西蒙在《人工科学》中说：

> 如果说，自然现象由于服从自然法则而具有一种"必然

性"（Necessity）的外观，人工现象则由于易被环境改变而具有一种"权变性"（Contingency）的现象。[9]

期货、股票、生活、工作、组织、人性，达利欧面临的这些问题无不如此。一般人在这种权变环境下，会放弃对自上而下的必然性的探求。而少数如达利欧这样借助现代科学，进行深入探讨的人，更容易超越理性的局限，从而获得巨大的投资回报。

极度求真、极度透明

既然人是机器中的一种，那么，这种机器最核心的矛盾是什么呢？用马奇的话来说：

> 人类存储、回忆历史的能力有限，对服务于当前信念、欲望的重构记忆敏感；人类分析能力有限，对加诸经验之上的框架敏感；人类固守成见，对支持先入之见的证据不如对反对先入之见的证据挑剔；人类既歪曲观察又歪曲信念，以提高两者的一致度；人类偏爱简单的因果关系，认为原因必定在结果附近，大果必定有大因；与复杂的分析相比，人类更喜欢涉及有限信息和简单计算的启发式。[10]

用创新算法来理解，任何一台机器都存在核心矛盾。而人类这台机器的核心矛盾正在于自主心智与算法心智、反省心智之间的矛盾。为了超越这样的矛盾，达利欧采取了一种罕见的"反常识"做

法，极度求真、极度透明。

　　极度求真和极度透明是实现真正的创意择优讨论的基础。越多人能看到实情（好事也罢，坏事也罢，丑事也罢），他们在决定采用适当处理方式时就越有效率。这个方法对培训工作也大有裨益：如果大家有机会听取别人的想法，学习效果就会加倍加速。作为领导者，你能借此获得学习和持续改善公司决策规则所不可或缺的反馈信息。了解事情的一手信息及其原因，有助于增强彼此间的信任，推动员工对创意择优讨论所形成的结论进行独立的评估。[11]

　　桥水基金公司的任何会议都会被录音。读到这里，我不由得拍案叫绝！这一点，我高度认可达利欧。在三年前组建安人心智团队时，我默认的就是坚持这一原则：极度求真、极度透明。如不涉及隐私，所有会议都有录音备份、备忘录。这点与达利欧不谋而合。同时，安人心智的所有文档，均通过版本控制软件Git来管理，任何历史版本变更都一目了然。

创意择优，可信度加权

　　极度求真、极度透明带来的是一种企业文化的基础认识：即使我是老大，我的任何言论也可能是错误的，当你发现时，请立即指出，我来立即更正。那么，我们究竟应该依据什么样的原则来决策呢？达利欧在这里采取了一些极度聪明的做法，如创意择优、可信度加权，并发明了集点器等工具。

　　什么是可信度加权？与能力较弱的决策者相比，要对那些能力更强的决策者的观点赋予更大的权重，给予更多的重视。这就是我们所谓的"可信度加权的决策"。

　　那么，怎样确定谁在哪些方面能力更强呢？最具有可信度的观点来自：（1）多次成功地解决了相关问题的人；（2）能够有逻辑地解释结论背后因果关系的人。当基于可信度加权的观点能够正确实施并保持下去，那就形成了最公平、最有效的决策系统。它不仅能产生最佳效果，也能保持步调一致，因为即便有人不同意最终决策，也能跟上步伐。

　　为了做到这一点，可信度加权的标准必须是客观且得到每个人信任的。在桥水，每个人观点的可信度都被记录在案并接受系统性评估，使用类似棒球卡和集点器的工具，及时记录和评估其工作经历和业绩。[12]

很少有一家企业会如此彻底地贯彻这样的原则：勇于承认错误，有错就改。当一位新入职的同事写来批评你的邮件时，你会如何反应？对我来说，会非常不舒服。但是，成长恰巧就是在这些不舒服的事情中得以实现的。三年前，我收到一位新入职的同事对我的邮件的批评后，因其论证有力、结论清晰，我立即做了一个决定：提拔她。

当别人指责自己缺点的时候，不要浪费时间去辩驳，而是第一

时间承认。承认之后，才能面对现实并改善。**达利欧喜欢将自己的做法称为：可信度加权。我喜欢称之为贝叶斯改进。**新同事当时写给我的邮件示范了什么是证据导向、什么是可信度加权。那么，在过去近三年的工作中，在涉及对我的评价上，我会赋予她更高的权重。三年后，她的确成长了不少，今天收到她的感谢信，大家共同成长，而非相互对抗，这就是成长型心智带来的巨大优势。

有一年，一位总监入职。当时招募她的CEO提醒我，她不太喜欢听批评的话。我当时激烈地写道：**一个人，如果不喜欢听批评，那么，请离开团队。**果然，安人心智不断拥抱变化、推崇成长型心智的文化，自然而然地令她在试用期内离开了。我们尝试来比较两种做法。

> » 做法1：所有人都是对的；
> » 做法2：所有人都默认假设自己是错误的，然后搜集证据来提供新的信息点。

哪种做法更容易或就一种高效的企业文化？《行动科学》提醒**我们：人类普遍擅长高度自我防御。**我们的行动模式习惯避免冲突，压抑负面感觉，强调理性并将错误责任归因于他人。因此，你需要第二序改变，即跳出系统的改变。**极度求真、极度透明，创意择优、可信度加权都是非常聪明且优雅的第二序改变。**

超越分歧，追求共识

深层次的分歧，其实不是来自智力、证据层面的分歧，而是来自行为方式层面的分歧。 虽然我拿达利欧不懂人格科学调侃了很多，但达利欧在这一点上也采取了一些聪明的做法。我并不认可达利欧的心理学知识水准，但认可他的棒球卡做法：

> 在采用了 MBTI 测试和其他心理测试之后，我还是发现，我们难以把看到的结果和制造这些结果的人联系起来，从而对人有充足的了解。同样的人还是不断参加同样的会议，以同样的方式做事，得到同样的结果，而不试图理解为什么。（我最近看到的一份研究报告显示，存在一种认知偏好：人们总是会忽视显示一个人在某件事上做得比另一个人好的证据，而认为两个人做得同样好。我们当时看到的就是这种情况。）例如，缺乏创造力的人被安排去做需要创造性的工作，而不关注细节的人被安排去做细节导向的工作，等等。
>
> 我们需要找到一种方法，把显示不同人个性的数据做得更加清晰、准确，于是我开始为员工创制棒球卡，列出他们的"指标"。我的想法是，这些卡可以被传阅，安排任务时可以参考。就像你不会安排一个在防守方面表现得很好但打击率仅为 0.160 的外野手作为第三棒出场一样，你也不会安排一个拥有宏观思维的人去做需要关注细节的工作。[13]

在安人心智公司，我更喜欢将这个棒球卡拓展为四种类型的数据。

> » 认知能力：智力不错，理性思维能力不错；
> » 行为模式：注重内在动机（自我决定论），享受这份工作本身带来的兴趣与乐趣；心态开放好奇，为人友善，坚持不懈（大五人格模型）；自己在团队中发展很有安全感，且能给团队带来安全感，将集体放在个人之上（依恋类型）；
> » 语言模式：常常采取成长型心智的语言模式，从我很聪明到我很努力；
> » 环境模式：能够适应组织所处环境，并从中生长。

与达利欧的做法不同的是，我建议每次联合使用三个以上来自不同的类别的模型。举例，大五人格模型与依恋类型都隶属于"行为模式"，两者之间存在一定的相关性。这样，你在做预判的时候，仅仅依赖"行为模式"，就容易放大噪声。而同时采取三个模型就降低了误差。达利欧在自己熟悉的投资领域，正是如此做的，并凭此发现了"投资圣杯"，但是在自己不熟悉的人格科学领域却表现较差。什么是投资圣杯？与我降低行为预判误差的做法类似，即：

想要拥有很多优势，而又不暴露于不可接受的劣势之下，最稳妥的方式是做出一系列良好的、互不相关的押注，彼此平衡，相互补充。[14]

写成算法，机器代理

人再聪明，也会犯错。因此，请从剥削人转为剥削机器人。达利欧针对种种原则，开发了大量工具，我喜欢的几个工具如下。

集点器： 集点器作为一个应用于会议场景的App，便于人们实时表达自己和了解别人的观点，帮助大家在创意择优下形成决策。这个工具能把众人的想法展示出来，进行分析，有助于大家根据相关信息实时做出决策。

棒球卡： 搜集员工各方面的数据，通过计算机算法，基于一定逻辑形成员工特征画像，把这些特征登记在棒球卡中，就像为职业棒球运动员建立的棒球卡那样。当然，数据处理逻辑一般都要向公司员工公开，并得到大家的认可，以增强客观性和可信度。这种工具能以简便的方法勾勒出一个人的强项和弱点及其相关的证据，方便实用。

分歧解决器： 分歧解决需要清晰的路径，在创意择优下尤为如此，因为人们希望在表达不同意见的同时，找到解决分歧的途径。分歧解决器为在创意择优下解决分歧提供了路径。该工具的一个特点在于，它能找到具有可信度的人，帮助确定某项分歧是否有必要提交给更高层管理者去研究解决。这个App也很明确地告诉每个人，如果有不同的观点，就有责任表达出来并与他人求取共识，而非私下固执己见、拒绝把问题摆到桌面上来。

6

我尝试将书分为坏书、可用之书、力作、杰作与神作五类。**达利欧的《原则》不是神作，而是投资领域的力作，在企业管理上可用之书。**与这本谈生活、工作的书相比较，我更期待他下一本谈投资的书。纯粹阿尔法、风险平价、全天候策略，这些金融创新背后的故事，才是更值得期待的鲜活思维案例。达利欧在商业上虽然成功，但他并没有突破精英主义的局限。正如反精英的真正精英彼得・泰尔（Peter Thiel）所言：

> 精英阶层总会有这样的问题，那就是以乐观的态度来曲解事实。如今这个问题更加严重了。如果你出生在20世纪50年代，你的收入排在全国前10%的位置，可以预见接下来20年你的生活将是一帆风顺。到60年代晚期，你会去一家不错的研究所就读，70年代晚期就可以在华尔街找到一份不错的工作，然后你还赶上了经济大繁荣。这是一个61岁老人艰苦奋斗的励志故事。可是，并不是每个美国人都有这样顺风顺水的人生。其他同龄人的故事并不是这样。[15]

泰尔讽刺的恰巧是达利欧这类人。出生于1949年，美国典型中产家庭出身，到了1971年，去哈佛商学院就读，然后1973年毕业后在华尔街证券公司找到一份不错的工作，接着再赶上经济大繁荣。因此，达利欧总结出来的公式是：梦想＋现实＋决心＝成功的生活。

可惜，这个公式少的东西实在太多了，比如阶层，比如运气，比如时代。

也许，达利欧给我的真正启发是，每个异类都拥有自己的原则。**正是你的不同，构成了你；你的持续不同，塑造了你的组织，甚至改变了这个世界。**庸俗者固然可以寻找百般借口，为平庸辩护；但英雄，一往无前，征程是浩瀚宇宙，是灿烂星河。

21

父母对孩子的发展并不重要？ ﹡

1

如今的中国父母，育儿焦虑无处不在。这种育儿焦虑，外加商家合谋，形成越来越盛行的"鸡娃"现象。

难道其他国家没有"鸡娃"现象？当然有。2011年，耶鲁法学院终身教授、华裔妈妈蔡美儿的《虎妈战歌》引起了轰动。

无论中国还是美国，在这些家长的头脑中，有一个默认的假设：爸爸妈妈越努力，就越容易影响孩子，促进孩子人格发展。

这个假设自从诞生以来，在儿童发展科学领域就成了不证自明的共识：父母的育儿行为会深深地影响孩子的发展。

其中，集大成者莫过于"依恋理论"。该理论认为，爸爸妈妈

﹡　本文首次发表日期为2021年7月11日。

与孩子在婴儿期的互动模式，塑造了孩子的安全感，甚至影响孩子长大成人的婚恋等。身为一名妈妈，在孩子早期，你需要做到及时回应孩子的需求。

由"依恋理论"衍生的"原生家庭"一词，更是将很多成年人发展不好的原因，归咎于上一辈。

然而，在一位老奶奶看来，这些统统都是胡说八道。

2

1960年，这位老奶奶还是一位少女，正在哈佛大学攻读心理学博士学位。这一年，她22岁。

不幸的是，因为博士论文的"原创性和独立性"达不到哈佛大学的要求，被勒令退学，只拿到一个象征性的硕士学位。

肄业后，因为身体不好，少女一直在家休养身体。一直到1981年，人到43岁，她才找到一份安定下来、可以谋生的工作：编写儿童发展科学教材。

从43岁到54岁，她与罗伯特·利伯特（Robert Liebert）合作，编写了两本儿童心理学教材。第一本名为《儿童》；第二本名为《婴儿和儿童》。

此前，少女与她在哈佛大学读研究生期间的同学查尔斯·哈里斯（Charles Harris）结婚。他们有两个女儿，一个是在她28岁时亲生的女儿，名叫诺米（Nomi）；另一个是在她32岁时收养的女儿，名叫伊莱恩（Elaine）。

对两个女儿，她采取的养育方式一样。但她发现，两个女儿的性格截然不同。亲生的诺米从小乖巧，收养的伊莱恩则很叛逆。两人对学习的态度也截然不同。诺米是学校模范生，伊莱恩高中辍学。

诺米和伊莱恩共享了同样的家庭环境：家里到处都是书籍和杂志，唱片机播放着古典音乐，爸爸妈妈很喜欢与她们讲笑话，两人上的学校也一模一样。在同样的家庭中，采用同样的养育方式，为什么两个女儿的性格差异却如此之大？

显然，遗传是一个重要原因。两人基因差异较大，导致了最终两个女儿在人格发展上的差异。

这一点没有争议。它也成了行为遗传学家告诉我们关于儿童发展的共识。比如，行为遗传学家统计了人格的遗传率。

什么是遗传率？它是一个指标，用来衡量某一性状受到遗传基因影响的程度。遗传率的取值范围为0.00～1.00，比如，身高的遗传率是0.9。那么，我们就可以说，身高基本由基因决定。

人格的遗传率大约为0.4～0.5。那么，是谁影响了两个女儿的人格发展基因之外的部分，也就是非遗传因素？

传统儿童发展科学家会将非遗传因素归因于家庭环境，尤其是父母的教养方式。

然而，1995年，她在57岁时，在专业期刊《心理学评论》上发表了一篇论文：《孩子的环境在哪里？群体社会性发展理论》。在这篇论文开头，她写道：

父母对孩子的人格发展有长久的影响吗？本文在考察了相关证据后得出的结论是没有。[1]

如果说孩子的人格发展不来自父母的影响，那么来自谁的影响？

答案是：孩子的同辈群体。

也就是和孩子一起玩耍的小伙伴们、在学校认识的同学们、在社会上认识的朋友们。

3

这篇论文发表后，引起轰动。1997年，她获得美国心理学会颁发的"乔治·米勒奖"。这个奖项以哈佛大学心理学家乔治·米勒（George A. Miller）的名字命名。乔治·米勒最著名的研究莫过于：7加减2。正是这个研究，第一次探讨了人类认知的局限，人类短时记忆的记忆组块仅限于5~9个。

富有黑色幽默的是，37年前，在这位在哈佛大学就读的少女的退学信上签名的正是乔治·米勒。

知名认知科学家平克，读到了这篇论文后，大为赞赏。他在给作者写的第一封邮件中问道："你有没有想过写一本书呢？"

这本书就是《教养的迷思》。1999年出版后，该书与论文一样，引起轰动。

这位作者，正是朱迪思·哈里斯（Judith Rich Harris）。

站在哈里斯这一边的有认知科学家平克、斯坦福大学神经科学家罗伯特・萨波尔斯基（Robert Sapolsky）等。

很少为他人写推荐序的平克，给这本书写了热情洋溢的推荐序，不乏溢美之辞：

> 首批阅读这本令人兴奋的书，是我作为一个心理学家职业生涯中的一个最高点。人们很少能读到一本像这样充满学术性、创新性、有洞察力、清晰、诙谐的书。但是不要被所有的乐趣误导了，《教养的迷思》是一部严肃的、具有原创性的科学著作。我预测该书将是心理学史上的一个转折点。[2]

一向喜欢将心理学理论转换为更吸引大众眼球的作品的《异类》作者格拉德威尔，像闻到血腥味的鲨鱼，极力地鼓吹这本书，他在《纽约客》专栏文章中写道："家长去哪了？"

恰逢1998年，当时美国中产家庭的爸妈们，像今天的中国父母一样，疲于奔命，在育儿焦虑中挣扎。此时此刻，蔡美儿的"虎妈"理论正在成型。两个女儿，一个6岁，已经苦练钢琴3年；一个3岁，因为乱弹钢琴，被扔到寒冬的户外。

设想一下，如果有一本书告诉你："鸡娃"没什么用，因为父母对孩子的（人格）影响很小，孩子的同辈群体影响更大。甚至你有意无意地将括号中的"人格"省略了，你认为作者就是在说：父母对孩子的一切影响都很小。

你会不会惊喜若狂，连夜下单，将这本书买来拜读？

何况，还有那么多"公知"在为这本书背书——身为一名中产，你常常拜读的《纽约客》《纽约时报》《华盛顿邮报》这些杂志上的专栏作家，都在吹捧这本书。

还有平克这么知名的科学家在背书，将其称之为心理学史上的一个转折点。

你是不是会相信作者的观点，立即下单？

4

哈里斯在论文与图书中究竟说了什么惊世骇俗的观点呢？

先看论文。在《孩子的环境在哪里？群体社会性发展理论》这篇论文中，她分析了过往儿童发展科学领域的错误假设，认为：父母的教养方式，并不能决定孩子的成长；并提出一种新的儿童发展理论：群体社会性发展。

什么是群体社会性发展？先普及一个儿童发展科学的基础知识。

人生四季，春夏秋冬，生老病死，发展科学将人的生命周期（Lifespan）看成一条生命曲线。这条生命曲线始终有两种力量在博弈。

第一种力量是"人格发展"（Personality Development），就是你将自己区分于他人，成为自己。第二种力量是"社会性发展"（Social Development），指你如何与他人交往，如何与世界相处，如下图所示。

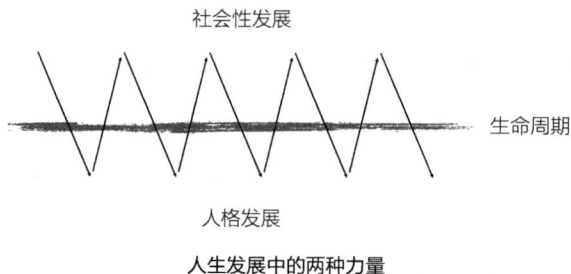

人生发展中的两种力量

儿童发展科学普遍认为，孩子的人格发展与社会性发展是相互作用的。也就是说，孩子的社会化过程会影响到孩子的人格发展。但是，孩子们是从哪里学到社会化过程的呢？

哈里斯与传统儿童发展科学领域的科学家在这个问题上产生了重大分歧，她认为，儿童不是被父母社会化的，而是被同辈社会化的。

也就是说，孩子不是在家习得社会化的，而是在同辈群体那里习得社会化的。父母除了贡献基因，影响了孩子的遗传因素部分，剩下孩子的非遗传因素部分，必然是与父母努力无关的，只与孩子所处的同辈群体环境相关。

哈里斯强调，同卵双胞胎无论是一起长大还是分开长大，性格都大同小异。即使父母的教养方式一样，收养的兄弟姐如果没有血缘关系，性格也大不相同。

10年后，在2009年出版的《教养的迷思》第2版附录中，哈里斯将自己的观点总结为3个基本命题。[3]

命题 1

父母没有能力塑造孩子的人格。在人格方面，孩子与父母相像有两个原因：一是因为他们继承了父母的基因，二是因为他们同属于一种文化或子文化。

这是什么意思呢？很多爸妈都认为，孩子会模仿自己的行为。在哈里斯看来，只不过因为爸妈与孩子的基因相似，同时，属于同一种类似的文化，例如美国的清教徒文化或者中国的士大夫文化。

命题 2

孩子被社会化，他们的人格是被家庭以外、与同辈在一起的体验塑造的。

简单来说，孩子的人格发展并不能独立于社会化存在，而是要依赖社会化，哈里斯坚信父母在此事上没什么用。孩子的人格发展，更多受到同辈群体的影响。

命题 3

与类化有关。长期以来，心理学家们认为行为方式以及与行为方式相关联的情感，会从一个社会情境迁移到下一个社会情境中。根据命题 3，这个假设是错误的。一个个体在不同的社会情境中有相同的行为模式倾向，在大多数情况下，是因为基因的作用。

　　你的基因与你如影随形，但是你与父母、兄弟姐妹相处时习得的行为模式，只有当你与他们在一起的时候才是有用的。孩子不会被迫将以前习得的行为吃力地带到新的情境中，他们完全有能力根据目前的环境习得新的行为。

　　这是什么意思呢？作者认为，孩子的行为模式，会受到环境很大的影响。家长为孩子付出的努力，当然会影响到孩子的人格发展，但仅仅局限在家中而已。

　　当孩子到了学校或其他环境，他（她）完全有能力习得一套与当前环境更匹配的行为。平克在《教养的迷思》推荐序中补充了一个语言学领域的类似例子：儿童习得的是同辈的而不是他们父母的语言和口音。

5

　　从平克1999年写下推荐序的那一天，到如今已过去了20多年。

　　我们不但没看到心理学转折点来临，心理学依然在吵吵闹闹中按照自己的方式前行；而且哈里斯的理论，时隔20多年后，在儿童发展科学界，影响越来越小。

　　我顺手查了一下哈里斯1995年那篇论文的引用情况，截至2021年7月，总计被引用1584次。但再看看具体引用的类型：将其作为论文背景引用的总计731篇，作为研究方法引用的总计29篇，作为研究结果引用的总计60篇。

显然，你的质疑很重要。我们在写论文综述时，不得不引用你，但是，研究方法、研究结果，与你无关。

其中，最相关的3篇引用次数最多的论文几乎发表的时间都集中在2000年，也就是《教养的迷思》出版引发争议之际。在近10年最相关的前5篇论文中，哈里斯的论文与图书更多是作为背景音出现。

对媒体来说，这是一个很好的故事。哈佛大学没有拿到博士学位、被勒令退学的女生，多年后却意外逆袭成功；还有平克用个人信用背书："我们即将迎来心理学的转折点。"

身为爸妈，你即将抛弃过时的育儿理论，从此远离育儿焦虑——反正父母对孩子的人格发展，除了贡献基因，也没什么其他用，索性佛系育儿好了。

从阴谋论的观点来看，你可以看到，学术界是如何打压一位有才华的女生的。但多年后，她意外得到贵人赏识，复仇成功。——实际上，在哈里斯的图书中，不乏类似论调。

但事实显然不是这样的。

6

不知道你注意到没有？在哈里斯的图书上市时，更多的是非儿童发展专业人士，比如认知科学家、生物学家、教育学家与"公知"在吹捧她，并没有一位儿童发展科学家支持她。

在书中，哈里斯如此夸张地形容儿童发展科学界对她的攻击：儿童发展科学家们排着队来反驳她。

学术的逻辑与传播的逻辑并不一致。学术界冷落哈里斯的理论，不是因为不够重视她，如果不重视，那么就不会有1584篇论文提及她了，更不是因为哈里斯动了儿童发展科学家的饭碗。

不过是哈里斯的理论有重大瑕疵，过丁极端了而已。

哈佛大学儿童心理学教授、《人性火花》作者杰罗姆·凯根（Jerome Kagan），其学术成果斐然，被公认为儿童发展科学界的伟大先驱。凯根出生于1929年，年长哈里斯9岁。他对哈里斯的批评是最系统的。

两人在美国知名网络杂志 Slate 上交手多次。感兴趣的读者，可以从网上找到当年的这些对话痕迹。

人年龄大了，包容心会强很多。但在60岁的哈里斯与69岁的凯根进行了一个月的网络辩论，却发现两人都在鸡同鸭讲，谁也说服不了谁时，我想老奶奶、老爷爷的火气越来越大也是可以理解的。

抛开两人的气话和一些人身攻击，多年后回顾这次辩论，胜方属于凯根。

为什么？在我看来，凯根抓住了哈里斯的推论的几个重要逻辑漏洞。

逻辑漏洞一

哈里斯忽视了与自己的论证前提不一致的数据。每一年，各大儿童发展科学期刊上，都在发表成千上万的讨论父母的教养方式如何影响孩子人格发展的论文。

逻辑漏洞二

哈里斯认为，同龄人在塑造孩子重要的人格特质（例如，内向、善于交际、冲动、尽责等）方面发挥着重要作用。

而凯根指出，"我知道没有任何研究表明这种说法是正确的。同龄人会影响着装要求、音乐品味和方言，但不会影响主要的个性特征。正如我在早期的回复中指出的那样，在孩子6或7岁之前，同龄人不会行使权力。"[4]

逻辑漏洞三

哈里斯认为，儿童处理和储存的大部分信息都是无意识的。

但凯根指出，哈里斯在书中引用的这方面研究没有一个是测量这些无意识结构的。这也就造成一个悖论：孩子的同辈群体会不知不觉在无意识中塑造孩子的人格，那么凭什么父母不会在无意识中塑造孩子的人格？而哈里斯引用的研究，几乎无一例讨论父母对孩子的无意识影响。

逻辑漏洞四

哈里斯很多东西说得太极端，没有注意到，人格发展与社会性发展有各自的规律。甚至，哈里斯出现了一个重大推论错误：身处一个亚文化，比如同一个街区的孩子，往往性格相似。

凯根抓住这一点，说道："据我所知，没有任何研究表明，生活在同一社区的儿童在感知、记忆和语言能力或性格特征方面基本相似。"[5]

凯根对哈里斯的论文、图书的结论相对温和："忽略了一些与本书结论不一致的重要事实。"

有研究表明，未成年犯罪、恋爱风格及攻击等很多方面都受到共享家庭环境的影响。

亚历山德拉·伯特（Alexandra Burt）在2009年发表的一篇元分析报告中，系统总结了490例双胞胎研究，发现共享家庭环境，也就是父母提供的教养方式，对儿童期到青少年期之间的很多种精神健康疾病都有非常重要的影响，比如行为障碍、反叛、焦虑和抑郁等，唯一例外的是注意缺陷多动障碍（ADHD）。它似乎更多受到基因的影响，而非共享家庭环境。[6]

其他心理学家对哈里斯的批评一点都不客气。心理学家大卫·范德（David Funder）说道：

> 引发争论、促进思考的科学假设和不负责任的夸大，它们之间的界线微妙模糊。一些行为遗传学家恰好踩在这条线上发表热烈的言论，认为共享家庭环境对人格的发展只有很小的影响或者根本没有影响。朱迪恩·哈里斯则越过这条线，声称父母根本无足轻重。然而，绝大多数科学证据表明父母很重要。[7]

天普大学的心理学家弗兰克·法利（Frank Farley）说："她全错了！"

儿童心理学家韦德·霍恩（Wade Horn）说："这本书不仅愚蠢，而且危险。"他担心的是，如果父母被告知孩子们对他们在引导、示范和教导方面的努力免疫，他们为什么还要费心去尝试呢？

在管理咨询、软件工程领域，有一篇著名的"没有银弹"的论文。这是图灵奖得主弗雷德里克·布鲁克斯（Frederick P. Brooks, Jr.）发表的一篇关于软件工程的经典论文。

在这篇论文中，他指出，由于软件的复杂性本质，使得真正的银弹并不存在；没有任何一项技术或方法可使软件工程的生产力在10年内提高10倍。[8]

开发一个软件，没有银弹，没有真正的捷径存在。你怎么能奢望，难度好比徒手从零写一套操作系统的育儿，能有银弹呢？

7

哈里斯的论文与图书就像一条鲶鱼，刺激了儿童发展科学界的思想。因此，得到了众多引用。那么，哈里斯与《教养的迷思》真正给家长带来的启发是什么？

请跟我换一个角度来理解。

先学习一个新的心理学知识：社会认同论。它是由欧洲社会心理学奠基者泰费尔（Henri Tajfel）提出的学说。

什么是社会认同论？雨后，当你仰望彩虹，你会看到一条七彩带，不同颜色相对独立。但真实情况却是，不同波长的光是连续分布的。人们的认知器官，自动地将这个连续的波谱划分为7个不同颜色范畴。

这个范畴化的基本机制是跟随人类进化而来，也是适应繁杂社会的一种本能。它使得人类能够简化复杂的世界。

如何简化世界呢？一方面，在同一范畴（颜色）内，模糊范畴刺激（光的刺激）相互之间的差异；另一方面，在不同范畴（颜色）内放大某些光谱的区别。这被泰费尔称之为范畴化机制的增强效应。

在此时此刻，泰费尔似乎还是一个普通的学者。然后，接下去，从物理刺激到社会刺激、从物理范畴到社会范畴的跳跃，见证了一位天才的诞生。

泰费尔以各项学术传统为出发点，将社会看作不同的社会范畴的集合，人们主要从自己所归属的社会范畴获得认同。因为自我认同与在不同的社会范畴中的存在，我们才发育出独特的自己。

我们不仅仅会范畴化光，同样会范畴化各种物体，更会范畴化别人。更重要的是，我们还会范畴化自己。泰费尔及其弟子，将人类范畴化他人的过程，称为"社会认同论"；将人类范畴化自己的过程，称为"自我归类论"。

在以上种种范畴化过程中，这种增强效应是如何起作用的？比如，为什么人类宁愿损害他群利益，采取一种"我群中心主义"的策略行事呢？

天才的泰费尔发明了一种名为"最简群体范式"（Minimail-Group Paradigm）的实验研究范式，积半个世纪之力，最终将人类社会行为相关的多项社会科学难题通杀。

什么叫作"最简群体范式"？以前研究社会偏见的心理学家们普遍认为，社会偏见来自种族、民族、国家、地域、性别等。泰费尔则反其道而行之，采取极简的最小分组，比如只分为A组与B组，所以称之为"最简群体范式"。

在最简群体范式中，最令人绝望的发现是，给人随便用硬币分组，只要你意识到你在某个组内，你就会按照A组、B组的归类，表现出该组的行为模式。也就是说，人类会在一个组内尽量认同该组，然后扩大A组与B组的差异。

是的，你压根无须用中国人、西方人或好孩子、坏孩子来对人群分类。泰费尔只是随机地扔硬币，将人们随意分成A组、B组，然后人们就开始模糊组内差异，扩大组间差异。

——所有支持某某的人都是好人，所有反对某某的人都是坏人。因为我在这一组。

绝望不绝望？失望不失望？人类就是存在这么根深蒂固的"我群中心主义"。幸运的是，认知科学家基于对人性的深刻洞察，同样提供了优雅的解法。

8

既然人类从进化而来的分组效应这么强烈，那么，怎么可能不影响到教养呢？

这才是平克力赞这本书的根源，以及作者的真正创意所在。但是，因为作者在学术训练上有缺陷，不知道用社会认同论去解释，反而使用了发展心理学常用术语"同辈群体"去解释，以致引起发展心理学家的众怒，普遍否认她的理论。

简而言之，换个角度理解《教养的迷思》，是这个逻辑：

（1）人类会先天地对任何范畴进行归类，这是适应社会与自然的本性。

（2）人类在这个归类过程中，会模糊同一群内的差异，放大不同群之间的差异。

（3）这个归类过程，不仅仅是视觉，还会影响到我们的自我、社会。归类存在两个机制。一个是对自我的归类，一个是对群体的归类，即自我认同论与社会认同论。

（4）对应到发展心理学领域，我们可以将这个归类分成两个过程：个性化与社会化。个性化是培养、保留自己与其他人的差异；社会化则是在同一群体内模糊自己与他人的差异。

（5）人类的这个归类机制，远远强过一些其他机制。因为它是数万年大脑演化的结果。

（6）父母的教养之所以无效，是因为人类的这种归类机制过于强大。孩子在未来习得的任何一个新的归类，如果与父母的教养冲突，就会导致父母的教养失效。

打个通俗的比方，你为孩子培养了社会认同，划分到A组——好学生组，在这个组的孩子，我们都热爱学习；而孩子的同辈群体，更多地将自己划分在B组——坏学生组，在这个组里的孩子，我们追求酷，不学习的才是好孩子。

（7）为了更好地理解哈里斯的贡献，不要再使用发展心理学同辈群体的术语，而是换用"女孩、某某附小的女孩、热爱某事的孩子"这样的具体归类体系。

（8）作者在修订第二版的时候，其实已经朦朦胧胧意识到这个解释角度了，但是因为她不懂社会认同论，因此还是在跟发展心理学家较劲。

人类的这个归类机制非常有趣。从这个角度来看，哈里斯提到了一个被批评者忽略的重点：父母的自我归类、社会认同，与孩子的自我归类、社会认同存在竞争关系。

命运与时代将父母划进A组，却将孩子扔进B组。两个组会自然竞争，而父母将其称为代沟。孩子则觉得委屈——我选择我自己的命运，与你何干？

这一点是被指责她的人所普遍忽视的。在我的著作《人生模式》中，我写道：

> 人类教育体制设计的初衷，一方面是为了解放家长时间，使多数家长不受孩子拖累，白天有充分的时间从事捕猎、耕种、战争、交易，乃至科研、艺术等各项社会活动，避免年轻一代与年老一代争夺同样的时间与同样的地盘；另一方面是为了通过创造一种社会比较氛围，提供丰富的社会刺激与多变的环境，使那些聪明的基因能够继续保留，并变得更聪明，从而推动人类整体的继续进化。[9]

教育体系其实扮演了两代人的"战争"的缓冲区，避免父母与孩子的冲突太直接、太明显、太激烈。

9

理解了孩子的自我归类与社会认同机制，对我们育儿有什么启发呢？

这里的育儿难点在于：一方面，家长要小心，并且高度警惕孩子习得的归类体系，这个杀伤力太大了。比如，爱抽烟、打架的小伙伴会带坏一个原本不爱抽烟、打架的小伙伴。

另一方面，家长又不得不将孩子扔进一些群体，给她标签与认同，难上加难的是，我们还希望孩子在群体中保持个性，出淤泥而不染，濯清涟而不妖。

别说小孩了，大人都做不到在群体中保持个性。所以，哈里斯坚定不移地认为：父母的教养方式对孩子的人格发展没什么用。

因为人类这个自我归类机制实在过于强大，几乎不可抵御。父母在教育孩子上付出的努力跟这种先天的从视觉开始的归类机制，不是一个演化量级。

然而，哈里斯忽视了一点，其实我们是有办法化解这些难点的。这就是我的育儿方案。

我的方案是，反其道而行之。让孩子意识到，她可以加入很多个群体，保持跟很多群体的联系，但又不属于单一群体。

具体来说，这个育儿方案包括三个关键点。

从小培养孩子对群体归类、自我归类的敏感性。

让她意识到，哦，原来我不知不觉将自己置入"女孩""某某附小女孩"这个归类中了。同时，尽量让孩子在很多类别中穿越，她参与的群体多了，会不由自主地提高识别群体归类、比较群体归类的能力。

从小培养孩子多个身份认同。

人性过于复杂，千万不要让孩子形成单一身份认同。单一身份认同（比如，我是个"聪明人"）的坏处，心理学理论批评得已经很多了，我不再重复。

但是大家没有意识到的是，有时候，你不知不觉地在培养孩子的单一身份，因为此时你已经形成一套强势的关于世界的逻辑。比如，你自己是学霸与科学家，你会不知不觉地将这套逻辑加在孩子身上。

典型语句有："哎呀，又发了一篇论文，我真高兴啊"；"又拿了个大基金，孩子，跟我一块去度假吧"。这样的模式会导致不少学霸与科学家的孩子注意力完全被抓住，认为人生就是一种"学霸与科学家"的模式。

她会非常逃避。

单一身份的弊端是，她在这个领域习得的压力无法纾解，就像面对一堵墙，一释放又被墙弹了回来。跟父母说，父母理解不了；跟老师说，老师理解不了。那孩子该怎么办？只好"自残、自杀"。

所以一定要让孩子意识到人生的多样化。培养她对几个身份的认同，并且容忍某个身份的不完美。

这样，在"学霸女儿"这个身份上获得的压力，可以通过"班上最搞笑的女生"以及"社区热心公益的女生"这两个不同身份缓解。

从小培养孩子的内在动机偏好。

参加多个群体，会塑造孩子的多个身份认同。那么，究竟应该引导孩子偏好什么样的身份认同呢？

你可以将其划分为内在动机、外在动机两个尺度。

有些身份认同，比如"某某附小的女孩"明显属于"外在动机"，那么，家长要尽量避免让孩子认同这样的标签与身份，而是让孩子意识到这样的身份认同的不足之处。

什么样的身份认同属于"内在动机"呢？举个例子，"有趣的女孩"。心明眼亮，仍温柔对待世事。什么都明白，但是仍给人留余地，对待别人不刻薄。

这样的身份认同，就属于"内在动机"。

引导孩子的身份认同时，需要格外注意：孩子是主体。说个案例：普通爸爸妈妈，要是孩子考高分了，会赶紧奖励孩子，但其实大人可以反过来让女儿奖励爸爸妈妈，请爸爸妈妈外出吃饭等。

前者依然将孩子看作大人的附属品：你考得好，我应该肯定你，所以我来奖励你。后者将孩子看作独立个体：你考得好，爸妈都为你高兴，你来跟爸妈分享你的喜悦。这个关系的翻转，多数家长都不太注意。

同样，我们应该用"润物细无声"的形式引导孩子的身份认同，通过居家环境的调整、非言语行为等方式来引导孩子，不要强加你自己的观念给孩子。

拿"有趣的女孩"这个身份认同举例。你不要告诉孩子：你未来一定要做个"有趣的女孩"。历史上的有趣女孩数不胜数，你悄悄地给她一大堆书，讲很多故事，这些书与故事都是与"有趣的女孩"有关的。

突然有一天，她自己找到了，告诉你："爸爸，我喜欢，我要成为她这样的人，做一个有趣的女孩。"

一旦她形成偏内在动机的身份认同，那么，未来对其他不良身份的抵御会做得很好。为什么阅读氛围好的家庭，即使经济收入低，对孩子未来的帮助也很大？就是因为孩子能借助图书自发地找到那些有内在动机倾向的身份认同。

这是孩子自己找到的，不是利用金钱名声等外在奖励找到的，这个自我探索的过程非常关键。

小　结

2018年12月29日，哈里斯去世，享年80岁。她的好友平克在推特上悼念道："悲痛地获悉一位具有重大影响的挚友，才华横溢、机智幽默的心理学家哈里斯的去世。"

虽然，哈里斯的理论并没有如平克预期一样，"改写"心理学。然而，她提醒在育儿中重视基因与同辈群体，今天来看，依然很有现实意义。

　　我们需要格外注意，孩子的养育环境不仅仅发生在家庭，更会发生在无数个亚文化同辈群体之中。如果从小注意，培养孩子对群体归类、自我归类的敏感性；尽量让孩子形成多个身份认同；倾向那些内在动机的身份认同，那么孩子会更容易善用群体的积极影响，抵御不良影响。

　　2021年5月10日，伟大的儿童发展先驱、与哈里斯辩论的杰罗姆·凯根同样离世，享年92岁。凯根曾被列为20世纪最杰出的百位心理学家，排名高达22。

　　正是因为儿童发展科学界有了凯根这样的实验主义者，也有哈里斯这样的思想者，才推动了儿童发展研究领域快速发展，名师大家层出不穷。

　　谨以此文，纪念这些帮助我们更好地理解孩子与养育方式的智者们。

22

放下武器，开始玩吧 *

1

如今，我们在育儿时掌握了太多武器。这些武器多半来自身边的育儿群或你关注的育儿"大V"。各种新奇理论、育儿工具、母婴商品层出不穷，令人眼花缭乱。

我们似乎无所不晓，无所不能。

然而，与此同时，我们的育儿焦虑日益增加，"鸡娃"越来越盛行。"鸡娃"的典型代表在各个阶层都有，"富豪"如北京顺义别墅区妈妈，"中产"如北京海淀黄庄妈妈，"平民"如河北衡水妈妈。

家长从怀孕初期便开始胎教；孩子从出生后就开始接受早教；三岁后开始英语启蒙，外加各类语文、数学与艺术启蒙；进入小

* 本文首次发表日期为 2021 年 6 月 25 日，为《游戏天性》一书推荐序。

学，各种补习班更是占满了孩子的整个周末。

在"鸡娃"的家长眼中，育儿就是一场战争。一步先，才会步步先。一步落后，就会抱憾终生。

那些育儿武器，就是能够让我们赢得这场战争的关键。

2

育儿，真的是一场战争吗？

不不不，育儿并非一场战争。它既不是你与自己孩子的战争，也不是你与其他家长的战争，更不是你的孩子与其他孩子的战争。

育儿，真的需要什么武器吗？

不不不，你可以放下一切武器。你需要了解的是儿童发展科学领域的知识，明白孩子的发育规律。

什么是儿童发展科学？它是西方蓬勃兴起的一个重要研究领域，主要探讨0～18岁孩子的身心发展，包括认知发展、语言发展、社交与情绪发展、运动发展等。

儿童发展科学是一个非常庞大的研究领域，也是目前心理学领域最受瞩目的一个研究领域，大师名家层出不穷。

与其花费心力学习那些道听途说、难以证伪的育儿理论，不如认认真真地了解儿童发展科学的进展。如果将这些成果总结为一句你最应该记住的话，它应该是一句什么话？

——游戏之于孩子就像汽油之于汽车。

大多数爸妈大大低估了游戏对于孩子的重要性，总是非常仓促地用大量补习班、网课填满孩子的时间，压根没有留下闲暇与游戏的时间。

孩子从小就用过家家、玩土戏水的游戏来表征这个世界，这种强大的能力是动物和机器人都无法比拟的。游戏是孩子体验生活、建构世界、创造意义的重要手段，在儿童发展早期甚至是唯一的手段。从儿童发展科学角度而言，孩子的认知、语言、社会情绪、运动与创意，无不是在游戏中提高得最快。

3

作为家长，提到游戏，你的第一反应或许是：我该到哪里去买这些玩具？我该到哪里去上这门课？我该去哪里下载游戏App？

这种下意识反应是错误的。真正有帮助的游戏可能并不需要你付费，反而是最简单、有趣的玩耍。

那么，如何让孩子玩得更科学？你需要记住儿童发展科学中的不同研究在反复强调的四个要点。

开放式游戏远比非开放式游戏更好。游戏有两种，一种是有正确答案的，封闭式的；一种是没有正确答案的，开放式的。目前市面上能够买到的游戏大多数都属于非开放式游戏，都是有正确答案的，这会潜移默化地固化人的思维，这样的游戏并不好。开放式游戏更能够培养孩子的智力，使孩子有源源不断的创造力。

实物游戏远比电子游戏好。我升级当爸爸之后的第一件事就是把家里的电视机扔掉了，无论市面上如何鼓吹孩子看电视以及玩电子游戏的益处。事实上，在儿童发展早期，孩子越少接触电视和电子游戏越好。人类的大脑经过几千万年的进化而形成，过早地接触进化晚期的产品，会错过进化赋予我们的力量。

那么在儿童发展早期，给孩子看什么样的视频更好呢？给孩子看重复的、慢速的视频更好。正如《游戏天性》一书作者所说，"孩子喜欢重复，……他们能在缓慢且重复的内容中学到东西——每次都能获得新知识，并乐于找到可预见的模式。"[1]

不妨想象一下，你给孩子买了一个视频，它只是不断重复，你可能以为商家欺骗了你，但其实孩子的学习非常需要重复。过于追求新鲜的刺激并非好事。

真人参与的游戏更好。在儿童发展早期，有一个重要的能力是心理理论能力，也就是孩子如何理解他人心理状态的能力。提高心理理论能力的一个方法，就是让孩子和别人玩假装游戏。

另一个提高心理理论能力的方法是父母与孩子谈论感受的时候，多涉及一些心理状态语。什么是"心理状态语"？——"我要""我想""你认为这是什么？""你知道这是什么吗？"等。

"润物细无声"的游戏更好。有时并不需要刻意游戏，"润物细无声"往往能达到更好的效果。比如当你和孩子在外面一起走路时，你可以故意歪歪斜斜地走路，他的好奇心瞬间会被唤起，会模仿你，从而锻炼了身体平衡性。

再如，你可以和孩子玩一个小游戏——在和孩子一起看动画片之前，和孩子商量一下今天看几集，是一集还是两集，这样孩子的数感就得到了发展。

小　结

对待孩子的教育，你既可以采取战争隐喻，也可以采取游戏隐喻。人生是一场战争还是一场游戏，取决于你自己。究竟是参与教育的"军备竞赛"，积累一个又一个育儿"武器"，还是放下那些所谓的育儿"武器"，开始和孩子一起玩呢？

23

育儿高手是怎样炼成的 [*]

生活中的育儿高手

因为工作缘故，我认识了很多育儿高手。我想与读者分享一下其中几位的经验之谈。

第一位育儿高手是华东师范大学儿童发展心理学教授李晓文老师。

当你的孩子考试获得好成绩时，你该怎么办？我相信绝大多数爸爸妈妈的反应是，孩子考高分了，赶紧奖励孩子，比如问孩子想要什么礼物。而李晓文老师的做法是，**反过来让孩子奖励爸爸妈妈**，比如请爸爸妈妈外出吃饭。（这是她的学生刘建鸿老师告诉我的。）我在"父母对孩子的发展并不重要？"一文中也有提及。

---

* 本文首次发表日期为 2022 年 9 月 6 日，为《育儿高手》一书推荐序。

第二位育儿高手是北京大学心理与认知科学学院的魏坤琳老师。

很多家长一般会怎么劝孩子起床？他们会说：你要起床啦，起来刷牙，洗脸，吃饭，我们出去玩。但孩子还是不想起床，为什么呢？因为起床对很多孩子来说是一件缺乏动机的事情，而后面跟着的一串动作——洗脸、吃饭、出去玩，也都和孩子当下该做的事情没有多大关系。换句话说，家长给孩子的指令不够清晰。

那魏老师是怎么做的呢？他会站在床的另一边说："宝宝，滚过来，到爸爸这边来！"孩子就会很开心地打个滚儿，也就起来了。

这一招为什么好用呢？从认知神经科学角度来说，**行动（Action）和动作（Movement）的复杂程度对大脑来说是不同的**。动作是最小的控制单位，而行动可能由一系列的动作组成，而且需要比较清晰的目标和一系列的计划。儿童的大脑目标感不强，没有办法对"行动"的指令快速做出回应。所以，如果大人希望孩子做某件事情，最好能够帮助他们把目标拆解开，给出当下立即可以做的具体动作，比如魏老师所说的"滚过来"。

当然，这种"清晰指令"适用于年龄比较小的孩子。等孩子慢慢长大，他们越来越善于识别行动所蕴含的意义，爸爸妈妈也就可以相应地改变策略。

第三位育儿高手就是《育儿高手》一书的编著者王薇老师了。她的孩子在两岁时有些远视，而且度数偏高，医生建议让孩子试试戴眼镜矫正。在让孩子适应戴眼镜的过程中，她做了以下三步操作。

第一步是**先带着孩子看一些关于眼镜的绘本**，让孩子明白**什么是眼镜**，并意识到眼镜是一个"很好玩"的东西。

第二步是给家里老人与家政阿姨都配上了平光镜——没有度数的纯装饰品，从而**营造一种氛围**：看，大家都在戴眼镜，这是一件很好玩的事。

第三步是在带孩子去配眼镜前先带孩子去理发，通过**制造仪式感**，让孩子知道这是一个新变化。配完眼镜之后，再带孩子吃一顿好吃的，**给孩子积极反馈**。

一套操作下来，孩子竟然主动戴眼镜了，还督促爸爸也戴眼镜。

李晓文老师、魏坤琳老师和王薇老师的育儿经验都令人印象深刻。他们的共同点不仅在于比普通爸爸妈妈知道更多育儿知识，更重要的是，他们还能活学活用，把书本知识与自己孩子的实际情况结合起来，应用到育儿实践中。

生活中的育儿流派

我曾经开玩笑，**中国育儿界有三大流派："激进派""佛系派"与"科学派"**。

"激进派"往往是从教育中受益匪浅的家长。他们非常重视子女教育，经常给孩子"打鸡血"。孩子打小就要参加各种培训班，被逼迫的情况也屡见不鲜。

与"激进派"相反的是"佛系派"。这些家长出于种种原因没那么重视子女教育，觉得顺其自然就好。

如今，第三大流派也在兴起。这就是推崇关于育儿的科学知识，尤其是儿科医学与儿童发展两门学科的"科学派"。其祖师爷是儿科医学先驱亚伯拉罕·雅各比（Abraham Jacobi）、儿童发展心理学先驱普莱尔（William Thierry Preyer）、儿童认知发展奠基者皮亚杰（Jean Piaget）等。

这些家长有"佛系"的一面，他们不重视孩子自然而然就会发育好的那些方面；也有积极的一面，他们将注意力花费在一些非学业成就上，比如孩子的身体健康与心理健康。显然，"科学派"效率更高，更容易诞生21世纪的育儿高手。

如果你开始在"科学派"拜师学艺，试图成为一名育儿高手，那么，你的学习重点是什么？**答案是掌握一门关于育儿的科学语言**。理论也好，实验也好，最终都要落实到由科学术语和科学概念构成的语义网络上。

掌握育儿的科学语言之所以如此重要，是因为人类大脑是通过抽象语言来处理复杂工作的。如果不提高自己关于育儿的词汇量，那你如何描述碰到的育儿困惑？如果你不能描述，谈何解释？如果你不能解释，谈何改善？如果没有特定领域的专长，我们就难以从事复杂、有创意的脑力劳动。同理，一个对儿童发展科学一无所知的家长如何更好地养育孩子？——只能拼经验。

科学与经验的真正区别

科学与经验之间的真正区别是什么？我们需要在以下问题中寻找答案：是否可以定义？是否可以验证？是否可以质疑？具体到育儿上来说，就是能否定义、分类、评估与干预。

> » 定义：对于某个概念，科学家是如何定义的？目前主流的定义是什么？具体对应哪些真实世界的现象？
> » 分类：某个概念是否存在子维度？也就是说分类学意义如何？
> » 评估：如何评估某个概念及其子维度？
> » 干预：如何改善孩子在某个概念上的表现？有什么方法或技巧？

下面是以科学概念"执行功能"为例的具体阐述。

如何定义执行功能

我在前文提到过，很多爸妈不知道，为什么有的孩子长大后善于抵制诱惑，没那么容易分心，有的孩子延迟满足能力则较差，很容易走神。其实这与"执行功能"相关。

从日常生活中的育儿现象进入科学研究层面，**执行功能的定义是什么？它通常是指个体对思想和行动进行有意识控制的心理过程。**通俗地比喻，执行功能就像大脑中的指挥官，计划、组织信息、做出判断、解决问题都要受到这个指挥官的控制。

如何为执行功能分类

我们先来与孩子玩一个小游戏"国王说"。游戏的规则是这样的：当你听到"国王说，……"的时候，你要做出这个动作；如果你没有听到"国王说"，那就不要做这个动作。

现在让孩子尝试一下：

> 国王说，摸摸你的鼻子。
> 国王说，摸摸你的耳朵。
> 国王说，双手交叉放在胸前。
> 把双手放下来。

前三句都有"国王说"，孩子需要根据指示快速地在摸鼻子、摸耳朵和双手交叉放在胸前三个动作之间切换，有的孩子切换得快点，有的孩子切换得慢点，这涉及孩子的**认知灵活性**。

最后一句"双手放下来"的前面没有加"国王说"，那就不能做这个动作。不少孩子第一次玩时会受思维惯性的影响，仍然会做出放下双手的动作。

抑制住惯性、忽略无关刺激、顺利达成目标的能力，被认知科学家称为**"抑制控制"**。认知灵活性侧重于反映的是在某某条件下知道要做什么，而抑制控制能力是指在某某条件下不去做什么。完成以上任务还需要一个前提条件，就是掌握并操作这些规则。这个能力与**"工作记忆"**相关。工作记忆是一种对信息进行暂时加工和储存的能量有限的记忆系统。

从"国王说"这个执行功能小游戏可以看出，**执行功能包含三种核心能力：认知灵活性、抑制控制、工作记忆**。这就是执行功能的分类。

如何评估孩子的执行功能

我们可以通过上述小游戏来粗略地评估孩子的执行功能。下面是一些常用的考察学前儿童抑制控制能力的测验任务。[1]

常用的学前儿童抑制控制测验任务

抑制任务	预备反应	正确反应
卡牌分类	按之前成功的维度分类。	按新的维度分类。
白天和晚上	看见太阳说"白天"，看见月亮说"晚上"。	说出与图片上的内容相反的话。
草与雪	指向绿色表示"草"，指向白色表示"雪"。	指向与之相关的颜色的相反颜色。
耳语	大声喊出熟悉的人物的名字。	悄悄地说出名字。
熊与龙	听从两只动物的指挥。	听熊的指挥，但不听龙的指挥。
空间冲突	按下与图片同侧的按钮。	无论在什么地方，都要按下与图片相匹配的按钮。

根据这些测验任务，我们开发了大量小游戏。我们也可以通过专项测验来评估孩子的执行功能。比如，我主持开发的儿童认知能力评估系统就有一个分测验，专门用于评估孩子的执行功能。

如何提高孩子的执行功能

游戏是一种不错的方法。我们可以和孩子一起按照规则找物品。比如，请孩子找一找家里的红色物品，孩子找到之后可以换个规则，让他找一找哪些物品是圆形的，哪些是三角形的。转换游戏规则能够锻炼孩子的认知灵活性。当孩子再大一点时，我们可以跟他一起玩"国王说""大西瓜小西瓜"之类的游戏。孩子需要按照规则控制自己，这可不是一件简单的事情。

运动也是一种不错的方法，尤其是有氧运动、棋类运动等。

育儿关键知识点

育儿涉及很多知识点，哪些是最重要的呢？我领导的大型儿童发展早期计划——"未来脑计划"项目，基于庞大的科学文献，将孩子的核心能力总结为智力、语言、情绪、运动与创意5大类20种。以智力为例，要培养一个聪明宝宝，你可以从感知注意、记忆学习、问题解决和执行功能四个方面下功夫，如下图所示。

智力脑	语言脑	情绪脑	运动脑	创意脑
感知注意	语言理解	情绪识别	粗大动作	创造性体验
记忆学习	语言表达	情绪调节	精细动作	发散性思维
问题解决	阅读准备	社会认知	体适能	成长型思维
执行功能	书写准备	社会关系	健康管理	反事实思维

我的"未来脑计划"项目模型

　　这些知识点或者说关键指标，可以说是成为"科学派"育儿高手的基本功。比如，前文介绍的第一位育儿高手李晓文老师的案例，其背后原理与"成长型思维"相关。第二位育儿高手魏坤琳老师的案例，其背后原理与"精细动作"相关。第三位育儿高手王薇老师的案例，其背后原理与"情绪调节"相关。

　　《育儿高手》一书编著者工薇老师是"未来脑计划"项目的执行人，正是在她的带领下，项目才成功上线，在成千上万家庭中得到了实际验证。喜闻她将项目心得编撰成书，以《育儿高手》之名发行，特为之贺。

24

与十八岁剑桥新生父子聊
《人生模式》[*]

写在前面

2019年9月19日，我与大牛小牛父子俩，一起做了个音频直播。父亲"大牛"牛力，文学博士，中国播音主持"金话筒奖"获得者，曾任北京人民广播电台首席主持人，现任中华女子学院文化传播学院教授。儿子"小牛"牛天晓，2019年6月毕业于北京市十一学校国际部，被英国剑桥大学自然科学专业录取。这是我们对谈直播的文字回顾。

---

* 本文首次发表日期为2019年9月22日。

行动模式：人生关键词

大牛：《人生模式》的引言中说到您几乎每一年都会给自己设计一个关键词，请问您2019年的关键词是什么呢？

阳老师：这里面有一个微妙的心理学研究的原理，你设定了关键词，但是不能说。如果说了，这个关键词的力量就会下降。

大牛：关键词什么时候可以公布？

阳老师：两年之后公布会好一些。**关于人的行动和目标，我称之为行动模式。**行动模式的改善，跟拖延症、按时交作业，以及减肥等习惯都非常相关。心理学研究已经非常深入，和大家想的有很大不同。

之前以为定了目标，马上要发一条朋友圈，比如要在三个月以内减肥到多少斤。假如你有耐心，跟踪发朋友圈的朋友，你会发现他开始的时候还很有热情，这个热情到第二周就消失了，朋友圈再也不提了。

这里面涉及一个认知科学很核心的原理，就是**人类大脑的能量有限。在我们说出目标的时候，大脑就会默认这个目标已经完成了，然后把目标扔到记忆很深的角落，最终你很难把它提取出来。**

认知科学近二三十年最有突破的进展是什么？之前大家的习惯是定很多目标，如何更好地实现目标呢？心理学家和认知科学家发明了一个更聪明的方法——执行意图。不再关注具体的目标，而是关注执行目标的格式。你可以理解为做一个填空题："如果……那么……"，在中间填上你的目标，这样容易提高你的战斗力。

大牛：您可以举例说明吗？

阳老师：比如你要减肥，发朋友圈时一般会这么写："三个月以内减肥20斤"，这个被认知科学家称为"目标意图"。这样设计目标，绝大多数时候是实现不了的。

那么现在心理学家就教你一个格式化大脑的方法，把句式改造一下，改成"如果……那么……"，比如"如果到了傍晚6点，那么我就去操场跑步。"在这个格式设计里面填入时间和地点。

这有什么不同？

第一，你记住的不再是你的目标，而是行动——你要完成目标的时间和地点；

第二，它与你一辈子面对成千上万个目标不同，目标天天在变，而这个记忆提取线索，是一个你二三十年都能反复使用的句式——如果……那么……

认知科学家做过很多有意思的实验，从减肥、交作业、拖延症，再到公司管理，发现使用执行意图能将人们实现目标的概率普遍提高三倍以上。

阅读模式：杰作与神作的区别

大牛：您曾写过一篇年度读书札记总结，说有一年前前后后买了2000多本书，买了这些书您能读完吗？

阳老师：其实很多年都超过这个购书量。粗略估计，我家里的书应该有几万本。**想提醒大家一个模式，我称为冷读热读模式。**

绝大多数人看书，没有对书区分权重，看教材、畅销书、小说，花的时间一样，阅读习惯也一样，都是从头读到尾。这是一个糟糕的读书习惯。

那么给小牛的建议是什么？可将书区分权重。我把书区分成五类：

第一类叫可用之书，有一些书你拿它当资料参考，有可能只用到其中的一段话，把这段话找出来之后，这本书就完成了它的使命。

第二类叫坏书，最典型的是一些身心灵和伪科学的书，这种书大家翻一翻，赶紧把它扔掉。

大牛：您怎么判断是坏书？

阳老师：人的品味会逐步形成，看后面的三类书多了，你会越来越明白怎么辨别好坏。

刚开始的时候，比如小牛18岁，识别能力没那么强，必然会看到一些坏书，这是一个小朋友的成长过程。就像小孩没办法在一个没有细菌的环境下成长，这是人生自然的经历。

后面三类书，一类是力作，一类是杰作，一类是神作，要经常读。

力作是指一个专家，研究这个领域10年之久，写了一本书，这种书在整个领域是绕不开的。

杰作是指很多智者写的书。他开创了一个新的领域，这种书往往是杰作。

神作是在知识密度和写作技巧上太强了，属于神来之笔。

大牛：神作和杰作的区别是什么？

简单来说就是一位神作的作者，你让他自己再重新写这本书，他也写不出来了。因为过了一个时间点，他就没那个感觉了。

杰作是10年前写和10年后写差不多、写出来的味道也差不多的作品。神作是靠一个作家、一个科学家，在某一个特定的时间点突发灵感，又有以往的雄厚积累，突然间写出来了。

《道德经》《庄子》，都是绝对的神作。还有很多大家熟悉的中国文化中的经典也是神作。

大牛：《人生模式》算神作、杰作，还是力作？

阳老师：客观评价，处在力作的水平，因为出版时花了一些心思，比如增加了体系感、参考文献，我觉得可以说接近杰作。

社会比较模式：从追求最大化到追求满意

大牛：18~21岁这个阶段面临的最大挑战是什么？可以用哪种人生模式来应对？

阳老师：在我38岁生日的时候，做了一个比较重要的演讲，未来也会写成一本书，叫《人生周期论》。

《易经》里面有一个核心观念叫作"长生十二宫"，把人从生到死，分成12个阶段，这12个阶段，又有大周期到小周期不间断的循环。

小牛18岁，按照《易经》的说法，是在朝气蓬勃的阶段。这个阶段最大的问题，是开始跟别人竞争。18岁之前的竞争都是儿戏，都是小孩子过家家，而且还有父母的保护伞。18岁之后，你会面临各种各样的真正竞争，比如情感上的竞争，男生们都喜欢这个女孩子，她是选你还是选另一位？还有学业上的竞争，剑桥大学高手多，可谓竞争中的竞争。导师要挑一个学生加入自己的实验室，究竟挑小牛还是挑小张？

这是18~21岁这个阶段面临的很大一个问题，从受保护到逐步独立地迎接竞争，是他当下的状态。

大牛：什么是社会比较模式？

阳老师：简单来说，**按照正态分布，人可以分成9个级别。天才中的天才在人群中一般占1%~3%，这种我称之为标准九。**比如剑桥大学的维特根斯坦（Ludwig Wittgenstein），属于天才中的天才，他影响了20世纪的哲学、逻辑学和修辞学的走向。然而这样的人，会认为自己是标准七。

真正在人群中处于最高级别——第9个级别的人，反而认为自己在第7个级别。认知科学把这种现象称为**"天才的自谦效应"**。

绝大多数剑桥大学的学生在标准七、标准八左右，这批人容易出现一个不好的现象，大家猜是什么？一旦他（她）们在18~21岁这三年的竞争中经常失败，比如找女朋友失败了，进导师实验室也失败了，发论文还失败了……当经历各种各样的失败后，最终他（她）们会慢慢开始逃避，不再认为自己是标准七，而是标准三。比如很多北大清华的孩子痴迷打游戏，这时候他认为自己是标准三，会给自己找借口，说自己在大学碰到的天才太多了。

这一现象被认知科学家称为"**天才效应**"。他的能力没有他自己想的那么差，也没有他开始想的那么好。所以要提醒小牛，18~21岁时，面对社会比较是很正常的事情。那么更好的做法是什么呢？

举个例子，认知科学创始人西蒙，是一个人类公认的标准九。大家都知道，想拿到诺贝尔经济学奖很难，想拿到图灵奖也很难。而西蒙不仅拿到了诺贝尔经济学奖，还拿到了图灵奖，除此之外，他还拿到了美国心理学会的终身成就奖、美国管理科学院的学术贡献奖、美国政治科学学会的麦迪逊奖、美国经济学会的杰出会员奖。他在六大学科中获得终身成就奖。这是真正的天才，天才中的天才，那么他给大家提供了一种模式——不要去追求最大化，满意即可。

西蒙在六个领域都拿到了标准九，达到了最高级别。但是他刚刚进入这个领域的时候，无论是计算机科学、心理学、政治学还是其他学科，他给自己定的目标都是达到七八十分即可。以一个轻松的心态，反而取得很高的成就。20世纪了，居然还有这种百科全书式的奇才！

核心模式：内在动机

大牛：顺着这个话题，大家会问，为什么西蒙在每一个领域，目标是七八十分即可，但事后取得了一百分的成绩？

阳老师：这里面有一个非常关键的思路，也是大家都很关心的，就是怎样让自己变得更成功更厉害，这个思路是什么？

绝大多数人选择目标是按照外在动机，不是从自己的兴趣出发。而是从别人施加给你的压力出发，你很难评价什么是满意。

这几年博士生自杀的新闻变得越来越多。这里面有个非常微妙的问题，就是除了一些博士生导师管理不善，对于学生来说自己的社会评价体系只来自导师这个唯一的方向。这个就很危险。

18～21岁是人生发展的关键时期，一旦明白自己的评价体系来自自己，以自己喜不喜欢为核心，就好多了。

大牛：对，反正我们对他没有什么高的要求，觉得你自己尽力就好。甚至我们还说过这样的话，我不知道合不合适。有一天我们吃饭的时候，我跟他说，你要是真觉得剑桥大学压力太大，学不下去了，咱转学。

阳老师：这里面要提醒大家，像大牛这种教育方式是最符合认知科学原理的。

儿童认知科学领域有一位顶级的科学家艾莉森·高普尼克（Alison Gopnik），是牛津大学心理学博士。她写了一本书《园丁与木匠》，也出了中文版。

这本书里和大牛刚才讲的是一模一样的。**家长最重要的不是像木匠那样把孩子雕刻成哈佛、耶鲁、牛津、剑桥、北大、清华的候选者，教育方式不应该是这样的。**

我的好友、清华大学的赵昱鲲老师是《园丁与木匠》中文译者之一。**家长一定要做园丁，在家里面经营一个小花园，尽量给孩子**

创造一个好环境、好生态，孩子在这种花园里会自然成长。他究竟长成玫瑰还是百合？这是他自己的事。

大牛：我们要以自己的兴趣为主，以内在动机为主。但是处于信息时代的我们，社交方式很丰富，是不是也要努力去踏入一些社交圈，考虑一下别人的意见？

阳老师：小牛在18~21岁期间，怎么以华人的身份去打败一些世界级选手，这里面有一个蛮重要的建议是，不能只拥有单一的社会评价体系。如果只有来自你的老师的评价体系，就很危险。

一个人拥有的社会评价体系越多，就越能帮他缓解面临的生活压力、学习压力和工作压力。比如说小牛在爸爸老牛那里受气了，可以找个同学缓解压力。在18~21岁期间，我一般建议大家，可以给自己设计4个核心的评价体系，你的自尊反馈都是来自这4个体系。除此之外，你再搭配3个可以随时换的小的评价体系。

这就是"4+3"的结构。"4"里有一件事是你改变不了的，比如小牛，不管你是剑桥大学的学生还是北大清华的学生，你爸都是老牛，这是你无法改变的事实。这是家人评价体系。其他3个你就可以自己挑选。

我曾经就读的高中在湖南省非常厉害。相比高中，上大学太轻松了，我能轻而易举地拿到第一和奖学金，感觉就很不一样。同样，如果你发现周围的环境并不理想，这个时候你可以主动放弃来自大学同学的评价，不依赖他们的评价，而是选择其他圈子。

可以为自己精心设计"4+3"的结构，这个"4"往往很难改变，在三年内就是这4个主要评价体系。除了爸妈，还可以有什么评价体系呢? 一个是同学的评价, 一个是导师的评价。假如你发现同学和导师的评价对你造成的压力太大了, 那么可以换成一个其他的, 比如女朋友的评价, 这样就好多了。

我们看智者传记的时候, 常常发现这样一个模式, 家人不认可, 同学不认可, 导师不认可, 但有一位女孩始终认可, 最后这位智者取得了巨大的成就。

设计社会评价体系的时候一定要记住, 可以灵活置换。我们常常说爸妈这个评价体系摆脱不了, 但这个社会评价体系只在特定阶段作用大, 等你走上工作岗位、创业, 这个社会评价体系的作用就没你想得那么大。如果你真的觉得爸妈这个社会评价体系带给你的压力太大, 也是可以置换的。

那么剩余的3个是什么呢? 一定要从制造惊喜和兴趣驱动出发。比如说在剑桥, 第一年是以旅游为主, 把英国的一些景点尽量都逛一圈, 大家都知道, 读万卷书行万里路, 你在路上会碰到很多有意思的事和有意思的人, 这会把你18～21岁期间大量的压力和(负面)情绪消解掉, 就会好很多。到了第三年的时候, 可以参加剑桥大学传统的帆船运动, 那么可能又会出现一个新的评价体系。

其中前4个社会评价体系往往是指在你三年时间尺度下难以改变、持续作用的社会评价体系。比如, 你读高中的时候, 这三年必然会接受来自老师的社会评价, 甚至, 一些好的老师直接改变你的命运, 一些坏的老师误人终身。但到了你走上工作岗位时, 你面临的社会评价体系就切换为同事了。

只有单一社会评价体系的坏处是什么呢? 你会放大来自这个评

价体系的反馈。举个例子，一些在学校比较内向、同辈朋友较少、教师不够关心的孩子，父母可能会是他唯一的社会评价体系。孩子的成就感、挫折感、被尊重的感觉等都来自父母。一个在成年人看来很正常的批评，到了孩子那里，因为只有父母这唯一的社会评价体系，往往就被极端地放大了。

社会评价体系扮演着社会支持网络、个体情感宣泄渠道。**如果你长期只拥有一个社会评价体系，情感宣泄很难进行。像一面墙一样，来自它的压力，你又不得不宣泄到它身上，反弹回来，作用力更大。**长年累积，你的心理压力会越来越大，越来越难消解，人变得越来越敏感，越来越自卑。

而人的社会化过程，还需要惊喜。"4+3"中的"3"侧重制造惊喜，从个人兴趣与爱好出发。贵人往往来自弱联系，甚至来自你打球认识的球友，参加读书会认识的书友。因此，你还需要挑选3个左右的社会评价体系。**与前4个不一样，它往往来自短时间周期，比如3个月、6个月、18个月。**它往往会频繁地更换，比如有时喜欢爬山，有时喜欢打球，有时喜欢攀岩。

模式的模式：元反空

大牛：关于模式的模式，没有其他四种模式（核心模式、行为模式、读写模式、人际模式）直白。这个问题您怎么看？

阳老师：人类的思维有一个很大的局限。比如你记一个电话号码，13912345678，你把这个电话号码拆成三组会更好记，第一组139，第二组1234，第三组5678。这是认知科学的一个基础概念，它叫组块。这个电话号码分成三组，也就是三个组块。

人绝大多数时候能记住的组块是4个左右。我的一位朋友对北大一些新生做过测试，能记住的组块最多的是11个。人类的大脑有先天的局限性，记住的组块最多也就是3和11的区别，这个时候要想方设法学习一些提高思维的技巧，这就是模式的模式。人类的大脑有一些先天缺陷，比如三种经典缺陷，"模式的模式"就是针对它们的。

元

阳老师：第一个缺陷，人类是一阶思考的动物。什么叫一阶思考？你碰到一个很难的问题，比如现在就是找不到男朋友、女朋友？你该怎么办？

大牛：一根筋！

阳老师：咱说一根筋，这个就叫一阶思考。那么，元思考是什么意思呢？你要想事情的本质是什么，是不是有更好的解决方法？比如你现在找不到男朋友或女朋友，如果你老是想怎么找到一个最合适的，那你很难找到合适的。如果用元模式，你可以这么去思考，我现在怎么找到100个满意的女朋友？

大牛：啊？！

阳老师：就100个，你尝试把这个数字从1放大到100个之后，你的思路豁然开朗。找一个女朋友找不到，反而找100个更容易？

大家想过这是为什么吗?

大牛:标准降低了?

阳老师:不一定是标准降低了,是因为你用找一个女朋友这种模式思考的时候,你和绝大多数人的思维方式是非常类似的,就是从概率上来讲你就是找不到。

当你思考的是怎么找到100个女朋友,意味着你从概率上更容易找到满意的女朋友,同时自己也要想方设法去寻找不一样的模式。比如说,自己主动发起或成立女生多的协会。想象一下女生有什么爱好,比如诗歌,那么在剑桥大学办一个中国古典诗歌的兴趣爱好者协会,欢迎各位女生报名。你看,如果有1000个女孩子报名,其中有可能有100个女生对这个社团的发起人有好感。

大牛(笑):再别康桥协会。

阳老师:大家发现了吗?这就叫元模式。这个思路就跟其他模式非常不一样。你老是想找一个女朋友反而找不到。认知科学对这种元模式的研究挺多的。认知的认知称为元认知,记忆的记忆称为元记忆,学习的学习称为元学习。

大牛:这个"元"是元旦的"元"吧?

阳老师:对的。

大牛:也可以理解成源头的"源"吧?

阳老师:元认知都会涉及源头。

大牛:我找不到一个,我找这一类!

阳老师:是的!从一个到一类,这是常用的一类元认知技巧,这样的话思路就豁然开朗了。

反

阳老师：第二种模式的模式是什么？叫"反"，比如人类不喜欢承认自己失败，喜欢在朋友圈嘲笑别人愚蠢。如果要你在朋友圈也发自己的丑事呢？我相信绝大多数听众没发过，你不会承认自己的愚蠢。这是人类第二个思维缺陷。

反模式就是针对人类这个思维缺陷——什么事情你都可以采用逆向思维。比如找女朋友，用逆向思维思考，就是怎样把自己变成一个永远不找女朋友的人。想象一下历史上有哪些人不找女朋友，并且活得很开心，有康德、叔本华、尼采。这种人蛮多的，他们活得很开心。与其思考怎么变得更幸福，不如思考怎样会变得更痛苦，这样你就可以避免痛苦了，这就叫"反"。

空

阳老师：第三种模式的模式是什么？叫"空"。

大牛：元！反！空！哇！好有境界啊！我怎么想到佛家的叫"成住坏空"。

阳老师：是的。空是最抽象、最难理解的。我打一个通俗的比方，大家都听过一个佛教小故事，同样是半杯水，不同的人评价不一样，有人悲观地看到只有半杯水。有人乐观地看到，这杯子里竟然有半杯水了，我再努力，很快变为一杯水了。这个例子是说对于同样一个事情，人们对它的评价会不一样。

你的生活模式、婚姻模式、家庭模式都会受制于你的结构，这个结构形成一个系统。很多时候你在这个系统里面挣扎，很难成功。

有一个经典的关于夫妻关系的行动科学案例。有一对夫妻找心理咨询师咨询，妻子说了一大堆她和老公关系不好的事情——从她年轻的时候说起，小时候怎么被人虐待、青春期怎么被同辈欺侮、大学时候怎么失恋……一直说了三天三夜，心理咨询师陪着她，耐心倾听，表示理解。

但心理咨询师最后只给了她一个建议，让她回家之后把夫妻俩的床放到一个小房间里面，并且从以前的大床换成小床。她的夫妻关系一下子变好了。

这是为什么？因为这个来访者以前和老公在一个大房间里睡觉，又是睡在一张大床上，两人各睡各的，很难亲近。换成小房间、小床之后，大家就不得不变得更亲密了。

大牛：一翻个身就碰到了，是不是这样？

阳老师：是的，夫妻关系就这样解决了。大家会发现多数人生问题，都是因为人们在一个错误的模式、错误的系统、错误的结构里面挣扎。这个时候你要跳出错误的模式、错误的系统、错误的结构，做一个小小的改变。跳出系统，所以把它叫"空"。你尽量放到另一个系统，换一套玩法。

大牛：有点"真空妙有"的味道！

阳老师：是的。为了帮助大家更好地记忆，所以我发明了一个词叫"元反空"，这个词是我发明的，在历史上没出现过。

比如你在剑桥大学，会碰到大量聪明的人，这个时候，你怎样显得自己比这些聪明人更聪明呢？——问任何一个问题或讨论任何问题，你都可以用"元反空"来回应对方。

问题的问题是什么？这叫"元"。问题的反面是什么？这叫"反"。现在讨论的是数学问题，那么物理学和生物学有没有类似的现象，它们是怎么解决这个问题的，这叫"空"。

只要三板斧下去，你的同学会觉得你好聪明，因为你可以做实时的回应，不需要太费脑力。

大牛：问题的问题、问题的反面、跳出问题的问题。元反空！

阳老师："元反空"，希望大家记住了。这个概念让你在朋友圈一下子变得聪明得多了。

（笑）

大牛：一下子至少高了好几层，是吧？好的，接下来我们互动一下，先让阳老师回答一轮听友的提问。

第一轮答网友：哈佛通识教育体系的变革

Q1.评价体系的具体维度

网友："4+3"评价模式中的三个其他评价体系的具体维度是什么？怎么判断自己选择的维度是否合理，还是自己满意即可？

阳老师："4+3"评价模式中，"4"往往以3年甚至是12年为单位，"3"以18个月、6个月、3个月为单位。为了让生活拥有更多的可能性、多样性，挑选3个就比较简单，看自己3个月、6个月、18个月有什么热爱的、感兴趣的事。

按照这个标准来，失败了也没关系。有些人的人生为什么会出现很多错误的模式？就是没把"4+3"这个结构理解到位。某个事情本来应该大胆尝试一下，比如以前从来没参加过的竞技运动——赛艇，可以用3个月尝试一下，很快就能明白自己是不是适应剑桥牛津的玩法，能不能成为位居前列的选手，3个月能给你一个答案。很多人碰到这种问题时纠结太久，浪费了很多时间在想应不应该去报名，结果错过了很多机会。

有一种很典型的现象，一个人在刚毕业参加工作的时候，总以为第一份工作是自己一辈子的职业，结果浪费了很多时间。人一辈子更重要的是让自己的生活变得有趣、丰富多彩，这是给大家的一个核心建议。

大牛：不要等什么都想好了再去做，可以先做，一边做一边去衡量。衡量最好的标准是，我是不是高兴满意，是不是这意思？

阳老师：是的，玩得开心就好。

Q2.如何快速聚焦？

网友：多元社会评价维度很丰富，需不需要做评价维度的交叉验证？有没有快速聚焦和验证的方法？

阳老师：这个比较简单。人为什么一定要给自己找多个社会评价体系？是为了帮助自己缓解压力。比如来自爸爸的压力，会被同学缓解；来自同学的压力，被兴趣协会缓解。这里有一个很有意思的现象，如果参加了不同的活动，时间上会相互竞争，从时间分配效率上来讲，一定要记住"4+3"，它是最符合认知科学、社会学的分配效率的。很多人不太明白这里面的门道，用3年测试了10多种兴趣爱好，最终一事无成。用3年时间测试4个核心的事情，然后辅以3个月的短期测试是没问题的，可以跑通。

大牛：本科要读3年，正好可以测试4个。

阳老师：这是可以的，但超过4个一定会出问题，因为人的大脑无法处理那么多事，很难同时学好五六个学科，同时学好4个学科是没问题的。

大牛：正好第一学期有4个学科：数学、物理、计算机、材料。

阳老师：聊个额外的话题，世界上通识教育做得最好的有几个大学：哈佛大学、芝加哥大学、哥伦比亚大学、牛津大学、剑桥大学。之前哈佛大学的教育专家不太明白认知科学原理，给大一的新生设置了八大品类的课程。推了几十年，问题不少，2018年秋季，哈佛大学的通识教育课程体系改版了，新版接近我所说的"4+3"结构。更具体来说，是"4+3+1"结构，4门通识教育必修课，3门分布必修课，和1门实证与推理课程。

大牛：剑桥大学一直坚持安排4门。

阳老师：所以说认知科学为什么如此神奇？因为它符合底层逻辑。通过底层的原理——人类的大脑的工作方式，无论是哈佛大学还是剑桥大学的学生，都有记忆的天花板、注意力的天花板。哈佛大学发现八大类不好替代，于是迭代为最新的"4+3+1"结构。

大牛：所以有的书上说多即是少，做多了反而还少了，是吧？

阳老师：只选一个也会出问题。除非此人是标准九。比如数学天才，他极有可能胜出。但绝大多数人会失败，因为人类大脑不采用这种工作方式。比如大学三年选了数学，然后辅以计算机科学、物理学、生物学。这种跨学科的思维训练很容易让人触类旁通，更容易出成果、找到兴趣，最终出现很多新的学科，比如数学和生物学嫁接，叫数学生物学，计算机科学和生物学嫁接，叫计算生物学。

Q3.模式的边界与弹性

网友：使用批量解决问题的思考模式的边界是什么？还是批量解决问题只是一个思考角度，没有边界一说？

阳老师：是这样的，为什么给大家的模式极少，就元反空三个字？因为模式掌握得太多没必要，行动的规则越少越好。迁移到任何问题都可以用这三个字思考，这样求解出的答案一定和以前很不一样。模式一定是越少越好。

大牛：所谓的大道至简，是不是？

阳老师：是的。另外，要允许模式有一定的弹性和模糊空间，太精确不一定是好事。因为模式要有引发行动的力量，用元反空思考会让你变得更自信。如果给自己太多条条框框：这个问题用元，那个问题用反，再下一个问题用空，太多了，就会记不住，用不上。

Q4.开智名字的来由

网友：开智这个概念是什么意思，是开启智慧吗？

阳老师：是的。这里有一个非常有意思的历史题，"三民"一词是谁提出来的？大家都以为是孙中山提出的，实际在孙中山之前有一位先生，是把西方思想大规模引入中国的第一人，叫严复，他是第一个提出"三民"一词的人。严复在1895年写了一篇文章《原强》，谈他心目中的"三民"，"是以今日要政统于三端：一曰鼓民力，二曰开民智，三曰新民德"[1]，鼓民力，开民智，新民德。其中的开民智，开智就来源于这里。

大牛：严复写了《天演论》。

阳老师：是的，他翻译了大量西方的经典著作，比如进化论的《天演论》，经济学的《原富》（即《国富论》）等是他最早翻译的，还有很多词都是他定的。

我的人生模式：新道学

大牛：要是按照这个星座算的话，您是处女座？处女座好像属于什么？追求完美，理性主义，分析力强。

阳老师：这些在心理学上称为自我效验和巴纳姆效应。关于某某星座的特点的描述，它总会有一些让你觉得像自己的地方。这里面有一个非常有意思的心理学原理，就是人对于自己的一些性格特点，很容易区分出来。比如大牛和小牛会很快明白自己的性格是内向还是外向。内向和外向在性格上是容易区分出来的，所以很多星座和算命的，就容易强调这种你容易区分的性格特征。

大牛：我其实很内向。

阳老师：真正的科学家做的贡献是什么？不是研究内向外向这些你很容易区分的性格特征。性格有很多你自己很难辨别的东西，科学家可以用更客观的手段让你意识到自己是一个什么样的人。这部分很难认识、很难辨别的才体现科学的价值。这是要格外提醒大家的，现在社会上对于心理学有太多的误解。

大牛：我这还有一个问题，我问完了，交给小牛，你再问。一直在谈人生模式，您的人生模式是什么？刚才不是说认知是更好地认识自己吗？

阳老师：我自己的想法就是，每个人的人生模式，都会经历一个慢慢涌现、慢慢浮现的过程。18岁这个阶段，就像小牛，他朦朦胧胧地意识到自己要做一些什么事儿。大牛则已经总结自己以前的职业生涯了。他已经明白，播音事业是他的终身事业和志业。我想跟各位强调的是——看得见的未来不叫未来。

这是什么意思？你们不要太早给自己下结论，也不要太早地给自己做总结。你要不断地培养一个一个小的模式，比如说读书的习惯很好，为人处世的习惯很好，跟爱人的关系也很好，这么多小的模式交织在一起，慢慢地你会让自己的路越走越顺，最终给你腾出越来越多的时间，也会给你腾出越来越多的资金。

到了三四十岁的时候，一个人的职业生涯会出现很多的分化，有的人会面临"35岁危机",有的人他的事业刚刚开启高峰时刻。

所以,要提醒大家的是,小的模式很重要,比一个单一的大模式更重要。并且每一个小模式你不断去优化、迭代,慢慢地随着这些小模式的融合,你会在你人生的一个特定的阶段,经历一个顿悟的过程,突然之间发现自己来到这个世界上,原来是为这个事而来的。比如,中国历史上知名的王阳明37岁悟道,突然之间发现原来他来到世间是干这个事的,悟完之后他就提出了中国最知名的"知行合一"。

我自己也经历了类似的悟道过程,在30来岁的时候,我突然意识到自己和别人最不一样的人生模式是什么呢?我发现我有很强的数学背景,也有很强的文学背景,因为从小就发表了很多诗歌。我还有一个很不一样的地方是什么?我对中国文化很有感情,但是我从大一开始接受的训练又是非常硬的西方科学训练,无论是心理学还是计算机科学,和中国文化没多大关系。

这个时候我慢慢地意识到自己最大的人生模式是什么?就是我所说的,搞一套自己的新道学,还有道统、文统和学统。

给大家简单解释一下,什么是新道学?比如不少国学大师的知识结构很陈旧,依然是用老祖宗的这一套话语在跟人谈。甚至出现了一些很荒谬的现象,让小孩去背《弟子规》《千字文》,背得不好的话就要打;还要让你去穿汉服。这些都是形式。21世纪是一个强科学主义时代,这个时代的主流范式就是科学。伪科学的生存空间越来越小。

新道学就是用认知科学,还有本土心理学、心灵哲学、行为科学尝试去和中国传统文化对接。比如说中国文化，我最推崇的是庄子，我觉得他是个天才，还有宋明理学的群星闪耀。像这些天才的智慧，有很多东西是能够用科学解释的，一旦用科学解释了，21世纪的人就更容易接受。

中国的庄子、宋明理学这些人，和科学家最不一样的地方是什么？他们所做的这些人类智慧建设非常有美感。比如庄子的那些文章——《逍遥游》和《大宗师》，写得太优美了。

还有宋明理学的知行合一，让你听上去就觉得很有力量感。比如你处在人生低谷，失恋了，找不到工作，你一看王阳明的故事，一听知行合一，马上被打鸡血成功。这是中国传统文化非常成功的地方。你把这种成功的地方用现代科学给大家解释，你再总结出类似的这种句子，比如我今天给大家示范了一下，总结了一个词叫"元反空"。类似的句子，我还陆陆续续地总结了很多，未来会慢慢地把它总结成书。

有一天，你意识到，这个世界上有一件事情只有你自己能干，其他所有人都干不成。因为这个事情需要两方面的训练，一方面是对中国的传统文化了如指掌，面对各部经典，至少不会把人家的意思给弄错；另一方面是要受过非常扎实的西方科学训练，明白西方科学真正的优势是什么，并且还有这种美感。这样总结出来的新道学才能够给大家真正的启发。

中国传统文化和科学最不一样的就是，科学是偏客观主义的，它没办法解决你的信仰。假设你人生遇到挫折，失败了，这个时候你即使看了一堆心理学的书籍，学了一堆心理学的理论，都不如看一下王阳明的传记有力量。你看他的传记，发现这个人出身这么好，老爸是明朝的状元，但是他怎么失败这么多次，又和皇帝过不去，为什么他还是能坚持自己的理念？你一下子就激发出自己的很多勇气。

中国传统文化为什么现在被很多人歪解了？因为中国古代的知识分子很少，是典型的精英主义教育。中国古代教育体系和剑桥大学、哈佛大学的教育方式非常类似，都是典型的精英教育。在古代，往往只有几万个精英级别的学生。师长对学生的要求很高，因为整个中国几千万人口就培养这几万人，所以中国传统文化就给这几万个人提出了很高的理想人格要求。

到了21世纪，尤其是1999年大学扩招后，中国的知识分子数量，变成几千万了。这个时候大家再按照一个传统文化的理想人格去要求知识分子，完全做不到，古代精英教育从小是奔着成为圣贤去的。无论是朱熹还是王阳明，这些人生下来之后，从小被灌输了强烈的使命感。这要求太高了。现代人就觉得传统文化这不好，那不好。所以，我要构建的新道学是在这种圣人的要求和大众之间取得一个平衡。大家有点感觉了吧？

大牛：这人生模式太厉害了，天下兴亡匹夫有责，而且舍我其谁。

阳老师（笑）：因为这个事你发现别人干不了。所以希望各位听众，有机会的话多多帮我，买我的书，别让我在成为大宗师的路上给饿死了。

信息模式：隔离－批量－分组－集中

卓越的信息处理模式

小牛：（我想问）一个稍微简单一点的问题，就是现在我们这些信息时代的年轻人，每天都能从各种各样的媒体平台看到很多不一样的信息，但是其中大部分都不重要，比较碎片化。想问您，怎么样才能像您这样看到价值更高的一些作品，然后能形成自己的价值观？

阳老师：最简单的方法是什么？我以微信举例。大家一定要搞两个微信，一个微信是用来采集信息的，专门关注各种各样的信息、各种各样的公众号，这个微信你别经常使用，因为它构建了一个自己的信息库。人与人之间的智商差距不会很大，即使是剑桥大学的学生，他和普通人的智商之间撑死了是130分和110分的差距。

比如微信公众号，关注的最大数量是1000个，你一口气关注1000个。先选出第一批，比如40个，你尝试去推测它的发文内容和它下一个发文的风格。你推测一周之后，一旦你猜的和它下一个发文内容、风格差不多，就意味着你掌握了这40个公众号的同一个主题的模式了，比如这40个都是谈论在英国上学应该有些什么注意事项，你看多了自然就明白了。

一周以后换下一批，一批批轮换，1000个微信公众号，能换多少次？没多少。轮换完毕，你采集到的信息质量和绝大多数人非常不一样。

再看一下普通人采集信息的方式是什么？他只有一个微信，关注了两三百个微信公众号，这些微信公众号也不是刻意关注的，而是在漫长的时间中随机关注的。和你这种一上来主动关注1000个，然后按主题分好，大家觉得哪一个更高效？

前一种信息处理模式，它的第一个步骤是隔离。你不要在日常生活中，天天用日常使用的微信去看一堆公众号，因为它会把你的注意力抢走，我们需要单独用一个专门采集信息的微信。大家理解吗？

第二步是批量关注。一上来我就自上而下地想，现在整个中国的微信公众号有5000万个，其中最有信息含量的是哪1000个微信公众号？这个时候你是不是能顺着一些微信公众号排行榜找出来与自己最相关的那一些？这个叫批量关注。

第三步是分组。每四十、五十个分为一组，最终就分成了二十组。第四步就是用一两周的时间，密集消化一组，把它的模式和关键信息提炼出来。你从这1000个微信公众号中获取的信息价值，比那种随机关注两三百个微信公众号的人，就强太多了。

我再给大家总结一下，第一步是隔离，第二步是批量，第三步是分组，第四步是在一两周的时间内集中阅读。假如你觉得一两周不够，你就用一两个月时间提炼出一个领域最关键的模式。刚刚我是拿5000万个微信公众号举例，告诉你可以采用的一种信息处理方法，你同样可以将它迁移到学术论文、看书以及其他信息领域。

你是自己一生的设计师

阳老师：聊到这里，我想补充一下，人生模式隐含了一个默认假设，每个人是自己一生的设计师，你可以选择你的信息处理方式，你可以有意识地去设计。很多人他对自己的生活设计感太差了，活得不够优雅。我经常调侃一些朋友，说他活得太粗犷了，他们就是典型的头痛医头、脚痛医脚。

你稍微设计一下，留出随机的空间，你一定会有惊喜。

每年买几千本书，有些书必然是损耗，浪费钱财，但是给你带来的智力方面的收获，会远远大于钱财的浪费，因为（这样做）会给你制造很多随机的惊喜。

举一个我自己的例子。今天面临的是大家中文水平普遍不高的一个环境，很多人都把时间花到学英语上了，中文写不好。我就按照刚才讲的模式问自己，我应该去哪儿找到最优秀的中文文本？答案就来自我买过的那些看似无用的文学书。

我与团队费了九牛二虎之力，将那些好书上的好中文转为电子版，在2011年建立了一个数据库，最后慢慢扩张为好几个硬盘。基于这些材料，开发了一套人工智能写作辅助系统，叫"写匠"。各位听众感兴趣的，可以使用一下。

最后，给今天聊的人生模式话题做个小结。我觉得最需要提醒大家的是这样一个观念：好的人生模式无非是两方面，第一方面是认知。你的思想境界要上去，如果你只是闷头想，认知上不去，你一定要看到足够多足够好的榜样。品味上去了，自然认知就上去了。

另一方面是技能。技能是你的动手能力，本质上是你时间分配的习惯。比方说，你今天学剑术，明天学写字，后天学围棋，大家觉得这个人的时间分配习惯怎么样？一定不够好。所以你要提升技能，一定要有意识地去设计你的时间分配，这样你容易获得更多更好的技能，再次提醒大家。

第二轮答网友：寻找你的秘密武器

Q1. 最小行动

网友：阳老师的最小行动很好，一直没弄明白，能讲解一下吗？

阳老师：中国传统文化给当时的精英知识分子提出了成为圣人的一套道德规范，但是绝大多数人是做不到的。而中国古代这批精英知识分子很聪明，他们各自提出了降低标准之后的行动方案。

比如孔子，他是怎么劝人成为圣人的？不是一下子让你成为圣人，第一步是修己以敬，第二步是修己以安人，最后一步才是尧舜。大家知道，我创办的公司叫作安人，它来自《论语》中的"修己以安人"。

第一步是要让自己开心，这是修己以敬；第二步是修己以安人，就是你不仅自己开心，还让别人开心；第三步才是成为圣人，假如你能够帮助一个国家的人都很开心，你就是圣人。

你看朱熹也是这么说的——仁者如水，有一杯水，有一溪水，有一江水，圣人便是大海。大家发现了吗？他最早对你的要求蛮简单的，你有一杯水就够了。

王阳明也是这么说的。大家都知道王阳明提出了"知行合一"的口号，大家可能不知道的是，王阳明还常常提及另一个口号：致良知。什么是良知呢？在王阳明看来，是一种不假外力的内在力量。也就是我在《人生模式》一书中提及的动机系统中的内在动机。你有一厘重的良知、一分重的良知、一钱重的良知，还是有一两重的良知？圣人有万斤重的良知。

这就是中国古代这些精英知识分子非常聪明的地方。他给你提的要求刚开始极小，你不要一上来就想着自己要多么杰出，你先让自己每天开心，"勿以善小而不为"，能有一厘的良知就可以了。慢慢地，随着十年、二十年、三十年的积累，时间会改变一切，最终你离圣人就不远了。

Q2. 信息焦虑

网友：想问阳老师一个有点俗气的问题，就是我在上班过程中越看信息越会觉得自己有些糟糕，也不知道自己的人生想要什么、该怎么办，变得非常不自信，觉得自己从学历到专业都不够好，想辞职去国外读书，重新经受一个更系统的训练，做认知升级。想问问阳老师该怎么确认自己的方向，突破这种迷茫感？

阳老师：这里面有一个反常识的核心观念。认知科学的创始人叫西蒙，他也是人工智能的创始人，是一个天才中的天才，他晚年把自己所有的学术精华写在一本书里面，叫《人工科学》。他这本书有一个核心观念是什么呢？——人类大脑容易低估环境，高估人性。用通俗的话给大家解释，是指你老在自己脑子里面跟自己较劲是没什么用的。因为从孔子所处的年代到今天，人类大脑的工作习惯都差不多。孔子那个时候说的话、那个时候的高兴、那个时候的愤怒，今天我们依然能够理解。

但是，孔子的时代和现在的环境有很大的不同。西蒙在这本书中，还提出一个核心概念叫作人工造物。就是你在每一个时代要找到一些非常特殊的人工造物，有人会将它理解为工具的同义词，只是它比工具的定义更精确。

如果要成为一个时代最杰出的人，你要找到那个时代特殊的人工造物，成为你自己和别人竞争的秘密武器。比如在西蒙的时代，计算机刚刚发明，他把计算机科学和心理科学结合在一起，就导致了认知科学的诞生，导致了人工智能的诞生。

大牛：计算机就是西蒙的秘密武器！

阳老师：大家有点感觉了吧？你人生中的绝大多数困惑可以这么解决，你不要跟自己较劲，天天想自己有多么聪明、多么愚蠢、多么痛苦、多么悲伤，这没有意义。第一步就是改变自己的环境。尽其所能，与更多榜样人物同行，自然而然地，你的行为模式也会跟着他们走。你跟自己较劲，难以改变，但是你如果在剑桥大学，晒太阳也能晒成哲学家。

这就是给大家的建议。尽你自己最大的努力，找到你目前经济条件允许的，身边优秀的人相对密集的一个环境、一个工作机会。

第二步是什么？每个人都有自己的秘密武器。比如对我来说，中国传统文化就是我和西方的认知科学家进行竞争的秘密武器。反过来，我和国内一些所谓的大儒、国学大师竞争，计算机科学和认知科学又是我的秘密武器。

大牛：每个人都能够找到自己的秘密武器，就像现在你看我在做一个房车电台，房车就是个秘密武器，这个秘密武器我发现也是很有用的，行万里路读万卷书。

18岁，在这个年龄给自己做一个什么样的人生模式的设计？今天应该算是一个很好的开始。我们要去思考你的未来，在你成为真正的独立的人之后，未来的命运掌握在你自己的手上。感谢大家！

小　结

一年有二十四个节气，一生有二十四个模式。从小模式中涌现出大愿景，是为记。

04

第四部分

读书之法

25

阅读与心智[*]

读千卷书，行万里路，不够……还得有个对谈者相伴，才更有意思。与友人谈读书，线上直播，三百观众相伴，四小时畅谈，不亦乐乎？！

阅读的载体

Q1：电子书如此方便，还有读纸质书的必要吗？

我有意成为藏书者。我相信印刷书会越来越昂贵，阅读纸质书会越来越精英化。未来除了隐藏在微信群、行业网络中的隐性知识，绝大多数人的资讯来源会越来越依赖微信、微博这类媒体。如

---

[*] 本文首次发表日期为 2015 年 10 月 12 日。

果你像我一样藏书较多，就占据了一个独特信息源，所谓信息不对称与智力不对称。

Q2：阅读纸质书和电子书在记忆方面有什么不同？

大脑偏爱纸质书。科学作者费里斯·贾布尔（Ferris Jabr）在《科学美国人》上发表的一篇文章中，整理了一些科学证据[1]。简而言之，好书、需要深度研读的书，最好以纸质书的形式阅读；电子书在元认知、记忆回放、深度理解、工作记忆加工、注意力持续时间上弱于纸质书。

人们阅读电子书时几乎不进行元认知加工，更倾向于快速搜索、快速扫描与关键词查找。这样一来，对深度阅读很不利。另一组研究发现，给3~5岁孩子读纸质书时，家长常常会将故事与孩子的生活联系起来，而爸爸妈妈与孩子们一起阅读电子书时，电子书的特性反而干扰了家长讲故事，使得3岁左右的孩子连故事大意都记不住[2]。

阅读电子书就像通过微博、推特获取学术信息一样，都是信息时代的知识降维。原来几千字的论文，140字说清楚；原来要阅读一两周的书，现在下载后，一会儿就快速扫描完。这可以看作"自私的模因"[3]自我进化的必然结果。但如果长期只进行知识广度搜索，不进行深度搜索，模因会哭泣。

人是承载基因的机器，文化是承载模因的载体。这是进化论带来的思维变革。模因如同基因一样，会追求更大程度地复制母体信息，以及追求更长的寿命，因此在保真度与长寿性上导致必然诞生电子书。然而，模因同样又会如同基因一样，试图出现在更多物种身上，不仅仅出现在某一类物种上，因此在多产性上，则给纸质书留下了较大空间。我相信电子书的进化速度会足够快，期待更符合认知科学规律的新一代电子书诞生。

阅读的选择

Q3：如何甄别坏书？

一句话：作者是否有诚意。

没有诚意的书，有些看标题就可以识别出来。比如很多心理学畅销书都喜欢用"新科学"这个名字。"幸福的新科学""意志力的新科学""行动的新科学"，这类著作多数是没有诚意的。有些坏书则较难识别出来。这类书的特点是，作者刻意迎合读者的偏好，曲解事实，哗众取宠，故事胜过证据。比如《异类》，到底还是诚意不足。

Q4：阅读如会友，你是怎么选择哪些书要读，哪些书不读的？

时人读书，喜欢追新。却不知读书追新，是将知识根基建立在空中楼阁之上。如果将知识理解为大海，在任何一个世纪，都存在一些优先级别更高的学科，是"元学科"。潺潺溪流，肆意大海，更多学科由此生发。某种意义上，"元学科"是学科的学科，知识的知识，方法的方法，技能的技能。

这些元学科，有三大共同特点：

» 其一，有一个足够简单的规则，能够描述事物的次序与组成；
» 其二，这个足够简单的规则，能够以小容大，兼容无穷大的差异化；
» 其三，它能投射到尽可能多的世界。

如果说可用之书只包含10篇论文左右的知识密度，是细枝末节；杰作与神作则是生发新思潮的源头。

Q5：元学科为什么重要？

在《安珀志》中，罗杰·泽拉兹尼（Roger Zelazny）用曼妙的语言描述了一个精彩的故事。一位名叫科温的男子，突然有一天遭遇车祸，从一场梦境中醒来。他这才意识到，自己根本就不是地球人，而是来自一个叫作安珀的国度。安珀是唯一的实体，包括地球在内的无数世界，都是它的投影。只有像科温这样的安珀王族才能穿越在不同世界中。作者泽拉兹尼向所有好奇的人们，提出了一个有趣的问题：

究竟是否真的存在一个类似于安珀这样的国度？是否地球与无数星球一样，仅仅是安珀的一个投影？怎样才能成为类似安珀九王子科温那样的人，快速穿梭在不同的影子世界之中？

如何找到回归安珀的路？

真实世界与现实世界最大的区别是——真实世界以简洁规则运作，这些规则具备数学美。而现实世界是一个多系统、多节奏、多周期的世界。如果说现实世界充满噪声，那么，真实世界则只为规则而生。每个时代，都会有接近真实世界的人。这样的人，我将其称为解锁者。离真实世界越近的人，往往会掌握一部分理解世界真相的秘密武器。

正如西蒙所言：科学首要原则之一是，如果有人给你秘密武器，那么你就要善用它。

未来不仅已经到来，而是从古至今始终存在。只是，每个时代都会封锁未来。同样的思想会在不同时代涌现；同样的行动会在不同时代涌现。历史不会重复，但常常押韵。或者是因为整个进化树尚未"爬"到那里，或者是因为那个时代的封锁太厉害了，难以浮出水面。

所谓解锁者，就是拥有能够突破一个时代的封锁能力的人。怎样才能成为一名解锁者？找到回归安珀的路？

我倚在船首，点燃一根香烟。

应该很快就能看见安珀了。

我知道影子里的道路，也知道该怎么到达安珀。

不过，每个人都有自己的烦恼。[4]

Q6：如何甄别一手信息和二手信息？

《经验的疆界》这本书将寻求智慧的人分为三类。在寻找智慧的路上，存在不同路径。

第一类是笛卡儿信徒，这一类人崇尚科学，擅长分析。他们喜欢一板一眼地演绎，追求简练但普适性强的理论。他们主要来自科学领域，如认知科学、心理学、神经科学与经济学等。

第二类是讲故事的人，这一类人强调故事、暗喻与阐释意义，虽然经常以偏概全，但是也同样喜欢对人类状况刨根问底。他们尤其喜欢雕琢语言的细微之处，从中挖掘出意义。他们主要偷师文史哲、人类学与宗教等。

第三类是达尔文信徒，这一类人强调历史的复杂性，试图通过对人如何适应环境的具体过程、复杂生态圈的分析来加深对智慧的理解。他们将人、动物、技术、各类组织、整个社会都看作适应的产物。

同样，**区分一手信息与二手信息也可以沿着这三个维度去区分："最小模型""最小故事"与"最小行动"**。我建构的模型是否能像相对论那样，抽象级别足够高，无法分解，是谓"最小模型"。对于最小模型，主要看其抽象级别、视野开阔程度，是否足够高屋建瓴。可以借助一些学术网站的指数，筛选出某个学科领域中的Top100科学家，由此快速掌握本领域中的已有模型，然后基于种种已经存在的模型，最终挖掘出本学科最高级别的"最小模型"。

对于"最小故事"，则看其影响人类社会的程度，能否作为故事广为流传。比如在今天，是否在 TED 大会讲过故事，侧面反映科学家的实力。当然，最好的"最小故事"来自历史上的人物传记。

故事与模型不同，故事不像模型一样对现实世界进行抽象，也不追求对世间万物的理解是否正确，而是注重是否激发了某种反因果、惊喜的情绪等。当我们还是猴子时，那些在猴群中传播的行为，比如相互挠痒痒，最终将人类从猴了连接为猴群。当人类语言诞生后，相互挠痒痒的这类社会互助行为变为故事与八卦，将人类社会组织在一起，跨越动物的局限，最终从村庄变成城市。学习不仅需要模型，更需要故事，所以芒格说过：

> 我本人是个传记书迷。我觉得你要是想让人们认识有用的伟大概念，最好是将这些概念和提出它们的伟人的生活与个性联系起来。我想你要是能够和亚当•斯密交朋友，那你的经济学肯定可以学得更好。和"已逝的伟人"交朋友，这听起来很好玩，但如果你确实在生活中与已逝的伟人成为朋友，那么我认为你会过上更好的生活，得到更好的教育。这种方法比简单地给出一些基本概念好得多。[5]

无论模型还是故事，都是他人见解。从理论到实践，就需要"最小行动"。仁者如水，有一杯水，有一溪水，有一江水，圣人便是大海。人类行动会逐级递增，而这个行动的起点——比如一杯水，我将其称为"最小行动"。如果说认知科学致力于挖掘人类抽象级别最高的模型，解开大脑与意识之谜："我是谁？我从哪里来？我将到哪里去？"；人类学、叙事学、文艺学、诗学、修辞学致力于讲述最动听的人类故事；那么，行动科学致力于促使人类从理论到实践。

《改变》一书是行动科学源头著作，作者尝试将数学群论与人类行为结合，最终诞生了一个神奇的学科：行动科学。

我在拜访译者、台湾辅仁大学社科院院长夏林清老师时，提及《改变》为行动科学启蒙之作，夏老师非常认同。行动科学是为数不多，接中国文化地气的西方学科，与阳明心学相通。听夏老师讲《改变》背后的故事，有一种历史即视感。

《改变》一书经我大力推荐，大陆读者甚多。夏老师年龄较大，不怎么用大陆的社交媒体网络，我调出豆瓣读者书评给她看，她非常好奇，嘱咐我一定要整理给她。同时蒙夏老师馈赠新作《斗室星空》，文笔优雅，生命故事动人。

另外，我推荐过的《教聪明人学习》是行动科学创始人克里斯·阿吉里斯（Chris Argyris）的经典之作。**行动科学将仍然在系统内的改变称为"第一序改变"；将跳出系统之外的改变称为"第二序改变"**。比如老师越是关心问题少年，问题就越多；而老师有意忽视学生，反而重新获得对方的重视。这就是行动科学的"第二序改变"带来的神奇效应。

因此，你可以沿着这三个维度，去区分一手信息、二手信息。

» 是一手的模型与否？抽象级别是否足够高？

» 是一手的故事与否？是否制作了某个广为流传的新故事内核？

> » 是一手的行动与否？是否提供了某种新型"第二序改变"？

Q7：读认知科学系列书籍可以和历史结合起来吗？

认知科学没有什么好看的历史作品。我常常将认知科学、神经科学和心理科学列为一类。在心理科学领域，心理史学类著作，如《心理学的故事》写得非常精彩，是心理系学生必读。但是认知科学与之相反。认知心理学在心理系本科教育中是最不受欢迎的学科。因为数理程度高，对于初学者来说，难度大且枯燥。如果非要挑出好看的认知科学科普著作，我推荐《心智探奇》。

然而，抛开认知科学谈历史，从另一个角度来看，优秀史学家无不是人性高手，都写过关于如何规避认知偏差的著作。如中国台湾历史学家王汎森老师的著作《执拗的低音：一些历史思考方式的反思》就是此类。

大脑爱走捷径，这是来自进化的漏洞。为了规避此漏洞，你可以进行跨越大时间尺度的阅读，如阅读帝国衰亡史、银河兴亡历史这类故事，大进化周期与大时间周期对撞会带来更多鲜活证据，反复重现一些模式。在此推荐此类著作：

> » 休谟的"英国史"系列；
> » 吉本的《罗马帝国衰亡史》；
> » 钱穆的《国史大纲》；
> » 卡约里的《数学史》《物理学史》。

当然，还有我的至爱：《银河英雄传说》与"银河帝国：基地"系列。

Q8：请问你为什么喜欢《基地》？

"基地"系列最特殊的地方是，阿西莫夫创造了新的隐喻。人类社会大体可以用博尔赫斯的图书馆隐喻来形容。对于博尔赫斯来说，他回归真实世界的路径是图书馆——大概天堂的样子，或许就是图书馆的样子吧。

为什么图书馆的隐喻如此重要？因为它的规则非常简单，每本书安放在书架上，每个书架的尺寸甚至都可以做硬性规定。然而，这样的简单，可以构造出一个最迷人、最复杂、最无穷的世界。

> 你在没有罗盘指引、没有方向的路上，只是在一个简单的规则构成的复杂世界上，要找到自己的路。除了随机秩序，这个世界就没有任何秩序；如何在一个混乱的世界中进行有序探索？

这是每个试图探索真实世界的"解锁者"终其一生始终面临、不可回避的问题。对于使用艺术这样的形式来探索真实世界的旅客，甚至会用生命来作为代价。终其一生，无法回答，我们该如何面对世界，如何面对艺术。当这种思维，越来越纠缠，越来越无法排解的时候，那就冲向火车——这是1989年3月海子做的事情；当没有人能够理解，那么，就在一个大海，终了一生——这是毛姆描述的高更故事原型；还有梵高，还有更多……

可以说，人类社会有史以来，是沿着柏拉图、亚里士多德的洞穴故事铺陈而开的。**那些洞穴中看见光芒的人，会灼伤自己的眼睛，然而向死而生之后却见到真正的光芒。**柏拉图在《理想国》中如是说：

> 若身处洞穴，使自己的灵魂得以转而向上，看见智慧及真理之光。
>
> 若离开洞穴，哲学家同样不可以只耽溺在真理之光中，他们还要重回洞穴中引领束缚在洞穴中的人离开洞穴，远离无知。[6]

基地同样是洞穴，是人类最后的温床。那是一个将两万年动荡缩减为千年动荡的洞穴。图书馆隐喻、安珀隐喻，均是柏拉图的"洞穴隐喻"的变式。但是这些变式都是在同一个层面进行演变。而基地最特殊的地方是作者在千年银河尺度上，以人类古典思想源头的"洞穴隐喻"为基础，构建了一个新的双重镜像隐喻：代表物质与科技的第一基地；代表心灵与精神的第二基地。

这是人类社会的大进步。基地注定将在未来的银河尺度不断传播。当人类社会迈入宇宙尺度的那一天，我们将会更加感激基地这样的模因创造。

Q9：请问阅读人文之作有何意义？

人文之作，读的才是邂逅与散漫；读的才是情绪与感动，以唤醒文本与良知自觉。与非虚构阅读不一样。我几乎很少跳读。我一直认为**诗歌是从不确定中表达复杂的最佳载体**。所以将其列为五大元学科。任何诗歌之外的载体，比如科学论文或App，都不足以承载诗歌那么大的复杂度。诗歌的复杂度远远超出一切人工智能能够达到的高度，但是表现出来的形式又足够简洁。

一个App可能生命周期是5年或者10年，而那些美丽的诗句，千年后，依然能击中那些敏感的心灵。试举一例。我的文章中有一句"天上有行云，人在行云里"，此句出自辛弃疾，原文是：

> 溪边照影行，天在清溪底。
> 天上有行云，人在行云里。
> 高歌谁和余，空谷清音起。
> 非鬼亦非仙，一曲桃花水。[7]

这是我喜欢的稼轩诗词，因为与我长时间安静读书的心境吻合。试译一下：

> 溪里的水清澈见底，我在溪边行走，影子照在溪里。青天落在水底下，天上的行云，也落在溪里，我却像在云里行走。风光这么美丽，使我兴奋，我禁不住高声歌唱，但是有谁来和我呢？只有空旷的山谷，发出清音来和我。这个声音，不像鬼也不像仙，原来是从桃花水里发出来的一曲歌声。

阅读的科学

Q10：有哪些最新的认知科学研究成果，可以帮助我们更好地阅读？

当一位冒险者踏上解救公主或者击败恶龙的道路，最大的风险莫过于南辕北辙。学习者的学习也存在类似风险，终其一生，学习者面临的陷阱与风险可能远远超过所有其他事情。比如你在市面上常常可以看到大量有关学习方法的图书销售，当你拿到这些图书的时候，不禁要问，它们真的理解学习本质吗？它们真的有用吗？

市面上几乎99%的学习类读物都是错误的。那么，有哪些最新的认知科学研究成果，可以帮助我们正本清源？认知科学近些年有不少重大发现，其中值得介绍的是"记忆的生存优势效应"与"必要难度理论"。人类记忆存在广泛且普遍的元认知错觉，会误将"记住了"当作"学会了"。因此，我们可以利用认知科学的新发现改善学习。

简而言之，一方面，在输入端，善用"记忆的生存优势效应"，使用一些与生存相关的词汇来作为联想词汇，改造多米尼克记忆术。什么是"记忆的生存优势效应"？我们的大脑生活在石器时代，这个来自进化心理学的隐喻人人不陌生。目前人们熟知的进化心理学研究，多集中在男女择偶行为上。

然而，**人类在早期狩猎采集时期习得的模式同样会影响我们的记忆与学习**。记忆的生存优势就是一个例子。研究证据显示，我们更容易记住促进繁殖的情境。例如，草原与城市对比，发现草原上的记忆更好。有的研究者质疑该理论，结果使用草原、沙漠与城市三种情景，仍然发现对草原情境的记忆更好。更具体而言，记忆优势的情境包括五类：生存相关、航行、繁殖、社会交换与亲属。

另一方面，在输出端需要增加难度，这就是"必要难度理论"。正如前文"像卢曼一样写卡片"中所说，如果我们将人的大脑粗陋地比喻为一块硬盘，假设你的每次记忆，都是往这块硬盘中写入内容，我们可以近似地将人的记忆想象成无限容量，但是这些硬盘上的信息会相互竞争。人的记忆有两种基本机制：存储与提取。一些最新实验发现："存储与提取负相关"。也就是说，**存入记忆容易，提取出来会不容易；反之，如果你有些吃力地存入，那么，提取会更容易**。具体而言，认知科学家证实了以下常见必要难度现象的普遍存在。

» 地点的必要难度：换个地点背单词，创造情境尤其是地点的不一致；

» 时间的必要难度：放慢学习速度。工作记忆学到的内容，人们很快会忘掉，所以速度越快越没什么好处，反而长时记忆更重要，因此不要在课堂上写笔记，而是六个小时后写笔记；

» 分散学习的必要难度：与临时抱佛脚的"集中式"学习相比，拆分学习时间地点的"分散学习"效果更好；

» 交错学习的必要难度：学习不要一个概念一个概念的学习，而是在情境中反复交织、多个主题学习；

» 提取的必要难度：可以利用生成效应与测试效应。利用生成效应就是换成自己的口吻来重复知识点；利用测试效应就是通过考试来记住知识点。

Q11：除此之外，认知科学还有哪些有意思的新进展？

除了"记忆的生存优势效应"与"必要难度理论"，认知科学还有大量未被人熟知的发现，我将其总结为学习六律。

学习六律1　不要假设问题不可分析。

一旦假设问题不可分析，就会忽视掉大量发现隐藏模式的机会。

学习六律2　不要假设别人跟你不一样。

不要将人格差异作为逃避学习的理由，比如，他就是比我聪明，我怎么学得会？用人格差异来逃避，是杀伤力非常强的理由。一旦养成习惯，基本会将该模式复制到生活的方方面面。

学习六律3　不要忽视别人花费大时间周期与大量金钱获得的知识。

不少人习惯第一次听到某个科学理论时，迫切地用自己既往的知识结构去生搬硬套，结果忽视了真正可以学习到的知识点。

学习六律4　记忆外部化会催生记忆外部化。

不要假设自己真的能听懂或者读懂。抓住一切机会，自言自语，将想到的写下来——从大脑工作记忆内存切换到外部载体。执行记忆外部化的过程，会催生新的知识产出。对写作的写作，会催生写作；对学习的学习，会催生新的学习需求。

学习六律5　大脑的自我欺骗功能超出你的想象。

学习者容易产生"学会了"的错觉。我们以为自己"知道了"，其实未必如此。

学习六律6　对思考的思考距离知识真相更近。

可以对任何知识点进行二阶、三阶操作，更容易提高思维品质。比如，对认知的认知，对学习的学习，对记忆的记忆。

Q12：阅读最让人欣喜的时刻是得知自己原来的某个想法或知识有错的那一刻，你最近有过这样的欣喜时刻吗？

这是个不好的问题。人类大脑很难承认自己的错误。绝大多数人，几乎很少因为得知自己原来的某个想法或知识是错的而感到欣喜。与之相反，多数人读书最爽的时候是："呀，那本书说过的知识，我怎么在这本书里看到了，我竟然搞懂了！"

总之，人类是习惯自我验证的动物，而非自我挑错的动物。

Q13：很多人喜欢看书时画思维导图，这个符合认知科学原理吗？

有用但低效。认知科学家研究了类似思维导图的方法：概念图。结果发现，概念图法非常低效。120名被试中有101名（84%）被试的测试成绩均呈现提取练习优于概念图。有意思的是，人类的元认知错觉又欺骗了多数学习者。75%的学习者认为，"概念图"学习方法优于其他方法。[8]

这是一个极其经典的认知科学研究，论文发表在顶级期刊《科学》。这个研究出乎所有人意料地证明了，我们与其在输入端反复浪费时间，比如从小习得的学习迷思——精读课本，不如在输出端多花时间。

阅读的技法

Q14：坊间有很多速读的传说，那样读书可靠吗？速读跟跳读差异在哪里？

速读的确有效。

> 我参加了一个快速阅读训练班，学会了如何在20分钟内读完《战争与和平》。不过读完我就只记得这本书跟俄罗斯有关。[9]

作家伍迪·艾伦（Woody Allen）曾经这样讽刺过速读。速读与跳读最大的区别是，速读不追求语义理解。而跳读是一种利用人类大脑自动补全能力的信息抽样。

Q15：你是怎么阅读注释和参考书目的？

以我引入的平克的《风格感觉》举例。平克的书不少是语言学内容，涉及英语的精妙之处，很难翻译，在中国大陆并不普及。平克写作严谨，文笔优美，想象瑰丽，同时又追求深入浅出，点到为止，很多言论耐人寻味。这类写作可以理解为科学写作，而非科普写作。**科学写作探索未知，科普写作传播已知**。平克很多早年著作甚至可以用来反思今天的认知科学进展。他这样的作家可以排在一流作家与超一流作家之间，需要精读。所以他的《风格感觉》一书万万不可当作一般科普著作来快速阅读。

因此，建议大家阅读《风格感觉》一书时，尽量参照平克反复征引的文献，再重读正文，收获会更大。我精读这类著作时，会做一个工作，将作者征引的文献按学科、年代、引用频次分类。这个精读技巧对我个人帮助较大，尤其是阅读一些较难阅读的读物。感兴趣的朋友，也可以试试看。

Q16：你读过的东西都能记住吗？你是怎么写读书笔记的？

一般拥有相当可观藏书量的人，当家里来客人的时候，客人一走进门就例行公事地说："哟！好多书啊！请问你都读过了吗？"最初我还以为，典型不读书的文盲才会问这种问题，此种人家里照例只有两排书，包括五本平装本简易世界名著和分期付款购买的儿童大百科全书。但经验告诉我，很多我们以为还有点文化水准的人也会说这种话！他们仍旧认为，书架不过是个装"已读"文本的储物架，图书馆在他们心目中可谓是个仓库。[10]

艾柯的这段话是藏书人回答这类问题的最佳答案。艾柯的书我也强烈推荐，如《昨日之岛》与《艾柯谈文学》。上面这个回答出自艾柯的《带着鲑鱼去旅行》一书。至于写读书笔记，我推崇

Zotero。Zotero适合作为家庭藏书管理系统。每看一本新书，都可以登记到Zotero中。

Zotero添加图书示范

下载Zotero浏览器插件，直接点击右上角Zotero图标，就可以保存90%以上的图书与论文，然后再将这本书的笔记，写在相应条目后面。

Q17：抽样阅读不会造成读不懂吗？

不会。不要低估大脑的自动脑补能力。另外，从幂律分布来说，我们抽样20%的信息即可代表全局信息。

跳读是比按次序阅读更难的事情。你读得会略微吃力一些。习惯之后，就太容易猜出来了。并且另一个有趣的事实是，多数难懂的书，当你采取正常阅读次序时，几乎很难读懂。

Q18：你说主题阅读是快速进入一个新学科最好的办法，可以举例说明一下吗？

学习任意一个学科都可以掌握一个"最小知识原则"。问自己三个问题：

知识的源头

源头落花每流出，亦有波澜。第一个问题就是这一个学科的核心知识体系，它的源头是从哪儿来的？以认知语言学举例，认知语言学最早是解决什么样的问题而诞生的？认知语言学是因为什么样的背景诞生的，有什么样的东西在支撑这一门学科的成立？此时大家不要去看它现在的教材，而是要看它最原始的那一本著作。认知语言学的原始著作是乔治·莱考夫（George Lakoff）1980年写的《我们赖以生存的隐喻》。读后，你会明白认知语言学因为"范畴与范畴化"而诞生。

核心话语体系

某个学科因为某个原因诞生了，那么它必然有跟其他学科不一样的话语体系。比如认知语言学跟认知修辞学与认知心理学大不相同，强调"基本层次隐喻"作为人类的基本思维方式。

二级话语体系

任何一个学科或领域，都会产生一个只属于该学科或领域的特殊话语体系，此外，这个话语体系会延伸到下一个层面，推演出二级话语体系。所以第三个问题就是：该学科或领域的二级话语体系是什么？接着上面的例子，认知语言学的二级结论是什么？答案是

"象似性原则"与"经济原则"相互冲突，导致人类心智与语言的一些有趣之处。比如按照人类语言习惯，一定是有生命的大于没有生命的，人类先于动物，阳性大于阴性。再比如我们只会说美女与野兽，而不会说野兽与美女；只会说夫唱妇随、男耕女织，而不会说妇唱夫随、女耕男织。

这就是学习任何一个学科要掌握的三个"最小知识"。我将其称为学习任意一个学科的"最小知识原则"。如果你掌握了某个学科的三个最小知识，你就容易理解该学科的全局，不至于被它的细枝末节带歪路。但是，功夫在诗外，任意一个学科都存在"知识的诅咒"。此时，我们需要跳到掌握任何一个学科的第四个问题——其他学科怎么看待。

仍然以认知语言学举例，此时，我们就关心社会心理学如何看待隐喻，这就是社会心理学的"自我归类论"与"社会认同论"解决的问题。

Q19：为什么书读薄一点的好？

在主题学习时，我们挑选了该领域数十本著作，那么读哪一本呢？一个小技巧是在同等情况下，读薄一点的那本。流传更广的书必然是更薄的书，因为**人类大脑的工作原理是能偷懒就偷懒，不该偷懒的时候还要偷懒**。我们尝试对比儒家经典《论语》与《孟子》。《孟子》共38125字，全文11篇，从2877字到6524字不等。反之，《论语》的总字数为15900字，全文20篇，从370字到1340字不等。

对比两本经典，各自信息组块划分与结构，一目了然。所以中国古代大儒一向有个说法，冷读《论语》，坐得了十年冷板凳，反复阅读，再三回味；热读《孟子》，大快朵颐，痛快淋漓。

阅读的生活

Q20：听说你每年买书花费较多，你真的把读书当作投资？

的确，每年购书花费不少。因为大约从2008年开始，个人没有经济压力了，又没有太多嗜好，所以钱都花在藏书与添置数码产品上了。

我从来不觉得读书算投资。读书很多时候是不求回报的，追求的是沉浸、此时此刻的享受。如果非要抽象地将时间用"金钱"隐喻，那么某种意义上，读书勉强算投资。

但是我一直反对"金钱"隐喻。太多事情不适合用"金钱"隐喻，人类的认知结构更是"空间"隐喻，我们擅长男左女右，你上我下，但不擅长斤斤计较。**比如现在风险投资界习惯采用"战争"与"金钱"隐喻，但是我建议放弃此类隐喻，采取"旅途"、"森林"与"溪流"类隐喻。**

Q21：你能描述一下你一天的阅读生活吗？

我的生活方式较为简单，阅读时常常搭配使用几个心智技巧。比如，我在办公室读书后，不会马上写笔记，而是忙其他事情若干小时不等，忙完后，当天或者次日回到家里，小睡一阵，醒来后开始写笔记。这个技巧搭配使用了三个心智技巧，由前文中Q10的回答引申而来。

> » 时间的必要难度理论：不要当场写笔记；
>
> » 地点的必要难度理论：不在办公室写笔记，而是换个地点写笔记；
>
> » 睡醒后写笔记：睡眠有助于长时记忆。

多数人或许只知道睡眠有助于记忆这一点，但**很少能像我这样，连环使用三个技巧**。这样导致我的长时记忆较好，读书效率较高。为了配合我这样的读书生活方式，我每天大约小睡次数会有3~5次，多的时候有7次。今年工作特别忙，大约只有每天1~2次了。我在家里几个卧室与书房都安装了遮光布。这样能极快速度进入深度睡眠状态。睡眠不好的朋友可以试试看。

同时我们还可以采取一个简单的办法记录一生。第一步，从工作到生活，尽可能选择第三方API稳定的服务，如创作在Github上，跑步用Nike+等量化自我产品；第二步，搭建一个个人类微博服务，只用作记录；第三步，注册ITFFF或类似的服务账号，授权一切你所使用的API服务。短短几月，你就有一个庞大的人生数据索引。

Github伟大的地方是，它可以记录人们的学习与创作轨迹。我的创作自从2011年以来，几乎都托管在Github上。因此，分析我的时间，可以调用Github的Commit数据，能更清晰地感知。

Q22：假如真的把读书当成投资，如何才能做一个精明的投资人？

拿投资界的经典老读物《聪明的投资者》举例。这是巴菲特很推崇的一本书。

《聪明的投资者》阐述的是一种投资的智慧而非技巧。**本杰明·格雷厄姆（Benjamin Graham）对投资与投机的区别、对模式化操作的贬低、对透彻分析本金安全与适当回报的追求，构成了投资的基本原则**。事实上，格雷厄姆对模式化操作的反感背后孕育着一种新的投资模式。即，在足够短的时间内，在一个新的模式偏好诞生之后，用最快速度跟进，然后用最快速度套利跑出。

» 一流投资者：无模式，无招胜有招，已经真正明白格雷厄姆反感模式化操作的真意；

» 二流投资者：创立模式，并不沉溺模式，在市场试图压制之前，可套利跑出；

» 三流投资者：创立模式，但因模式而死，多半死在自身性格；

» 四流投资者：不创立模式，但理解模式的核心指标、关键节点，善用比自己高明者的模式，因为均利者众，获利小，少数知足者乐，多数人高看自己，死在向上的途中；

» 末流投资者：市场对于他们来说杂乱无序，偏偏自以为大局在心中，既不学习模式也不更新关于模式的知识结构，在错误的模式中渐渐落水，或者被模式的力量压制，事后付出多倍努力重返原点。

在二流投资者中，还存在一类近一流的投资者。虽然自身并不创立模式，但是对各类模式极其敏感，并能以最快速度套利跑出。"利用各类新模式"成为这类投资者的模式。同样，人类的学习与记忆，也是类似的。我们可以发现与王国维老先生的读书三境界类似的说法。大体上，学习知识会经历以下几个阶段。

» 对领域的偏好：不知道自己感兴趣的是什么；

» 对模式的偏好：英才辈出，吓得自己以介绍他人为荣；

» 对共鸣的偏好：有了一定独立思想，渴望人群的响应；

» 对时间的偏好：开始触摸到真理的存在，并愿意放弃一些外在，甘于平淡。

我习惯将第四类人称为"解锁者"。这类人不能太多，太多了，人类会灭亡。但是这类人是保证人类社会多样化以及最后的守护者。**总有少数人，承担解锁者角色，追求在人类历史长河中生生不息**。这也是我的命运。

Q23：你读书很多，写作也不少，还经营那么多公司，哪儿来的时间？

究其原因，其一是我毕业20年，从不加入任何圈子。每年只参加少数聚会。三四十岁的人，身处创作高峰期，哪有那么多时间去对抗、妥协、委曲求全？做好自己就不错了。在三四十岁的年纪，多数人已经放弃了理想，你的理想主义就是你最大的竞争优势。正如我的藏书是我不加入圈子的底气。

其二是远离社交媒体。社交媒体越来越流行，你渐渐发现，在自己的记忆中，"收藏"了太多噪声。越来越多不相干的人等，强行向你注入噪声。简单的标记、缺乏背景信息的交流，成为时尚。高质量、具备知识趣味与新鲜感的对话，在今天的社交媒体上成为奢望。

各类社会化过滤器在鼓励你更多、更快地获取输入，你却失去了输出的兴致。社交媒体按照时间线排序，使得你每天都被最新出现的信息抓住，你习惯将昨天的新信息、今天的新信息按照同等重要程度处理；但不少时候，高质量信息的时间半衰期更长，所以必须远离社交媒体。

其三是做那只帮别人挠痒痒的猴子。人类是孤独的猴子，但是这只猴子喜欢让别人帮自己挠痒痒。从猴子到猴群，你需要社会连接。但怎样与别人社交，个中大有学问。读书人需要与读书人在一起，创作者需要与创作者在一起。然而，**如果你跟一个人第一次见面是通过大会认识的，你的大脑会自我欺骗，认为已经完全认识这个人了。**

而我跟多数好友的第一次见面都不是在大会上认识的，而是在线下通过一对一几个小时深度沟通认识的。这会让你更加全面地了解一个人。同时在社交生活中，我常常主动帮别人，这样十年累积下来，使得即便常年安静的读书生活，依然结识了一批君子，甚至水到渠成地形成一个开智社群。因为有信任，所以大大降低了我与别人的交易成本。

其四是生活简单化。人生苦短。简化对物质与冗余信息的追求，扩大自我创作的产出。比如我从不做饭，宁愿吃方便面；再如，我买衣服只去一两个固定品牌商那里；又如十五年如一日，居住在公司附近，走路上班；从不参加应酬饭局。

总之，人生目标不同，**有趣且时间不朽始终是我追求的目标，**复杂、美丽的知识，比什么都更能击中我。

阅读与创作

Q24：阅读强调的是知识的输入，但诚如叔本华所说，假如只有输入的话，看的书再多，也会变呆子。你怎么处理输入输出的平衡？

随着兴趣走，唯一的注意事项是，尽量少看别人！少看别人！少看别人！

士者必须有傲气。尽量不要在文章中提及任何同时代的人。这是我写作坚持多年的原则。要尽量习得自己的独立思考与独立判断能力。如果你与人交流，常有"听君一席言，胜读十年书"之感，很可能是因为过去十年你读的好书没超过100本。写读书笔记，百条千条万条，区分开不同类型的人。

某种意义上，**创造力是从噪声中分辨出信号的能力**。所以，不少诺贝尔奖得主都鼓励少看文献。说到读书与创作，在所有事实里面，有两点在历史上会反复重演：其一，一个时代的神作数量是非常稀罕的，读了和没读，人生大不一样；其二，青年创作者会普遍低估自己做出重大创新的可能。

这两点的背后就是，好书与好的创作都会被淹没，以致自己也区分不出了。因此，冷读热读一定要区分开，如果你将垃圾文献与精读文献混在一起，会让你看轻它的突破与重大意义。

如果要保持自己的独立思考能力，不要轻易推崇所谓的大牛。要更靠近一手源头知识。这样才可能做出更大的贡献。不被太多噪声迷惑。正如保罗·格雷厄姆所言：

> 如果你想要清晰地思考，就必须远离人群。但是走得越远，你的处境就会越困难，受到的阻力也会越大。因为你没有迎合社会习俗，而是一步步地与它背道而驰。如果自己就是潮水的一部分，怎么能看见潮流的方向呢？你只能永远保持质疑，问自己，什么话是我不能说的？为什么？[11]

小　结

最便宜的自我修炼是阅读，最容易产生心流体验的娱乐是写

作。富人用钱买心流，超一流作家用心流买青史留名。读一本书的
最好方法是开始读一本书；写一本书的最好方法是开始写一本书。
开始亲近并努力成为那些解锁者吧！

　　但愿你的旅程漫长，充满奇迹充满发现。愿各位遇见更多有趣
的人与事，读更多有趣的书，开智又开心。

26

阅读十二问 [*]

我推崇的阅读方法是"系统阅读法",在我的个人专著《聪明的阅读者》一书中已有详细论述,即"半学修心半读书"。在这种阅读方法中,最重要的是生成自己的知识体系。在这篇文章中,我将更多地谈论阅读的常见误区。

在正式开始之前,大家可以思考三个问题:你是否不看任何人推荐的书单或不听任何人推荐图书?你是否写过数以千计的读书卡片?如果没有任何人给你反馈,你是如何判断一本书的好坏以及如何坚持读写的?

---

* 本文首次发表日期为2016年10月24日。

如何构建知识体系

生成大于管理。知识管理的重要性不在于管理本身，而在于掌握生成任意一个领域的知识体系的能力。

Q1：为何需要跳出阅读的舒适区？

正如前文所言，可以把书分为坏书、可用之书、力作、杰作与神作五类。时人读书读的多是可用之书与力作，少有杰作与神作。多数畅销书都是可用之书或力作，阅读此类读物，往往在你的舒适区以内。但是，杰作与神作往往是反常识的，在你当下的阅读舒适区之外，甚至在整个时代的认知边界之外。

例如，在网络科学领域的知识中，你容易理解"二八法则"，但不容易理解"异步律""随机网络"与"亲近中心性"；在认知科学领域的知识中，你容易理解"具身认知"，但不容易理解"自由能""意向立场"与"贝叶斯认知"；在儿童心理学领域的知识中，你容易理解"延迟满足"，但不容易理解"知晓感""执行功能"与"社会意向性"。

在阅读舒适区中，你很难碰到这些概念，但这些概念却深深地影响着你看世界的视角。因为它们都是一个学科或领域中最源头的高阶模型。什么样的模型能被称为高阶模型？一者是支撑一个新学科诞生的术语体系，如"隐喻"之于认知语言学；一者是一个学科在发展到成熟阶段时，公认的巅峰之作，如"大五人格模型"之于人格心理学；一者是学科范式转型的承上启下之作，如"工作记忆"之于认知科学；一者是能用来连接不同学科的桥梁，如"有限理性"之于认知心理学与行为经济学。

一个时代中，重要的高阶模型的数量往往成千上万，查理·芒格曾经整理了200多个高阶模型，如果你能消化其中的100多个，必将受益匪浅。

Q2：怎样才能提高构建知识体系的效率？

你需要从各个领域的源头作品入手，整理其知识谱系图。人类往往高估英才在一个时代中的数量，站在千年的尺度上看，能够被历史记住的英才远少于你想象的。以阳明心学为例，你会发现，在继承者中，右派代表人物是刘宗周、黄宗羲，左派代表人物是王艮、李贽。问题来了，刘宗周早年并不喜阳明之学，为什么？王阳明并不喜欢朱熹，反而更推崇陆九渊，为什么？朱熹、陆九渊又师承何处？层层递推，你会发现，要想读懂儒家阳明心学的脉络，就需要从孔孟读到朱熹、陆九渊，再读王阳明，接着读刘宗周、黄宗羲及王艮、李贽，沿着这条线一路读下来。

反之，如果你总是依赖别人推荐的书单或图书，没有养成独立思考的习惯，那么，你建立的知识体系极可能是碎片化的、不完整的，且易被摧毁的。所谓"听君一席话，胜读十年书"，说的正是这种情况，如果你读的书过于零碎，你建立的知识体系就好比空中楼阁、海市蜃楼、风中浮萍，稍有风吹草动，就被更好的知识体系打得稀里哗啦。

在学习任意一个领域的知识时，你都可以一上来就思考怎样写一本这个领域的书。因为学习抽象知识时，可以利用的最佳结构是树形结构，它能同时兼容广度与深度，并且通过树形结构来组织知识，知识更易存储与提取。而书正是一种树形结构，通过写书输出知识，可以倒逼输入来掌握知识框架。

如果你能不依赖任何人推荐的书单，只借助第三方客观数据或师法历史与大自然，就能在一个领域中成功建立自己的知识体系，那么，你未来也会更容易在更多领域建立自己的知识体系。

Q3："鲜活证据"意味着什么？

什么是鲜活证据？鲜活证据是指那些你不知道的或者整个社会都还不知道的证据，它往往是"反常识"的。一旦被揭示，能给你或者同时代的人留下鲜活印象。比如地球是圆的，这是现代人都知道的常识，但古人不知道。假如你穿越回古代，你用鲜活证据表明地球是圆的，那么你就跨越了古人的认知边界。

高阶模型带来了高层次的鲜活证据，扩展你的认知边界，就像用一个小小的实验向古人证明地球是圆的。一个学科的创始人为什么能建立一个新学科，正是因为他们掌握了大量鲜活证据，总结了一个全新的知识体系。

反之，大脑爱自我辩护。一般人阅读时，更习惯在舒适区工作，以及倾向寻找那些能证明自己观点的信息。虽然今天是一个强科学主义时代，但不少人缺的依然是"理性思维"，过于民科、过于民哲、过于热血是通病。所谓"理性思维"，是指你掌握了"定义—验证—质疑"的系列方法论。撰写"术语卡"，思考每个高阶模型是如何定义的，内置了什么假设，其他学者是如何质疑它的，这是生成知识体系的第一步。

如何选书

源头大于碎片。在信息汪洋中，你需要站在时间源头，看潺潺溪流，肆意大海。

Q4：新手应如何选择书籍？

依赖他人，并不是好的学习习惯。这样很难形成自己的知识体系。你要为大脑建立搜索引擎，掌握一套从源头到最新知识的独立判断方法。它可以不依赖任何在世的人。新人选书可以从以下两点入手，提高自己生成知识体系的能力。

建立阅读分级系统。人们往往习惯将不同的书当作一回事，但事实并非如此。比如你可以按照智慧程度将书分为五类：坏书、可用之书、力作、杰作与神作。

主题学习。刚开始进入一个新的知识领域时，不带偏好，买下这个领域十本以上的书。通过观察目录，好书与好书会相互竞争，最终留下来的就是值得精读的书。

Q5：某个主题相关的书籍，是否需要全部购买？

买多少并不重要，重要的是避免受到他人误导，错过生发内在动机的机会。比如，我要研究王阳明，我会找到所有与王阳明有关的书，按年代排序，一目了然。国内讨论《传习录》的书有数十本，比较下来，复旦大学吴震老师的《〈传习录〉精读》不错。接下来，买下吴震老师所有讨论王阳明的著作，如《泰州学派研究》《阳明后学研究》《朱子学与阳明学》。这个过程是我独立完成的，不依赖任何第三方的书评书单。循环往复，一方面提升你的阅读品味，另一方面保护你的内在动机。

Q6：如何发现一个新的学科？

有读者问，我是一名产品经理，在设计产品时并不知道会用到"故事"，更不知道"故事"已是叙事学中研究众多的主题，如何跨越这个鸿沟？

这是一个在阅读过程中常见的问题。的确，如果我都不知道叙事学的存在，我应该如何去构建这个学科的知识体系呢？这就是元学科的威力。你可以用"二八原则"来理解知识体系。在每个时代，有20%的学科会诞生80%的知识；而这20%的学科中，又有几个学科格外重要。这些学科正是"元学科"——学科的学科。

为了让大脑更好地记忆，你可以将每个时代的元学科，根据自己的阅读兴趣，限定在五个以内，这就是所谓的"五大元学科"。一旦你学习的是这些元学科相关的知识，那么你就不需要担心会错过某些学科。举例，我常常提倡的五大元学科是数学、诗学、认知科学、计算机科学与网络科学。一旦你深入了解了这些学科，你会发现，认知科学与诗学的交集，诞生了一门新学科，叫作"认知诗学"，它的创始人著作中都会引用叙事学的相关经典研究。如此一来，是不是会感受到叙事学的存在？

如何精读

有限大于无限。学海无涯，然而任意一个领域的核心知识是有限集合而非无限集合。

Q7：如何进行精读以提高记忆效果？

我习惯将精读称之为"文本细读"。文本细读可参考我提出的"正反上下，古今中外"读书八字诀。其中的正字诀，重视鲜活证据；反字诀，强调逆向思考，是否可证伪；上下诀，侧重在不同的空间维度读书与思考，以提高创意；古今诀，由今思古，从历史变化维度来理解问题；中外诀，即从地域维度来理解问题。

你还可以利用我在《人生模式》一书中介绍过的高阶思维"元反空"来提高阅读质量：

» 元：二阶操作，作者观点背后的观点是什么、书背后的书是什么？

» 反：它的反面证据是什么？

» 空：跳出系统，其他领域是如何看待这一领域或问题的？[1]

　　读了却记不住有两种可能，一种是你对这些概念不太理解，左耳进右耳出；另一种是你投入的认知资源太少，比如没有进行深度加工、没有进行测试等等。

Q8：阅读了名人的读书笔记，还需要阅读原著吗？

　　需要。名人的读书笔记有参考价值，但不足以包括原书所有知识。经典著作，或是优秀文本示范（虚构），或揭示了大量"反常识"证据（非虚构）。不同时代只用到其中一小部分。如孔孟之学，朱熹推崇"格物致知"，王阳明推崇"致良知"，刘宗周主张"诚意"与"慎独"。这些都是在引用孔孟的不同方面。

　　为什么鼓励大家直接阅读源头经典？因为绝大多数精英学者都是通过阅读众多源头论文与经典著作来成长的。拿"结构洞"概念举例。当你直接阅读罗纳德・伯特（Ronald Burt）的《结构洞》一书，你会发现，伯特已经将"结构洞"这类反常识的概念前因后果都讲明白了。如何定义，如何寻找证据来验证，该概念面临什么样的质疑，他如何回应质疑，这些一手信息中包含了大量真知灼见。之后的教材、文章等二手信息，会砍掉这些知识，不少时候，阻碍了你的理解。

　　足够源头的知识，它会反复在不同书籍中重现。比如，你在一本书中读到了某高阶模型的定义；在一本书中读到了某高阶模型的案例；又在一本书中读到了对它的质疑。大脑善于联想与制造因果关系，慢慢地，大脑会将它们联结在一起，最终形成你自己的知识体系。

每个时代，都有一些关于经典的读物，是为书之书。可参考我在《聪明的阅读者》一书中整理的"通识千书"。如果你的阅读习惯不够好，一上来阅读经典有难度，此时可以找一些关于书的书来过渡，激发阅读兴趣。

Q9：先读哪些书，再读哪些书？

选了某个主题相关的很多读物，先读哪些书？后读哪些本呢？建议如下：

先读最薄的书。这虽然是开玩笑，但也有一定道理。为什么呢？流传更广的书必然是更薄的书。人类大脑的工作原理是能偷懒就偷懒，不该偷懒的时候还是要偷懒。比如儒家经典《论语》与《孟子》。《论语》的总字数为15900字，全文20篇，从370字到1340字不等。《孟子》共38125字，全文11篇，从2877字到6524字不等。《论语》是儒家开山之作，比《孟子》流传更广，可以理解。但《论语》更薄，更朗朗上口，这些特点对促进其流传也发挥了一定作用。不仅儒家如此，佛家也是如此。《心经》全文只有260字，但在所有佛教经典中流传最广。

先读近一点的书。假设面前两本经典都是50年前的著作，一本成书于1920年，一本成书于1970年，先读1970年这本。再以桑兵老师主编的《读书法》一书为例，该书按时间次序，节选了众多大儒谈如何读书的经典文章。前三篇距离当代较远，作者分别是孔子、孟子、荀子；后三篇距离当代较近，作者分别是傅斯年、钱锺书、严耕望三人，显然，先读后三篇。

先读文笔优美的书。大脑偏好美，美也能激发阅读兴趣。先挑选作者文笔优美的书，如果是译本，同样尽量挑选一本译笔精良的书。以认知科学为例，平克的文笔比斯坦诺维奇好，如果时间有限，只能阅读一个人的书，那不妨先阅读平克的书。

先读历史有定论的书。不要从争议性强的作品入手。这些作品常常观点过于绝对，容易影响那些知识根基不深的新人，误以为某某学科就是这样了。你可以优先阅读历史上有共识、能传承文化的书籍，比如在进化论领域可读《物种起源》与《自私的基因》。当然，它们依然有争议。但是这种争议已经属于进化论相关知识体系建设的一部分了。

如何撰写读书卡片

输出大于输入。即使只是在头脑中想象教别人，也能有效地提高学习效率。

Q10：如何写卡片以提高记忆效果？

有读者问，如果根据必要难度理论，在阅读六小时后再撰写读书卡片，应该如何具体操作呢？到时候记不起来了，可以翻阅之前阅读时画的标记吗？是否这样重新翻阅的过程反而不利于记忆的再提取？

隔了几个小时之后写读书卡片，刚开始困难是正常的。刚刚练习这种方法时，可以翻阅以前的标记，但适应后，不建议经常翻阅标记。世界是公平的。你输入容易，提取就会困难；反之，你输入略有难度，未来提取就更容易。

认知科学的任意一个推论都具有自身的限定条件。六个小时的时间并不重要，真正重要的是"必要难度"。有的人可能需要六小时后才觉得有些难度；有的人可能只需要五小时。你需要创设时间的必要难度、地点的必要难度、分散学习的必要难度、测试的必要难度。没必要神话这个时间。否则会出现类似"一万小时定律"的笑话（参见第15章）。

如果把你的记忆想象成五层结构，当你边听边记的时候，大脑很快就会把你当下听到的内容扔到更深的第五层。大脑善于自我欺骗，此时，它会给那些记忆碎片下达一个指令："此知识点，我已经掌握，无须再提取。"

反之，如果你在几个小时后写读书卡片，此时记忆碎片刚刚下降到第二层或第三层，你若使劲回想，就能在第二层、第三层与第一层之间建立起提取通道。再过一段时间，你又在第四层、第五层到第一层之间，再次建立了提取通道。未来你提取知识自然比别人容易很多。

刚开始的时候，不适应这种方法是正常的，常常需要翻阅非常多的原始标记。为了改善这种方法，你可以降低认知负荷：每次输入时，不再以书为单位，而是以章为单位；每次输出时，不再以文章为单位，而是以卡片为单位。

由于大脑有完形填补的倾向，如果你以整本书为阅读单位，那么大脑会产生"此书我已读过"的感觉。但如果你以章节为阅读单位，当你读完一章之后，大脑还会继续工作，去思考这一章之外的其他章节可能会讲述什么内容。同样，卡片也是如此，既能降低认知负荷，又能提高信息密度。

Q11：在写卡片时，有哪些需要注意的事项？

我在《聪明的阅读者》中详细介绍了"卡片大法"，提到种种卡片，其中重要的是新知卡、术语卡、人物卡。在撰写这些卡片时，你需要特别注意以下几点：

时间线索。当你撰写"人物卡"时，你需要注意该人物出生于哪个时代；当你撰写"术语卡"时，你需要注意这个术语诞生的时间。一旦你意识到多元智能理论是20世纪80年代初出现的，认知神经科学是20世纪八九十年代诞生并逐步成熟的，那么厘清时间线索之后，你就不会推崇多元智能学说，因为它是认知神经科学成熟之前的理论。

原始出处。比如，当你撰写"术语卡"时，你需要找到原始论文或者资料，知道是谁在历史上首次提出某个术语。以"元认知"为例，它是由心理学家约翰·弗拉维尔（John H.Flavell）首次提出的。[2]一旦养成这习惯，就会增强你的独立思考能力。

反常识证据。每个时代的"常识"都是帮助人类降低认知负荷，提高社会运转效率的，但是恰恰是这些"常识"也妨碍了你的认知。因此，你需要时不时借助鲜活证据来拓展认知边界。假设你是一名古人，如果你能理解如何通过当时的一些实验证据来证明地球是圆的，那么你就是那个时代的英才。

Q12：如何更深入地理解源头知识？

有读者问，越是源头的知识感觉越难与工作、生活关联，那么，我们究竟如何更好地理解源头的知识呢？

这在刚开始的时候是正常的，因为源头的知识理解起来确实会有难度。它往往不在人们的舒适区以内。你可以借助不同类型的阅读材料，从不同方面来掌握这些源头的知识。此时往往需要针对一本一本书撰写卡片，然后将其汇总在一起，撰写主题阅读的相关卡片。

以认知偏差为例。芒格用传记与演讲形式讲认知偏差；卡尼曼的《思考，快与慢》以科普散文形式谈论认知偏差；斯坦诺维奇的《超越智商》则偏学术论文体裁，他的《机器人叛乱》又偏思想实验。你从不同角度学习认知偏差，有一天顿悟或者心流澎湃，那时往往意味着你已将"认知偏差"内化成功。此时，你更容易将其与工作、生活关联。

再举一例。有无数提升人们认知能力的科学概念，普通人最应掌握的是什么？《自私的基因》作者道金斯回答道：双盲实验。他甚至认为，你只需要理解其原则，领悟到为什么有必要这么做，就能感受到其优美。如果每个学校都教学生做，那么会提高学生的多种认知能力。[3]

为什么道金斯说，只要你理解了双盲实验的原则，就能改善认知能力呢？因为它可以让你在头脑中进行不同方向的思想实验。人类往往只习惯朝一个方向进行思考。双盲实验却不断提醒你要朝不同方向思考，注重"样本""对照组"与"基础概率"；避免"主观偏见""随机效应""安慰剂效应"等。一旦养成进行"双盲实验"的习惯，你就可以在思考过程中轻易规避许多"认知偏差"。

一旦理解了"双盲实验"如何改善人们的认知能力，你就可以进一步探索这个知识体系，提出下一个问题：还有没有其他类型的思想实验能够改善你的思维品质呢？这正是丹尼特的《直觉泵》。在这本书中，他总结了77个思想工具。

小　结

生成大于管理，掌握生成任意一个领域的知识体系的能力大于知识管理；源头大于碎片，你需要从知识的源头入手；有限大于无限，任意一个领域的核心知识是有限集合而非无限集合，你需要精读那些承载核心知识的杰作与神作；输出大于输入，坚持长时间刻意练习输出，写卡片时注重整理时间线索、一手出处与反常识证据。

信息汪洋，泛舟溯流，追寻源头，取一瓢饮酣畅淋漓。祝你成功抵达彼岸。

27

如何阅读一本难书 *

为什么要读难书?

世间好书何其多!在浩瀚无垠的人类图书馆中,难书是一类特殊的存在,它有时像一位古板的老教授,学习某个学科或领域,都得通过他的考试才算入门。比如学习哲学,我们都得拜读众多经典。而在所有哲学经典中,既有休谟的《人性论》这类通俗好读的著作,也有康德的《纯粹理性批判》这类晦涩难懂的著作。它有时也像一位人人敬畏的老大哥,每个人都听过他的名字,然而真正结识之后,却只想远离,比如普鲁斯特的《追忆似水年华》、乔伊斯的《尤利西斯》。

在如今这个时代,为什么我们仍需要阅读难度较大的书籍呢?

---

* 本文首次发表日期为2020年4月23日,为世界读书日应邀演讲。

答案是，阅读难书是构建知识体系统不过的一环。人类文明传承数千年，使得在众多学科或领域，好书不胜枚举，而其中不少是难书。这是为什么呢？如果我们将阅读想象成对话，那么，智者与智者的交流更容易碰撞出火花，还是智者与小白的交流更容易新见迭出呢？答案显然是前者。当一个小白旁听多年前的智者对话时，刚开始自然会有些跟不上，将其看成难书。

无论再如何逃避，终究有一天，你需要攀登知识的高峰，开始攻克一本又一本难书。想象一下，一个人始终只在山坡徘徊，一个人不断攀登一座又一座高峰，未来谁更容易看到更大的世界？而拿下一本又一本难书之后，你的阅读能力自然会同步提升，慢慢地开始发现一个更大的世界。

事实上，你以为的难书反而更节省你的时间。以三本书为例。《清晰思考的艺术》是一本易懂好读的畅销书，这本书介绍了52个认知偏差。[1]其中不少认知偏差是作者的个人经验，在学术史上研究的并不多。我们换一本稍微难一些、但依然通俗易懂的书——《思考，快与慢》。这本书出自诺贝尔经济学奖得主卡尼曼之手，作为一部大众科普读物，其权威性不容置疑。全书30余章，对认知偏差的各个层面进行了深入而全面的剖析。[2]

然而，我想问的是，有多少读过《思考，快与慢》的人能清晰地列举出卡尼曼在书中整理的所有认知偏差？你最多能列举出卡尼曼自己的琳达实验以及可得性偏差，除此之外，其他的认知偏差，你几乎都忘记了。卡尼曼的《思考，快与慢》这本书的确不错，但它的整个写作体系并不符合人类记忆与学习的规律，对认知偏差并没有进行严格意义上的分类学体系整理。因此，伴随岁月流逝，该书的知识点在你的脑海中渐渐消失。

关于认知偏差的更好分类体系在哪儿呢？答案是加拿大认知科学家斯坦诺维奇的《超越智商》一书。[3]这本书是一本披着大众科普皮的学术专著，不少章节直接改写自他的学术论文。在该书中，斯坦诺维奇对认知偏差进行了更严谨的分类，将其分为两大类：认知吝啬鬼与心智程序。认知吝啬鬼侧重我们大脑对思维过程监控的天然短路。当你尝试回答这类题目时，你容易答错，比如：

> 球和球拍的总价是1.1美元，已知球拍比球贵1美元。请问球的价格是多少？[4]

或许你脱口而出0.1美元，恭喜你答错了！这就是一种经典的大脑短路现象。认知科学家将这类测试任务称为"认知反射测验"，我们的大脑很难通过此类测验，如果满分是一百分，人类的平均得分往往在五六十分。[5]

心智程序来自我们后天学习的与理性思维相关的知识，比如概率论知识、统计学知识、临床医学与实验心理学知识，以及经济学知识。试举一例：

> 琳达31岁，单身，性格外向，哲学专业。在学校期间关心歧视和社会公正问题，参加过反核武器抗议示威活动。那么，她可能是？

　　A. 她既是银行职员又是个女权主义者。

　　B. 她是个银行职员。⁶

　　如果你没有相应的概率论知识，那么，你容易答错这类题目。

　　这里出现了一个有趣的问题。很明显，从阅读难度上看，《超越智商》最难，《思考，快与慢》次之，《清晰思考的艺术》最易。然而，从实际帮助我们掌握认知偏差的角度来看，《超越智商》最节省时间，《思考，快与慢》次之，《清晰思考的艺术》最浪费时间。显然，我直接读《超越智商》就好了，因为它所介绍的认知偏差知识更容易记忆。《清晰思考的艺术》可读也可不读，《思考，快与慢》中的认知偏差知识点则可以按照《超越智商》中的知识框架来重新整理。

三类常见的难书

　　难书究竟难在什么地方？在阅读实践时，你经常会碰到三类难书：内容难度较大的书、形式难度较大的书、应用难度较大的书。我们在每一类书中各挑一本代表作，然后逐一分析。它们分别是：《哲学研究》《哥德尔、艾舍尔、巴赫》《创新算法》。

第一类难书：《哲学研究》

　　内容难度较大的书。这类难书的主要特征在于其内容的深度和复杂性。这可能包括高度专业化或学术性的主题，或者涉及复杂的思想、理论或观念。它们的难度源自信息密度较大，需要更多前置知识。维特根斯坦的《哲学研究》是这类书的代表。这是维特根斯坦中后期的一部著作。你可以注意到他的写作风格并不像常见的论文式写作，他没有给你一个严谨的知识体系，而是通过类似札记的形式，把大量的思想记录下来。[7]试读其中的一段话：

> 我想不出比"家族相似"更好的说法来表达这些相似性的特征，因为家族成员之间的各式各样的相似性就是这样盘根错节的：身材、面相、眼睛的颜色、步态、脾性，等等，等等。——我要说：各种"游戏"构成了一个家族。[8]

你会发现这段话的每个字你都认识，但是它的意思你可能无法理解，这就是典型的难书。维特根斯坦的书中绝大部分段落都采用了这种写法，这种写法的难度很大，是因为维特根斯坦用这种通俗易懂的语言，来表达他长期思考的一些重大哲学命题。如果没有这方面的背景知识，你可能很难理解维特根斯坦在解决什么问题。

以这段话提到的"家族相似"举例。维特根斯坦实际上是在挑战古希腊哲学传统，质疑亚里士多德的经典范畴论。我常说，人类的基本认知操作有命名、分类、旋转、变形等。而范畴论讨论的就是其中的分类——某人某事某物为何归于A类，而不是B类？亚里士多德提出的经典范畴论有四个基本假设：（1）范畴由充分、必要特征联合定义。比如，成为人们心目中的"胖子"要符合很多条件，当张三满足这些充分和必要条件时，大家就会同意他是一个胖子；（2）特征是二分的，张三要么胖，要么不胖；（3）同一范畴内的所有成员地位相等。在"胖子"这个范畴下，"张胖子"和"李胖子"的地位是相等的；（4）范畴之间的界限是固定的。大家能意识到，"胖子"和"非胖子"之间有着清晰的边界。[9]

然而，维特根斯坦用 个巧妙的思想实验就破掉亚里士多德整套理论了。这就是他在这段话中提到的"家族相似"。以"游戏"为例，既有篮球游戏、足球游戏这类体力为主的游戏，也有象棋游戏、围棋游戏这类脑力为主的游戏；既有一人玩的电子游戏，也有多人联网的网络游戏；既有男人和女人之间的情爱游戏，也有爸爸妈妈与孩子之间的亲子游戏。

有的游戏仅仅是为了娱乐，有的游戏则是为了竞争；有的游戏需要技巧，还有的游戏需要运气……它们之间的特征并不是所有的游戏都共有的，但是，这些游戏的各种相似点交织，形成了你对"游戏"的认识，从而构成了家族、网络。维特根斯坦把这个现象称为"家族相似"。而在一个大家族中，有的人更能代表这个家族，比如在某个家族中，爸爸比儿子、男孩比女孩可能更能代表这个家族。

看似简简单单的一句话，却在20世纪的哲学界、认知科学界与语言学界掀起轩然大波。两千年来，亚里士多德的经典范畴论已经成为西方文明不证自明的基本假设，无数知识建立在它之上，然而，维特根斯坦却告诉我们，大家都错了。这时，大家才意识到，我们果然错了。

　　认知心理学家埃莉诺·罗施（Eleanor Rosch）受启发于维特根斯坦，去考察一类有趣的问题——哪种鸟最能代表你心目中的鸟？她发现了一些有趣的结论。提起"鸟"，你首先会想起什么？人们往往不会第一时间将企鹅、鸵鸟归到"鸟"这一范畴，因为它们不典型；要说"鸟"的范畴原型，人们更多地想到麻雀、燕子。这是因为人们心目中鸟的特征几乎都基于麻雀和燕子来构建，它们是更能代表鸟的样本。麻雀、燕子就是"鸟"这一概念的最佳示例。[10]

　　同样，语言学家们结合认知心理学的相关研究，形成了一门新的学科——认知语言学。该学科的一个有趣发现是：人类语言习惯上，有生命的通常优先于没有生命的——人类优先于动物，阳性优先于阴性。我们常说美女与野兽，而较少说野兽与美女；常说夫唱妇随、男耕女织，较少说妇唱夫随、女耕男织。因为有生命的、人类、阳性的更能代表人类在日常生活中使用的语言。[11]

　　其实，维特根斯坦在《哲学研究》中不仅仅质疑了"分类"这一命题，更讨论了无数重要话题，从而使得这本书格外重要。

　　你看，这就是一本内容难度较大的典型书籍。作者用看似轻松而家常的笔调，讨论的却是人类思想史上无数重要的话题。如果你没有受过很好的哲学训练，你很难进入到与维特根斯坦的对话。这类难书，在历史上层出不穷，常见于各学科或领域的经典著作。人文学科领域如文学的《影响的焦虑》、史学的《历史研究》、哲学的《存在与时间》；社会科学领域如社会学的《新教伦理与资本主义精神》、经济学的《人的行为》、政治学的《利维坦》、人类学的《野性的思维》；自然科学领域如数学的《纯数学教程》、物理学的《狭义与广义相对论浅说》、化学的《化学键的本质》、生物学的《物种起源》等等。[12]

第二类难书:《哥德尔、艾舍尔、巴赫》

形式难度较大的书。这类难书的主要特征在于其独特的结构、风格或写作技巧。它们常常具有复杂的篇章结构,如双重结构或非线性结构,也常常见于那些大量运用象征、隐喻等修辞手法的文本。它们的难度源于理解作者的表达方式和意图。众多的诗歌和小说经典作品都属于这类难书。而在科学类著作中,这类书较为罕见。美国认知科学家侯世达(Douglas R. Hofstadte)的《哥德尔、艾舍尔、巴赫》正是一本这样的奇书。[13]

作者侯世达在人类历史上第一次将哥德尔的数理逻辑、艾舍尔的版画和巴赫的音乐放在一起综合论述,探讨了人类思维的自指、递归等诸多规律。《哥德尔、艾舍尔、巴赫》文笔优美,思想深刻,穿插了众多小故事、寓言、对话。次年即获美国普利策奖(非虚构类)。

《哥德尔、艾舍尔、巴赫》在内容上已经足够前沿深奥,然而,侯世达采取创新的方式来写人类思维规律,使得它变得难上加难。侯世达如此总结这本书的形式难度:

> 《哥德尔、艾舍尔、巴赫》使用了一种非常不正统的方式来表述科学思想——这本书是由交插的对话和章节组成的,这种格式使得种种概念先在对话中得以介绍,接着在随后的一章

中更深刻地"回响"出来。就语言和形式结构而言，各章都是颇为直截的，而对话则迥然不同。每篇对话都以某种方式同著名的巴洛克时期作曲家约翰·塞巴斯第安·巴赫的某支对位乐曲相关联，即在结构上或松散或严格地模仿他的那支乐曲。此外，多数对话都包含有巧妙的英语文字游戏。几乎所有对话都有一个或多个"结构性双关"为其特征——这是一些除了载有重要的语义，还具有复杂的形式特征的段落。总之，英文《哥德尔、艾舍尔、巴赫》的许多篇章在具有平铺直叙的文字内容的同时，又具有通过其结构布局所体现的隐藏意义。[14]

试举一例。该书第一章第一节开头是"本书中心的概念之一是形式系统"，而到了这一章结尾马上变成乌龟和阿基里斯的对话了。全书处处皆是这种双重结构。

第三类难书：《创新算法》

应用难度较大的书。这类难书的主要特征在于其实际应用的难度。从理解到应用，它们常常需要读者的深度思考与较多实践，最终才能真正将书中知识转化为实际产出。它们的难度源自知与行之间的鸿沟。这类书常见于应用导向的书，比如各类工程类书籍、临床医学类书籍、心理自助书籍、厨艺家务手册等等。作者在书中将如何操作讲得明明白白，然而读者一操作就变形，做不出自己想要的结果。如果是一个抽象命题——如何创新，那么，实际应用难度较大。《创新算法》正是这样的难书。[15]

　　世界上存在一些极其卓越的创新作品，如伟大的电影、伟大的专利、伟大的学术论文与伟大的编程语言。对这些伟大的作品分析，是观摩高手、成为高手的最佳路径。那么，如果你用数十年时间，分析过数百万发明专利，接触过众多发明家，对于人类创新行为，是否会有新的认识？这就是作者阿奇舒勒的经历。《创新算法》基于他对数百万份发明专利与个人发明经历而成。我将其誉为天才之作，并认为是人类20世纪最重要的著作之一。

　　尽管我推广《创新算法》十余年，但身边真正能够熟练使用这套方法论的人却寥寥无几。问题出在哪儿？答案在于，需要考虑到作者的创作背景。以书中介绍的"40个发明原理"举例，如"机械振动""加速氧化""惰性环境"等，这些术语通常来自机械工程、化学以及其他多个制造业领域。当你遇到这些术语时，你可能会感到困惑，你想理解它的核心思想，实际上是非常困难的。如果理解都谈不上，如何谈得上利用创新算法去进行自己的发明创造？

如何将难书变易？

　　结合这三类难书例子，如何将难书变易？我们的解决方案同样是从内容、形式、应用三方面出发。降低内容难度、形式难度、应用难度，大体上，有三个方向：转换法、辅助法、强攻法。

转换法

指的是将内容难度、形式难度、应用难度较大的读物转换为难度较小的阅读任务。例如，对于内容深奥的书籍，你可以尝试将其抽象的概念转化为具体的例子。对于形式复杂的书籍，你可以尝试将其复杂的结构转化为简单的图表。对于应用难度大的书籍，你可以尝试将其理论知识转化为距离书中例子更近的实际操作。

以《哲学研究》为例，"家族相似"是一个较难理解的概念。为了更好地理解这一概念，我们可以尝试想象一些相关的例子，如游戏、鸟类等。再以《哥德尔、艾舍尔、巴赫》为例，这本书的结构极为复杂，此时，我们可以尝试用图表来描绘书中结构。以《创新算法》为例，直接将其应用到数字产品设计，难度颇大；但是，你将其应用到与书中例子类似的领域，比如机械制造领域，那么，你更容易理解创新算法的实际操作。举例，我会反复思考如何用《创新算法》的思路来改造我购买的各类小家电。虽然我并没有实际从事制造业研发设计，但这类脑力体操游戏让我得以更清晰地理解作者的思路。

辅助法

指利用各种资源和工具大幅降低难书的阅读难度。

在内容上，你可以利用百科网站以及更多参考书工具，还可以使用带有全文检索功能的数据库或电子书网站。比如，你读不懂维特根斯坦的《哲学研究》，那么不妨看看百科网站上是如何介绍这本书的，"微信读书"里面有哪些书谈到这本书。在检索过程中，你往往会发现一本很好的辅助读物。在"微信读书"中，以"维特根斯坦的《哲学研究》"为检索关键词，马上发现两本辅助读物：楼巍的《维特根斯坦〈哲学研究〉注》与阿里夫·阿迈德的《导读维特根斯坦〈哲学研究〉》。

在形式上，你可以直接利用搜索引擎的图片检索功能。很多形式上复杂的难书，都有爱好者或专家学者将其整理成更清晰易懂的图片。参考这些图片，可以更方便地理解其复杂结构。以侯世达的《哥德尔、艾舍尔、巴赫》为例，我们发现，在搜索引擎的图片搜索中，有大量他人整理的该书相关图片。如果我们使用具体知识点检索，比如加上"自指"一词，那么出来的图片更准确了。

在应用上，一类较少为人注意的辅助工具是软件。以阅读统计学类读物为例，如果你总是停留在文本，其实难以将其转化成生产力。你通过阅读图书去理解什么是人的智商数据分布的正态分布，什么是收入数据分布的幂律分布；什么是人格测验的信度，什么是能力测验的效度，极为困难。因为图书这类信息往往是被高度浓缩的，且不够互动，缺乏反馈。更高效的方法是使用RStudio这类开源统计软件来理解相关知识。

随着计算机的广泛发展，多数专业领域都有配套的专业软件。以学习认知心理学为例，通过阅读教材，掌握某某实验效应，格外困难。但是你通过一些实验心理学软件，能够更快地掌握相关实验效应。无非是寻找一个配套实验演示库较为完整的开源实验心理学软件。一旦找到后，在本机尝试测试演示，将加深你理解相关知识点。即使是《创新算法》这类看似小众的创新发明领域，也有不少专业软件。此时，阅读《创新算法》一书，看似很难掌握的一些知识点，比如"物场分析""矛盾矩阵""40个发明原理"就变成软件中的操作菜单了。

强攻法

指以压倒性努力正面突破困境。很多时候，即使借助转换法、辅助法，依然无法真正回避难书之难。此时此刻，需要你付出更多额外的努力，拿下这些难书。难书之难，难在内容，那就一年又一年不断重读好了；难书之难，难在形式，那就一遍又一遍拆解结构好了；难书之难，难在应用，那就一轮又一轮反复练习好了。只是，强攻时依然有一些技巧。我将其总结为"四不四要"。

不要贪多要节制。刚开始时，一年最好彻底读透一本难书。当然，为了提高阅读的兴趣，可以将难书相关的配套读物或配套软件作为辅助参考。随着阅读难书的能力上去了，则逐步提高为一年三本、一年十本等等。

不要集中要分组。难书往往代表人类智慧的结晶。进一寸有进一寸的欢喜。因此，不要试图每次彻底地搞懂难书的全部，而是尝试分组。你可以按照难书目录结构分组，这次集中突破《哥德尔、艾舍尔、巴赫》的上篇，下次集中突破下篇。你也可以按照知识点分组，这次集中火力攻克《创新算法》的"40个发明原理"，下次集中火力攻克它的"物场分析"与"矛盾矩阵"。

不要消费要创作。很多人在难书面前常常抱有一种仰望的心态，总觉得面对人类历史上那么伟大的智者写的书，我有何资格说三道四。而越是这样，越是错过了与智者对话的机会。黑格尔的《精神现象学》是一本巨著，先有贺麟翻译该书，又有邓晓芒撰写《黑格尔精神现象学句读》，后来曹音在前两者的基础上完成了《黑格尔〈精神现象学〉浅识》。显然，相对其他一味只读不写的读者来说，贺麟、邓晓芒、曹音与黑格尔的"对话"更为深入，他们从黑格尔身上学到的东西更多。

不要孤独要分享。如果说阅读是一场心智成长之旅，那么难书之旅，鲜花与荆棘密布。不妨组织一个读书小组，与同好分享路上见到的风景、踩过的大坑。需要提醒的是，人不宜多，两三人就好。一旦超过四人，那么人际复杂度急剧上升，最终读的不是书，而是人情世故。若有所得，用文字、演讲、课程等形式分享出来，说不定对他人有所裨益。

小结：迎难而上

很多人之所以对难书敬而远之，是因为存在一个很大的误区，认为先读易书，就可以自然过渡到下一个阶段，也就是能自然而然地读懂难书。然而，你的大脑并不是这样工作的。清除过往的记忆带给你的刻板印象与思维定势非常困难。人类大脑这个神经网络容易产生路径依赖，也就是后来的认知依赖于早期的认知。如果你学习一个学科或领域时，刚开始存在偏差，之后这个偏差容易被放大，事后矫正成本较高。

因此一开始就要读最重要、最正确、最源头的书。如果读不懂怎么办呢？可以用较易的书作为辅助。请记住，应该是"真善美"在前，辅助的书在后。很多人是反过来了，所谓容易的书在前，而忘记自己读书的目标——追求"真善美"。这是很多人读了一辈子书，都未能理解的一个道理：谁在前？谁在后？

随着你读的最重要、最正确、最源头的书越来越多，你开始发现，你越来越不需要那些容易的书来辅助了。因为，你的段位提高了，认知能力增强了，知识底蕴大不相同了。归根结底，易书、难书本身并不是最重要的，真正重要的是我们究竟学到的是真知还是谬论？是良善还是伪善？是大美还是赝品？

为了追求"真善美"，我们就去寻找那些最重要、最正确、最源头的著作，如果这些最重要、最正确、最源头的著作阅读难度大一些，那么我们就努力攻克它。

28

21 世纪的读书心法 *

人人皆爱读书法

中国是一个推崇读书的国度。受农耕文明影响，读书被赋予了神圣的意义：书中自有黄金屋，书中自有颜如玉。读书即学习，学习也是读书。因此，读书法广受欢迎。

从古至今，中国读书法层出不穷。在历史上非常知名的读书法，按出现的先后次序排列，有东晋杰出诗人陶渊明的"不求甚解法"，三国时期诸葛亮的"观其大略法"，以及北宋时期苏东坡的"八面受敌法"。这些读书法已经成为中小学语文教育的一部分，在中国口口相传，流传甚广。

对中国当今阅读教育影响更深远的则是朱子读书法。朱子读书

---

* 本文首次发表日期为 2023 年 4 月 23 日，为我的个人专著《聪明的阅读者》新书发布会主题演讲。

法是南宋著名哲学家朱熹提倡的一种读书方法，主要包含六个方面：（1）循序渐进：按照一定的次序，从浅到深，逐步学习。（2）熟读精思：反复阅读，理解文章内容，深入思考。（3）虚心涵泳：保持谦虚的心态，广泛接受各种知识。（4）切己体察：将所学知识与自身实际结合，反省自己的行为。（5）着紧用力：要好好学习，天天向上。（6）居敬持志：保持敬畏之心，坚定学习的决心和目标。[1]朱子读书法堪称中国古代读书法集大成者。

　　不仅中国喜欢探讨读书法，西方也有众多学者作家探讨读书法。其中最著名的莫过于培根、叔本华与伍尔芙三人。培根在《谈读书》这篇美文中留下千古名言：读书足以怡情，足以博采，足以长才。而叔本华的名言亦被广泛引用："我们读书是别人替我们思考。"[2]所以，叔本华提倡我们在读书的时候和作者对话，形成自己的思考，避免让作者的思想在自己头脑中跑马。

　　伍尔芙则强调了读书的独立与趣味。一方面，她认为读书，"不要听从任何建议"，"因为我绝不允许这些想法（有关读书的建议）束缚读者们的独立性，而独立性才是一个读者所拥有的最重要的品质。"另一方面，她又强调了读书的趣味："我们的趣味仍然是我们读书的指路明灯，因为唯有趣味才能使我们身心激动不已，我们是凭感情来读书的，我们不能压制自己的癖好，即使加以限制也不行。"[3]

　　而西方阅读教育的集大成之作是艾德勒的《如何阅读一本书》。在该书中，他将阅读分为：基础阅读、检视阅读、分析阅读与主题阅读四个层次。这本书初版于1940年，如今流传80年，已

经成为一代经典。自从中国台湾地区的出版人郝明义老师将这本书
翻译为中文版，并引入大陆，这本书销售了百万册，同样深深地影
响了中国当前的阅读教育。

传统读书法的问题

然而，这些读书法可能并不符合科学原理。世界上第一本阅读
科学著作是1897年由夸恩茨（Quantz）撰写的《阅读心理学中的问
题》。背后是1879年诞生的实验心理学。世界上第一个推广阅读的
学会诞生于1956年，它是国际阅读协会，后更名为国际读写协会。
而一直专注于研究阅读科学的学会诞生于1993年，它就是阅读科学
协会。除了心理学，它背后更多的是20世纪70年代诞生的认知科
学以及20世纪90年代诞生的认知神经科学。[4]

朱子读书法的问题

当我们重新用阅读科学来审视传统读书法，会发现它们存在不
少需要修正的地方。以朱子读书法为例，它有什么问题呢？用朱子
读书法阅读儒家经典，非常合适。然而，当你去阅读小说《金瓶梅
词话》，如何切己体察、着紧用力、居敬持志？你会发现，朱子读
书法似乎没那么合适了。但在21世纪，研究《金瓶梅词话》的杰出
著作层出不穷，如田晓菲的《秋水堂论金瓶梅》。显然，对于非儒
家经典之外的著作，朱子读书法的作用大打折扣。

这就是朱子读书法较大的问题，如果你不同意儒家的价值观，它就无法指导你的阅读行为。类似《金瓶梅词话》这样的市井小说，就完全不是朱子读书法的应用范畴。偏偏这样的阅读材料，在我们生活中，比比皆是。

即使是儒家经典，朱子读书法的作用依然值得怀疑。朱子细读《诗经》而成的《诗集传》堪称朱子读书法的最佳展示。在该书中，他强调熟读精思，回归诗篇本意，成就《诗经》研究史的高峰。然而，该书过于强调文以明道，让《诗经》成为宣扬自己理学理念的文本，留下不少瑕疵。某种意义上，这属于曲解作者原意。试举一例：

> 琐兮尾兮，流离之子。叔兮伯兮，褎如充耳。(《诗经·邶风·旄丘》)
>
> 流离，漂散也。褎，多笑貌。充耳，塞耳也。耳聋之人，恒多笑。言黎之君臣，流离琐尾若此。其可怜也。而卫之诸臣褎然，如塞耳而无闻何哉。至是然后尽其辞焉。流离患难之余，而其言之有序，而不迫如此。其人亦可知矣。[5]

朱熹将"流离"理解为漂散，然而，"流离"实际上是一种少时美丽、长大丑陋的鸟。再举一例：

> 窈窕淑女，君子好逑。(《诗经·周南·关雎》)
>
> 女者，未嫁之称。盖指文王之妃大姒为处子时而言也。君子，则指文王也。好，亦善也。逑，匹也。[6]

朱熹将"淑女"理解为未嫁之女，然而，"淑女"与婚否无关；同样，用文王指代君子亦证据不足。当朱熹用力越多，越远离《诗经》本意。先秦期间儒家灵动的一面，从此消失在历史长河之中。[7]

同时，由于朱子是明清以来精神层面的先驱，人们过于推崇朱子读书法，甚至曲解了朱熹的本意。比如，一种流传甚广的说法是读书要由易到难，直接将朱子读书法的循序渐进简化为：由易到难。然而，读书真的是要由易到难吗？事实并非如此（详细讨论可参见27章）。

《如何阅读一本书》的问题

我们刚刚讨论了中国读书法集大成的朱子读书法的瑕疵。接着，我们再来看看西方读书法集大成者《如何阅读一本书》的不足。

《如何阅读一本书》最突出的问题是结构混乱，逻辑错误。作者艾德勒将阅读分成四个层次：基础阅读、检视阅读、分析阅读、主题阅读。在作者看来，这是四个逐级递增的层次。然而，在实际阅读中，主题阅读可以作为第一步。例如，在学习教科书时，我们应该首先对比不同教科书的目录，以快速理清知识脉络。按照《如何阅读一本书》的说法，这就奇怪了，难道我们需要先完成基础阅读、检视阅读、分析阅读，再来读教科书吗？《如何阅读一本书》对其他三种阅读层次的描述详尽深入，但对主题阅读只作了简略的介绍。然而，很多时候我们一开始就需要采用主题阅读的技法。

其实，阅读技法之间不存在什么先后关系，更谈不上某个阅读技法更高级，它们只是我们的阅读工具箱中的一把锤子，或者一把菜刀而已。难道我们能说锤子比菜刀更高级吗？显然不是这个逻辑，修理家具时自然用锤子，下厨时自然用菜刀。

具体到每一种阅读方法，《如何阅读一本书》的缺点就更明显了。拿分析阅读举例，作者将透视一本书、判断作者的主旨、赞同或反对作者作为分析阅读的三个阶段。请问，阅读诗歌或欣赏画作需要赞同或反对吗？其实不需要。我们只需要沉浸在诗歌与画作带来的美感之中。然而，艾德勒将其列为分析阅读的三个阶段之一，这显然不太恰当。

在阅读实践中，"透视一本书"更像一句正确的空话，具体如何操作并不清晰。其实，我们可以借助统计学的重要概念——抽样，从而更好地完成这一任务。

一个200万年前的大模型

今天的读书人所处的时代与朱子、艾德勒所处的时代大为不同。既要读得多，还要读得快，更要读得好。

伴随信息大爆炸，教师、医生、研发人员与管理人员，阅读量普遍是前辈们的十倍以上——你需要读得多。然而每个人的时间越来越被微信、直播与短视频等更具吸引力的事物占据，实际用于阅读的时间在减少。因此，你需要读得快。你还需要读得好。类似医生这样的职业，在100年前，并不需要经常看文献，现在一个医生，三年五载不看文献，夸张点讲，有些病都不会看了。

我们怎样才能做到既要读得多，又要读得快，还要读得好呢？

有人问，生成式人工智能代表模型GPT的诞生，是否可以帮助我们达到这个目标呢？作为一位精通大模型的专家，我可以告诉大家的是，GPT的确能够帮我们提高文本总结速度、提高与作者对话的效率。但是，目前的GPT还存在20%左右的错误率，也就是它会一本正经地胡说八道。同时，当前GPT的长时记忆能力几乎等同于零。它并不记得与你过去的交流。

那么，有什么厉害的大模型更能帮助我们阅读呢？

其实，有一个200万年前就已经形成的大模型，可以帮助我们超越GPT的局限。GPT的神经网络参数是千亿，而这个大模型的神经网络参数也是千亿；GPT的长时记忆容量几乎没有，而这个大模型的长时记忆容量约为77亿TB；GPT的容错率大约是20%，只擅长符号语言类的任务，而这个大模型采取分布式容错机制。在一颗蓝色星球上，有80多亿个大模型，其中1号大模型专门负责上山打猎；2号大模型专门负责下海捞鱼；3号大模型专门负责祈福上天。

显然，聪明的读者已经猜出来了，这个大模型就是人类大脑。

"扬短避长"的阅读脑

很多时候，不是我们不喜欢阅读，而是我们不会阅读。在阅读时，人类始终在扬短避长。相比GPT，人类大脑长时记忆能力较好，对情境的适应能力较好，而人类之短在于优质训练语料不足，持续工作能力较差。不少人在阅读时，不断地扬短避长。

先看看我们是如何"扬短"的。有的人从不挑书，不断地读烂书，放大了人类大脑优质训练语料不足这一缺点，没有给人类大脑这个大模型提供足够优质的训练语料。有学生跟我说，阳老师，我读了很多书，但是为什么还是发展得不够好？每次碰到这种学生，我都会要求对方列出自己一年具体读过哪些书。他们列出的书中好书的数量超乎想象的低，有的是被学术界淘汰的书，有的是作者灌水圈钱的劣作，有的是纯商业炒作的书。

在训练大模型时，存在启动效应与路径依赖这两种典型现象。刚开始时，采用的语料越好，之后的训练效果越好；同样，大模型之后的发展非常依赖上一步的训练结果。人类大脑其实也是如此，如果你一辈子读了几千本烂书，你的大脑会被训练成什么样呢？可惜的是，不少人在阅读时从不挑书，不仅没有发挥人类大脑的优点，反而放大了缺点。

人类大脑的另一个缺点是持续工作能力较差。人工智能可以24小时在线，只需要消耗算力资源；人类则会受到开心、悲伤、兴奋、低落等各种情绪的影响。然而，很多人在阅读时并不写读书笔记，当下次被问到一年前读过的那本书的内容时，他们往往需要重新阅读，这就放大了人类持续工作能力较差的缺点。每次阅读时都需要重新开始工作。

再看看我们是如何"避长"的。有的人从不直接动用大脑记住书本知识，过度依赖第三方设备，扔掉了一个200万年前成型的77亿TB的长时记忆大硬盘。有的人从不让阅读与情境关联在一起，扔掉了人脑强悍的情境适应能力，既不能利用情境生成更好的记忆，也不能将在情境A下习得的知识迁移到情境B。

善用人类大脑优势

如何发挥大脑的阅读潜力呢？一方面，你需要明白，大脑不是为阅读出现的，阅读只是借用了其他200万年前成型的脑区的能力。另一方面，你需要了解当你阅读时，大脑发生了什么变化？这就是我在《聪明的阅读者》一书中总结的阅读三重奏：阅读的生理机制、阅读的认知机制、阅读的学习机制。[8]

从阅读三重奏来看，我们的大脑在每一个环节都具备极强的能力。在阅读的生理机制环节，我们具备强悍的**快速命名能力**。仅仅依赖投射到你视网膜上的几道光线，你就能从至少5万个词条中快速检索，并找到合适的词义，默读于心或者口述于外。整个过程仅需花费零点几秒。这是人类通过进化习得的快速命名能力。在阅读的认知机制环节，我们具备强悍的**长时记忆能力**，能够记住大量信息，而其中绝大多数信息以情境记忆的方式存储在大脑之中。在阅读的学习机制环节，我们具备强悍的**知识提取能力**。只要是略微有点难度的输入，多年后，你依然可以快速提取。

在阅读时大脑处理的是什么类型的文本呢？我将文本分成信息型文本、叙事型文本与美感型文本三大类。信息型文本侧重内容与逻辑，需要呈现出相应的信息点。叙事型文本侧重事件序列结构，需要包括至少两个事件。美感型文本侧重形式与风格。

我们可以玩一个连连看小游戏。左边是人类大脑的强悍能力；右边是不同文本类型：信息型、叙事型与美感型。以信息型文本为例，具有快速命名能力、长时记忆能力、知识提取能力的大脑如何更好地处理这一类文本呢？其中一个关键是，既然大脑更善于情境记忆，那么我们不妨将信息放入情境中，用情境线索来组织知识。主要的情境线索有空间、时间、因果、主角和意向等。其中，通过人物来组织知识往往就比直接记忆概念高效。同样，附上知识发生时所在的空间、时间信息，也比直接记忆概念更高效。以此类推，处理叙事型文本和美感型文本，是否也可以采取同样的方法？

扩充你的阅读工具箱

这就是我在《聪明的阅读者》一书中提出的"系统阅读法"的基本原理。具体来说，"系统阅读法"包括以下阅读技法。

文本细读：指逐字逐句慢读与反复阅读。"文本细读"多被人文学者强调，然而，我们可以通过认知科学将其扩展为一种注重与作者原始文本"对话"的阅读技巧。这实际上强调了阅读时如何借助对话更好地构建情境记忆。

抽样阅读：指带着假设去读书。将长文本看作由不同文本单元组成的全集，针对全集提出假设，找到值得阅读的文本单元仔细阅读；验证或推翻假设之后，进行第二轮抽样，循环往复。作家学者不乏强调跳读的意义的，然而这往往是一句原则正确的废话，从草率跳读到科学跳读，中间差的是一个名为"统计学"的学科。当阅读遇上统计学中的各种抽样方法，最终就有了"抽样阅读"。

结构阅读：带着框架去读书。不同作者有不同的认知方式，认识世界与改造世界的偏好不同。我整理了人类文明诞生以来的九种主流认知方式：思想实验、符号思考、实验科学、计算模拟、田野调查、幽默叙事、故事叙事、文采美感、视觉美感。"结构阅读"强调分析不同作者背后共享的认知方式。从分析作者的认知方式破题，得以更好地理解不同作者的共同点。

主题阅读：围绕同一主题，阅读一批图书。借助大脑强大的模式处理能力，快速找出书本间的异同，相互参照，识别出关键知识，提高阅读效率。

卡片大法：通过卡片来撰写阅读笔记。西方如纳博科夫、梅棹忠夫、卢曼与艾柯，中国如鲁迅、吴晗、姚雪垠与钱锺书，皆是"卡片大法"的忠实践行者。"卡片大法"利用了人类的长时记忆能力与知识提取能力，同时规避了人类大脑不善于持续工作的缺点。

与传统读书法不同，"系统阅读法"不推崇单一阅读技法，更强调针对不同文本、不同情境，阅读者灵活组合应用这些方法。这五种阅读方法并没有优劣之分，也没有哪一种方法是基础阅读方法，哪一种方法是高级阅读方法。不同的阅读方法在不同的情境下有各自的优点。例如，如果我们要阅读教科书，可能一开始就进行"主题阅读"会比"文本细读"更有效。但是，如果我们要阅读经典文本，那么"文本细读"可能会更理想。

阅读的元示范

如何聪明地应用这些技法？这是一个元示范，我用《聪明的阅读者》一书中介绍的这些方法来阅读该书。如果我们将阅读看作对话，那么最重要的三个步骤是：确定与作者对话次序、开始与作者对话、将对话扩展成个人作品。

确定与作者对话次序

不同的著作有不同的对话次序。首先，确定书籍类型。你粗略地翻阅图书介绍，会发现《聪明的阅读者》是一本学术专著。它包含了我关于阅读的许多独特观点。在书中，我质疑、挑战并修正了大量已有阅读领域的研究。

当你确认《聪明的阅读者》是一本学术专著之后，你就可以确定阅读技法的应用顺序。这在《聪明的阅读者》的第9章中有详细的介绍。翻到该章开篇，你发现一个"阅读不同类型的读物"的表格。按照该表格建议，阅读学术专著类著作，次序可以是：结构阅读、抽样阅读、文本细读、主题阅读。那么，我们不妨试试看。

开始与作者对话

结构阅读：如何找到与作者对话的支点

通过排除法，我们可以推断这本书主要使用的是思想实验、田野调查和文采美感三种认知方式。那么，按照《聪明的阅读者》一书第134页提示，我们实际上可以利用不同认知方式的提问模板，来抓住与作者对话的支点。

思想实验。提问模板如下：

作者构造了怎样的思想实验？这个思想实验是作者第一次

发明，还是基于历史上已有的思想实验发明的？这个思想实验
和你头脑中的常识有什么不同？给你提供了什么样的反常识？
仿照作者的这个思想实验，你可以用它来批判什么观点？

尝试回答。我在《聪明的阅读者》一书中使用了大量的思想实
验，以明确阅读的边界和极限。在第二部分的"阅读技法"中，我
在每章开头都构造了一个思想实验来讨论主题。例如，在"抽样阅
读"这一章的开头，我写到"一辈子能读多少本书"，它实际上是
我构造的一个思想实验。同样，在每章末尾，我都使用了"元反
空"的思想实验来进一步讨论该章主题。而绝大多数思想实验都是
我第一次发明。它们往往超出人们头脑中关于阅读的常识。比如，
通过"一辈子能读多少本书"这个思想实验，我们才意识到，一辈
子能从头到尾、保持较高专注力读完的书，实际上也就5000本到1
万本。通过这个思想实验，我们就可以意识到读好书的重要性。

田野调查。提问模板如下：

作者是进行实地的、一手的田野调查，还是基于资料进行
二手的田野调查？作者进行田野调查的时候去了多久，待了多
长时间？在此之前，作者熟悉还是不熟悉调查对象？作者在田
野调查的时候，得出了什么结论？这个结论有什么解释价值？
能够对哪些现象进行解释？

继续尝试回答。我在《聪明的阅读者》一书中进行了大量田野

调查，这些调查更多是基于资料的。例如，在第8章"卡片大法"中，我调查了多位喜欢写卡片的学者和作家的相关经验。在第11章"通识千书"中，我则调研了上百个学科的相关文献。这些调查结果结合我的其他知识背景，最后总结成了"系统阅读法"与"通识千书"，前者能够更好地帮助我们在21世纪提高阅读速度与阅读质量，后者帮助我们了解知识的脉络。

文采美感。提问模板如下：

> 作者给了你什么样的意象和感觉？作者的字词、句子、篇章有哪些可以学习和模仿的地方？作者唤醒了你什么样的情绪？

《聪明的阅读者》一书中有大量金句，甚至封面也是由设计师从书中挑选出的十个金句，拼接成一只猫头鹰。其中一句是："阅读，是一场心智的长跑。心流涌现，智识乐趣，是心智的长跑最大的回馈。"另一句是："与人为友，青春美丽，盛宴华筵，欢乐终有时；与书为友，安然静坐，促膝长谈，乐哉新相知。"还有一句是："千千万万年以来的星辰起伏，千千万万年以来的人情世故，好一番读书美景。"

从这些句子中可以看出我的文风，我喜欢使用四字词，如"心流涌现""青春美丽""安然静坐""星辰起伏"等；同时，我的句子结构多变，连续使用三个四字词之后，我会改为使用五字句，如"欢乐终有时""乐哉新相知"等。这些文字联系在一起，容易激发人们对阅读的向往。

抽样阅读：如何提升与作者对话的效率

《聪明的阅读者》全书划分为三篇：阅读的科学、阅读的技法、阅读的选择，分别回答"何为读""如何读""读什么"三大阅读难题。如果你的时间有限，是否可以采取"抽样阅读"？

若你深耕于阅读科学研究，不妨重点阅读第一篇；若你期望提升阅读技巧，可专心研究第二篇；若你在出版行业驰骋，应倾力研读第三篇。这就是整群抽样方式。

我们再来看一种抽样方式——简单随机抽样。例如，你可能对第二篇"阅读的技法"的第2、4、5、6、7章都感兴趣，但你不确定先读哪一章。这时，你可以使用随机抽样的方法，比如扔一个骰子，骰子落在哪一面，你就读对应的章节。

最后，我们再来看第三种抽样方式——专家抽样。我是这本书的作者，显然是这本书的专家。那么，我会建议新读者优先阅读第5章"抽样阅读"，第8章"卡片大法"以及第11章"通识千书"，这样会大大降低阅读难度。同样，阅读第11章"通识千书"，可以优先阅读其中的第8节"如何理解人性"，会极大地激发你的阅读兴趣。

文本细读：如何优化与作者对话的质量

对于信息型文本来说，文本细读在字词级别，关注术语或概念；在句子与段落级别，关注主题句与论述结构；在篇章级别，关注的是观点或理论模型。这些都是我们阅读时的重点。需要提醒的是，我在《聪明的阅读者》一书中，通过小标题、加粗等方式来突出这些阅读重点。以第5章"抽样阅读"第2节为例，加粗的三句话分别是："人们常常以为跳读等于草率地阅读；人们常常以为跳读是离经叛道、投机取巧；人们常常以为跳读破坏了所谓的文字神圣感"。通过这三句话，强调了人们在跳读时的心理阻力，继而提出改用"抽样阅读"来代替"跳读"，并接着使用三个加粗的句子表达了"抽样阅读"符合脑与认知科学原理之处："大脑爱脑补，大脑有未完成情结，大脑也是贝叶斯机器人"。

主题阅读：如何与更多作者对话

如果你在阅读《聪明的阅读者》这本书之后，感觉收获良多，希望进一步研究阅读，那么你可以翻到图书附录"关于阅读的阅读"。我将阅读学整理成"阅读的历史""阅读的科学""阅读的技法"与"阅读的选择"四大脉络。"阅读的历史"涉及书籍史、阅读史、知识史等研究；"阅读的科学"涉及阅读的认知科学、神经科学、心理科学与语言科学等研究；"阅读的技法"涉及读书法、阅读教育与文学评论等研究；"阅读的选择"涉及目录学、藏书与书话等研究。我从每个领域各挑选了3本代表性读物，总共推荐了12本读物供你参考。

显然，这是一个很好的关于阅读的主题阅读书单。同样，你还可以参照第10章介绍的"系统选书法"，编制一个更符合自己需求的主题阅读书单。

假装自己是作者

很多时候，我们面临的问题是作者并不像我这样体贴读者。我提倡采取简单、清晰的古典风格写作，但并非所有作者都遵循这一风格。以社会学家布尔迪厄和心理学家斯金纳为例，他们的作品晦涩难懂，显然不是古典风格的信徒。然而，他们的图书蕴含重大价值，我们岂能轻易放弃阅读呢？此时，我们可以采取一个巧妙的策略：假装自己是作者。

在结构阅读上，如果作者不太明确自己突出的认知方式是什么，或者多种认知方式糅合在一起，淹没了作者最主要的贡献，那么我们可以假设一下，自己是作者，重新来写这本书，会如何组织结构？

在抽样阅读时，如果作者的目录结构不够清晰，我们不妨假设自己是作者，重新编排篇章，形成一个新版的目录。举例，由我翻译引入的《超越智商》《古典风格》两书，英文原版目录结构较为复杂，不够突出作者讲述重点，最终中文版目录结构重新调整，更突出重心。读者阅读感受更好。

在文本细读时，如果作者只是简单提及某术语或概念，而没有举例，那么，你不妨脑补相关例子。在句子与段落级别，如果作者没有撰写主题句，或者撰写了，但不够突出，那么你可以考虑重新整理该书的主题句，并将其突出显示。在篇章级别，作者在介绍某个理论时，并未明确理论的边界和使用条件，你同样可以补上相关信息。再如，有的作者没有在图书开篇介绍全书结构，即全书是按照一个什么逻辑组织章节先后次序的。此时，你不妨拿出纸笔，画出眼前这本书的逻辑结构。如此种种，都使得你更容易读透一本书。

在主题阅读时，如果作者在书中吝于提及同行的著作，你可以自行创建一个主题阅读书单。我曾为许多认知科学、神经科学、心理学领域的作品写过推荐序。本书就收录了我的 12 篇推荐序，如

第4章为认知科学家特纳《古典风格》一书推荐序；第16章为心灵哲学家丹尼特《意识的解释》一书推荐序。不少读者反馈，他们在阅读我的推荐序时，理解更为清晰。实际上，这是因为我在写推荐序时，并不仅仅局限于这本书，而是采取古典风格，结合该学术领域的更多图书以及最新发展来撰写。

将对话扩展成个人作品

你可以将与作者"对话"的过程整理成个人作品。我曾在《构建优雅的知识创造系统》一文中将知识创造分成三个层级：卡片、文件与项目。对于阅读来说，即卡片、文章与图书。这是个人作品的三种不同形态。卡片最小，图书最大，文章介于两者之间。

卡片

古人治学，先读目录书，再读目录书中提及的基本书，围绕基本书写注疏，再著书立说。而在21世纪，这种方法被卡片大法取代。你可以将卡片理解为21世纪的注疏。那么，最重要的卡片有哪几类呢？阅读《聪明的阅读者》这样的学术专著，重点是撰写新知卡、术语卡以及图示卡。

新知卡。新知卡记录的是你阅读的这本书，有什么理论模型、推断证据、故事或行动，挑战了你的既有认知。它实际上在回答的是，我们阅读一本书，究竟获得的是什么新知？一位学员撰写了一张新知卡："阅读应由难至易，这是一个常见误区。这个误区源于我们低估了大脑陷入固定模式的可能性。"显然，这个学员有所收获。撰写的新知卡越多，我们的收获也越大。撰写新知卡的关键在于，你需要在卡片上加入自身的理解，这样才更有利于之后的知识提取。

术语卡。术语卡记录的是阅读中出现过的陌生术语或概念，有时候是学术词汇，有时候是作者发明的"黑话"。以《聪明的阅读者》为例，我创造了众多新词，如"抽样阅读""结构阅读""人类文明十二经"，我戏称这些为"黑话"。伟大的学者作家都是"黑话大王"，他们为人类社会创造新的术语，我们也可以说他们在播种知识的模因。撰写术语卡的关键在于，你需要将专业领域的术语翻译成大众能理解的语言。

图示卡。图示卡指的是用图示形式来记录阅读时的重要收获的卡片。一图胜千言，用图示的方法来记录阅读收获，是一种不错的方法。对于一些复杂的知识点，图示比简单的文字记忆效果更佳。有时候，你不仅需要假装是作者，还需要化身为插画师，为正在阅读的这本书配上图示。

文章和图书

然而，卡片并不是可以参与社会交易的作品。你还需要将卡片扩展成文章和图书。虽然许多读者读完我的书后会赞赏其内容，但这本书的知识产权仍归我所有，不属于你。一名优秀的创作者会在尊重原创者知识产权前提下，合法地生成一个又一个自己的知识产权。

以文章为例，如果你撰写了一篇《聪明的阅读者》的读后感，这是否就属于你的知识产权了？这里的关键是区分抄袭与合法引用，文中需要避免大段引用。同样，你尝试探讨如何将《聪明的阅读者》一书中提及的卡片大法应用在大学生的阅读教育上，这是不是又生成一个新的知识产权？

再以图书举例。如果你精通英语、法语、俄语或其他小语种，得到我授权之后，你可以将《聪明的阅读者》一书翻译成这些语言，这是不是也生成了新的知识产权？如果你从事中小学阅读教育，那么你可以与我合作，开发一个中小学生版本的阅读教育产品，将"系统阅读法"普及到中小学阅读教育之中，这是不是又生成一个新的知识产权？

这里的关键在于，一方面要尊重作者的原创知识产权；另一方面，需要提前积累信用。一位学员跟我说："阳老师，我是一位中学语文老师，现在想跟您合作，将《聪明的阅读者》一书思想普及到中小学。"另一位学员跟我说："阳老师，我读完您这本书之后，写了3万字的读书笔记，然后用班上50个学生做了一些测试，效果不错。"你觉得，我更倾向跟哪一种学员合作呢？

上述流程，只是冰山一角，若想深入了解，不妨翻阅《聪明的阅读者》一书。通过这个小小的示范，你会发现，这套流程是不是可以变得极其操作性，从而将其复制到阅读任意一本书中？这就是"系统阅读法"在实际阅读时应用的三步走：确定与作者对话次序；开始与作者对话；将对话扩展成个人作品。

无论是难度较大的书籍还是易读的书籍，我们都可以使用这套方法来提高阅读的效率和质量。在实际应用中，你并不需要死记硬背，也不需要拘泥于我所介绍的这些内容，这些阅读技巧应用的先后次序并不重要。比起如何阅读，更重要的是热爱阅读。

阅读的意义

阅读对于人类文明的意义在于，一代又一代的作者，一代又一代的读者，使得人类文明得以不断延续并发展。那么，阅读对我们个人又有什么意义呢？

鲁迅在《导师》一文中说："寻什么乌烟瘴气的鸟导师"。有作者说，学校教育在浪费金钱和时间。又有作者说，很多工作毫无意义。[9]

然而，你还是需要阅读。

阅读，是不依赖导师、学校与老板而进行自我修炼的人生之旅。

阅读，是不断发现更大的世界的人生之旅。

阅读，是不断超越自己，与更大的社会、历史、自然、宇宙合为一体的人生之旅。

独特的阅读经历，带给你独特的人生之旅，形成独特的个人认知，最后催生独特的作品成果。

独特的人生之旅、独特的个人认知、独特的作品成果，又塑造了宇宙间一个独一无二的智慧生命——你。当你读得越多，越独特，那么你就越与众不同。

这正是阅读之于你的意义——成为自己。

注释

1. 本书中标注"首次发表日期",(1)未注明发表刊物的,是指在我的个人博客、"心智工具箱"公众号等互联网上首次对外公开发表的日期;(2)部分稿件曾用作推荐序,亦已注明;(3)书中部分稿件亦曾改编成专栏文章,发表于《财新周刊》,存在一篇拆成多篇专栏文章的情况,因此不再一一对应说明。

2. 全书分为脚注、尾注两种。脚注仅标注首次发表日期以及是否曾经用作某书推荐序。尾注是对正文的详细增补,详细文献条目,直接附在尾注之中。参考文献采用美国心理学会(APA)第七版格式。

3. 多数图书,若为外版,如未经说明,仅引用英文版本;论文,如未经特殊说明,仅引用作者提出某一概念最早的论文或被引用最多的论文。

4. 因为此书涉及内容写作时间跨度大,部分篇目曾在他处发表,各版本文字并不统一。此书出版时,我做了上千处修正,增补了上百篇参考文献。如有不同版本的文字冲突,以此书为准。如有修正意见，欢迎各位读者指正，我将在新版中及时更正。我的邮箱：y@anrenmind.com。

自序

1 详细报道可参考网址：flashbak.com/london-library-miraculously-survives-blitz-1940-416988/

2 出自陈恒庆《谏书稀庵笔记》第163章"柯太史"。

3 该段轶事参见辛亥革命网王桂云有关文章，网址参见：xhgmw.com/m/view.php?aid=2419

4 引自北岛翻译的版本，参见：北岛.（2015）.时间的玫瑰.生活·读书·新知三联书店.

5 引自《海子抒情诗全集》（p675），参见：海子.（2019）.海子抒情诗全集（评注典藏版）（陈可抒，评注）.四川人民出版社.

6 出自《佛说譬喻经》，原文为："游于旷野为恶象所逐。怖走无依。见一空井。傍有树根。即寻根下。潜身井中。有黑白二鼠。互啮树根。于井四边有四毒蛇。欲螫其人。下有毒龙。心畏龙蛇恐树根断。树根蜂蜜。五滴堕口。树摇蜂散。下螫斯人。野火复来。烧燃此树。王曰。是人云何。受无量苦。贪彼少味。尔时世尊告言。大王。旷野者喻于无明长夜旷远。言彼人者。喻于异生。象喻无常。井喻生死。险岸树根喻命。黑白二鼠以喻昼夜。啮树根者。喻念念灭。其四毒蛇。喻于四大。蜜喻五欲。蜂喻邪思。火喻老病。毒龙喻死。是故大王。当知生老病死。甚可怖畏。常应思念。勿被五欲之所吞迫。尔时世尊重说颂曰。"

01

1 该段提及作家分别指：纳博科夫（Vladimir Nabokov）、果戈理（Nikolai Gogol）、陀思妥耶夫斯基（Fyodor Dostoevsky）、毛姆（W. Somerset Maugham）.

2 张文江.（2016）.钱锺书传.（p.66）.上海人民出版社.

3 伊迪特·索德格朗.（1987）.索德格朗诗选（北岛，译）.（p.18）.外国文学出版社.

4 E. B. 怀特.（2011）.人各有异（贾辉丰，译）.（p.149）.上海译文出版社.

5 该段提及作家分别指：卡夫卡（Franz Kafka）与海明威（Ernest Miller Hemingway）

6 该段提及作家分别指：莫泊桑（Guy de Maupassant）与福楼拜（Gustave Flaubert），莫泊桑曾师从福楼拜。

02 ——————————————————————————————

1 宇文所安.（2014）. 迷楼（程章灿，译）.（p.4）. 生活·读书·新知三联书店.

2 萧统（编）.（2010）. 文选.（p.829）. 太白文艺出版社.

3 参见访谈：Beyer, S., & Gorris, L.（2009, November 11）. SPIEGEL Interview with Umberto Eco: *We Like Lists Because We Don't Want to Die*. Der Spiegel.

4 同上。

5 伊塔洛·卡尔维诺.（2012a）. 不存在的骑士（吴正仪，译）.（p.29）. 译林出版社.

6 伊塔洛·卡尔维诺.（2012b）. 看不见的城市（张宓，译）.（p.3）. 译林出版社.

7 伊塔洛·卡尔维诺.（2012b）. 看不见的城市（张宓，译）.（p.6）. 译林出版社.

8 伊塔洛·卡尔维诺.（2012b）. 看不见的城市（张宓，译）.（p.141）. 译林出版社.

03 ——————————————————————————————

1 《纳博科夫的卡片》经修改后收录在我的文集《人生模式》中，参见：阳志平.（2019）. 人生模式. 电子工业出版社.

04 ——————————————————————————————

1 史蒂芬·平克.（2018）. 风格感觉（王烁 & 王佩，译）.（pp.35–36）. 机械工业出版社.

2 理查德·道金斯.（2018）. 自私的基因（卢允中，张岱云，陈复加，罗小舟，& 叶盛，译）.（pp.33–34）. 中信出版社.

3 荷马.（2016）. 荷马史诗《伊利亚特》（罗念生 & 王焕生，译）.（p.153）. 上海人民出版社.

4 保罗·格雷厄姆.（2011）. 黑客与画家（阮一峰，译）.（p.216）. 人民邮电出版社.

5 该段提及作者分别指：柏拉图（Plato）、笛卡儿（René Descartes）与马克·吐温（Mark Twain）

6 韩愈.（2014）. 韩昌黎文集校注.（p.191）. 上海古籍出版社.

7 许结.（2012）. 桐城文选.（p.108）. 凤凰出版社.

05 ——————————————————————————————

1 参见：Gopen, G.（2004）. The Sense of Structure. Longman.

2 参见：Vangsness, L., & Young, M. E.（2020）. Turtle, Task Ninja, or Time Waster? Who Cares? Traditional Task-Completion Strategies Are Overrated. Psychological Science, 31（3），306–315.

06 ————————————————————————————

1 弗拉基米尔·纳博科夫.（2017）.致薇拉（唐建清，译）.（p.3）.人民文学出版社.

2 出处同注1,（p.38）

3 同上。

4 出处同注1,（pp.23–35）

5 出处同注1,（p.370）

6 出处同注1,（p.371）

7 出处同注1,（p.386）

8 弗拉基米尔·纳博科夫.（2005）.洛丽塔（主万，译）.（p.9）.上海译文出版社.

9 出处同注1,（p.523）

07 ————————————————————————————

1 詹姆斯·马奇.（2010）.马奇论管理（丁丹，译）.（p.10）.东方出版社.

2 出处同注1,（p.19）

3 出处同注1,（p.223）

4 出处同注1,（p.187）

5 参见：Steve Schecter（Director）.（2003）. Passion & Discipline: Don Quixote's Lessons for Leadership.

6 出处同注1,（p.5）

7 同上。

8 阳志平.（2019）.人生模式.（pp.231–232，236）.电子工业出版社.

9 出处同注8,（p.236）

10 Mie Augier.（2004）. Models of a Man.（pp.533–535）. MIT Press.

08 ————————————————————————————

1 夏济安.（2011）.夏济安日记.（p.14）.人民文学出版社.

2 出处同注1,（p.43）

3 出处同注1,（pp.47-48）

4 出处同注1,（p.31）

5 出处同注1,（p.34）

6 出处同注1,（p.39）

7 出处同注1,（p.40）

8 出处同注1,（p.57）

9 出处同注1,（p.64）

10 出处同注1,（p.125）

11 出处同注1,（p.133）

12 出处同注1,（p.262）

13 出处同注1,（p.89）

14 出处同注1,（p.104）

15 出处同注1,（p.134）

16 出处同注1,（pp.10–11）

17 出处同注1,（p.69）

18 出处同注1,（p.176）

19 夏志清.（2014）.张爱玲给我的信件.（p.206）.长江文艺出版社.

20 出处同注19,（p.210）

21 出处同注19,（p.212）

22 出处同注1,（p.45）

23 出处同注1,（p.13）

09

1 基思·斯坦诺维奇.（2015）.机器人叛乱.（p.70）.机械工业出版社.

10

1 詹姆斯·马奇.（2011）.经验的疆界（丁丹，译）.（p.33）.东方出版社.

2 丹尼尔·丹尼特.（2012）.心灵种种（罗军，译）.上海科学技术出版社.

11

1 Eric Berne.（1996）. Transactional Analysis in Psychotherapy. Souvenir Press.

2 该段提及心理学家分别指：华生（John B. Watson）、班杜拉（Albert Bandura）、塞利格曼（Martin Seligman）、弗洛伊德（Sigmund Freud）、荣格（Carl Gustav Jung）、勒温（Kurt Lewin）与埃里克森（Erik H. Erikson）.

3 艾瑞克·伯恩.（2014）.人间游戏（刘玎，译）.中国轻工业出版社.

12

1 参见：Hassabis, D., Kumaran, D., Vann, S. D., & Maguire, E. A.（2007）. Patients with hippocampal amnesia cannot imagine new experiences. Proceedings of the National Academy of Science, 104, 1726–1731.

2 诺曼·道伊奇.（2015）.重塑大脑重塑人生（洪兰，译）.机械工业出版社.

3 参见：Mahncke, H. W., Connor, B. B., Appelman, J., Ahsanuddin, O. N., Hardy, J. L., Wood, R. A., Joyce, N. M., Boniske, T., Atkins, S. M., & Merzenich, M. M.（2006）. Memory enhancement in healthy older adults using a brain plasticity-based training program: A randomized, controlled study. Proceedings of the National Academy of Sciences, 103（33）, 12523–12528.

4 参见：A Consensus on the Brain Training Industry from the Scientific Community（full）.（2017, December 19）. Stanford Center on Longevity.

13 ——

1 参见：Rozin, P., & Royzman, E. B.（2001）. Negativity Bias, Negativity Dominance, and Contagion. Personality and Social Psychology Review, 5（4）, 296–320.

2 参见：Baumeister, R. F., Bratslavsky, E., Finkenauer, C., & Vohs, K. D.（2001）. Bad is Stronger than Good. Review of General Psychology, 5（4）, 323–370.

3 参见：Stephen Owen（Ed.）.（1997）. An Anthology of Chinese Literature: Beginnings to 1911（Revised edition）. W. W. Norton & Company.

4 参见：LoBue, V., & DeLoache, J. S.（2010）. Superior detection of threat-relevant stimuli in infancy. Developmental Science, 13（1）, 221–228.

5 参见：Lobue, V. (2009). More than just another face in the crowd: superior detection of threatening facial expressions in children and adults. Developmental science, 12 2, 305-13 .

14 ——

1 Minsky, M.（1974）. A Framework for Representing Knowledge.

2 丹尼尔·卡尼曼.（2012）. 思考，快与慢（胡晓姣，李爱民，& 何梦莹，译）.（p.339）. 中信出版社.

15 ——

1 参见：Ericsson, K. A., Krampe, R. T., & Tesch-Römer, C.（1993）. The role of deliberate practice in the acquisition of expert performance. Psychological Review, 100, 363–406.

2 马尔科姆·格拉德威尔.（2014）. 异类（苗飞，译）.（pp.27–28）. 中信出版社.

3 出处同注2,（p.28）

4 参见：Macnamara, B. N., Hambrick, D. Z., & Oswald, F. L.（2014）. Deliberate Practice and Performance in Music, Games, Sports, Education, and Professions: A Meta-Analysis. Psychological Science, 25（8）, 1608–1618.

5 参见: Duckworth, A. L., Kirby, T. A., Tsukayama, E., Berstein, H., & Ericsson, K. A. (2011). Deliberate Practice Spells Success: Why Grittier Competitors Triumph at the National Spelling Bee. Social Psychological and Personality Science, 2 (2), 174–181.

6 安德斯·艾里克森, & 罗伯特·普尔. (2016). 刻意练习 (王正林, 译). (p.207). 机械工业出版社.

7 相关研究成果参见:（ Hambrick et al., 2014; Macnamara, Hambrick, & Oswald, 2014; Macnamara, Moreau, & Hambrick, 2016 ）。分别为: Hambrick, D. Z., Oswald, F. L., Altmann, E. M., Meinz, E. J., Gobet, F., & Campitelli, G. (2014). Deliberate practice: Is that all it takes to become an expert? Intelligence, 45, 34–45. Macnamara, B. N., Hambrick, D. Z., & Oswald, F. L. (2014). Deliberate practice and performance in music, games, sports, education, and professions: A meta-analysis. Psychological Science, 25, 1608–1618. Macnamara, B. N., Moreau, D., & Hambrick, D. Z. (2016). The relationship between deliberate practice and performance in sports: A meta-analysis. Perspectives on Psychological Science, 11, 333–350.

16 ────────────────────────────

1 笛卡儿. (1986). 第一哲学沉思集 (庞景仁, 译). 商务印书馆.

2 Zawidzki, T. (2007). Dennett. Natl Book Network.

3 宋尚玮. (2013). 丹尼特的自然主义心智理论研究 [博士, 山西大学].

4 莉莎·费德曼·巴瑞特. (2019). 情绪 (周芳芳 & 黄扬名, 译). 中信出版社.

5 徐英瑾. (2012). 丹尼特的"异类现象学"——新实用主义谱系中一个被忽略的环节. 世界哲学, 05, 131-140+161.

6 刘占峰. (2011). 解释与心灵的本质. 中国社会科学出版社.

7 B.F.斯金纳. (2018). 超越自由与尊严 (方红, 译). 中国人民大学出版社.

8 基思·斯坦诺维奇. (2015). 机器人叛乱 (吴宝沛, 译). 机械工业出版社.

9 丹尼尔·丹尼特. (2012). 心灵种种 (罗军, 译). 上海科学技术出版社.

17 ────────────────────────────

1 James J. Gibson. (2014). The Ecological Approach to Visual Perception. Psychology Press.

2 司马贺 & 秦裕林. (1992). 漫谈科学研究方法. 自然辩证法通讯, 01, 6–12.

3 詹姆斯·马奇. (2010). 马奇论管理 (丁丹, 译). (p.9). 东方出版社.

4 丹尼尔·丹尼特. (2018). 直觉泵和其他思考工具 (冯文婧, 傅金岳, & 徐韬,

译).（p.6). 浙江教育出版社.

5 该句根据英文原文 *The Web, the Tree, and the String* 重译。中文版参见：史蒂芬·平克.（2018). 风格感觉（王烁 & 王佩，译).（p.97). 机械工业出版社.

6 厄珀姆（编).（2010). 当代美国哲学家访谈录（张敦敏，译).（p.28–29). 中国社会科学出版.

18

1 詹姆斯·马奇.（2011). 经验的疆界（丁丹，译).（p.21). 东方出版社.

2 出处同注 1,（p.37)

3 出处同注 1,（p.44)

4 出处同注 1,（p.54)

5 出处同注 1,（p.58)

6 同上。

7 出处同注 1,（p.49)

8 出处同注 1,（p.50)

19

1 参见：Heuer, R.J. (1999). Psychology of Intelligence Analysis.

20

1 彼得·考夫曼.（2016). 穷查理宝典（李继宏，译).（pp.196–197). 中信出版社.

2 瑞·达利欧.（2018). 原则（刘波 & 綦相，译).（p.206). 中信出版社.

3 出处同注 2,（p.222)

4 出处同注 2,（p.219)

5 上述 7 条出处同注 2，参见第二部分与第三部分小节标题。

6 出处同注 2,（p.128)

7 出处同注 2,（p.139)

8 引自我的演讲《灵魂选择自己的伴侣》，演讲文字稿发表在我的微信公众号"心智工具箱"。

9 司马贺.（2004). 人工科学（武夷山，译).（p.XV). 上海科技教育出版社.

10 詹姆斯·马奇.（2011). 经验的疆界（丁丹，译).（p.33). 东方出版社.

11 出处同注 2,（pp.329–330)

12 出处同注 2,（pp.375–376)

13 出处同注 2,（pp.76–77)

14 出处同注 2,（p.60）

15 参见：Packer, G.（2011, November 20）. No Death, No Taxes. The New Yorker.

21 ————————————————————————————————————

1 参见：Harris, J. R.（1995）. Where is the child's environment? A group socialization theory of development. Psychological Review, 102, 458–489.

2 朱迪斯·哈里斯.（2015）. 教养的迷思（张庆宗，译）.（p.4）. 上海译文出版社.

3 三个命题出处同注 3,（p.443）

4 参见：The Nature of Nurture: Parents or Peers? Slate.

5 同上。

6 参见：Burt, S. A.（2009）. Rethinking environmental contributions to child and adolescent psychopathology: A meta-analysis of shared environmental influences. Psychological Bulletin, 135, 608–637.

7 大卫·范德.（2018）. 人格心理学：人与人有何不同（许燕 & 邹丹，译）.（p.242）. 世界图书出版公司.

8 参见：BBowen, J. P., & Hinchey, M. G.（2012）. High-Integrity System Specification and Design. Springer Science & Business Media.

9 阳志平.（2019）. 人生模式.（pp.131–132）. 电子工业出版社.

22 ————————————————————————————————————

1 凯西·赫什–帕塞克，罗伯塔·米尼克·格林科夫, & 迪亚娜·埃耶.（2021）. 游戏天性（鲁佳珺 & 周玲琪，译）.（p.35）. 机械工业出版社.

23 ————————————————————————————————————

1 参见：王微, & 阳志平（编）.（2022）. 育儿高手. 机械工业出版社.

24 ————————————————————————————————————

1 黄克武（编）.（2014）. 中国近代思想家文库：严复卷.（p.45）. 中国人民大学出版社.

25 ————————————————————————————————————

1 参见：Jabr, F.（2013）. The Reading Brain in the Digital Age: Why Paper Still Beats Screens. Scientific American.

2 参见：Parish-Morris, J., Mahajan, N., Hirsh-Pasek, K., Golinkoff, R. M., & Collins, M. F.（2013）. Once Upon a Time: Parent–Child Dialogue and Storybook Reading in

the Electronic Era. Mind, Brain, and Education, 7（3）, 200–211.

3 模因（meme），指文化基因，此处借用道金斯的《自私的基因》一书隐喻，形容文化基因也会与基因一样，不断扩张自己的利益.

4 罗杰·泽拉兹尼.（2014）. 安珀志1：安珀九王子（胡纾，译）.（p.186）. 北京联合出版公司.

5 彼得·考夫曼.（2012）. 穷查理宝典（李继宏，译）.（p.157）. 上海人民出版社.

6 柏拉图.（2013）.《理想国篇》译注与诠释（徐学庸，译）. 安徽人民出版社.

7 辛弃疾.（2016）. 稼轩词编年笺注.（pp.251–252）. 上海古籍出版社.

8 参见：Karpicke, J. D., & Blunt, J. R.（2011）. Retrieval Practice Produces More Learning than Elaborative Studying with Concept Mapping. Science, 331（6018）, 772–775.

9 斯坦尼斯拉斯·迪昂.（2018）. 脑与阅读（周加仙，译）.（p.22）. 浙江教育出版社.

10 翁贝托·埃科.（2009）. 带着鲑鱼去旅行（殳俏 & 马淑艳，译）.（p.140）. 新星出版社.

11 保罗·格雷厄姆.（2011）. 黑客与画家（阮一峰，译）.（p.51）. 人民邮电出版社.

26 ——

1 阳志平.（2019）. 人生模式.（pp. 7–9）. 电子工业出版社.

2 参见：Flavell, J. H. (1979). Metacognition and cognitive monitoring: A new area of cognitive–developmental inquiry. American Psychologist, 34(10), 906–911.

3 约翰·布罗克曼.（2017）. 那些让你更聪明的科学新概念（李慧中，译）. (p. 31). 浙江人民出版社.

27 ——

1 《清晰思考的艺术》参见：罗尔夫·多贝里.（2016）. 清醒思考的艺术（朱刘华，译）. 中信出版社.

2 《思考，快与慢》参见：丹尼尔·卡尼曼.（2012）. 思考，快与慢（胡晓姣，李爱民，& 何梦莹，译）. 中信出版社.

3 《超越智商》参见：基思·斯坦诺维奇.（2015b）. 超越智商（张斌，译）. 机械工业出版社.

4 参考《超越智商》第六章"认知吝啬鬼"相关内容。

5 相关统计以及与GPT等人工智能的比较参见：Hagendorff, T., Fabi, S., & Kosinski, M. (2022). Machine intuition: Uncovering human-like intuitive decision-making in GPT-3.5. arXiv preprint arXiv:2212.05206.

6 参考《思考，快与慢》第十五章"琳达问题的社会效应"相关内容。

7 《哲学研究》一书译本较多，较为知名的译本为陈嘉映所译，参见：维特根斯坦.（2005）. 哲学研究（陈嘉映，译）. 上海人民出版社.

8 引自陈嘉映译本p38。

9 转引自我给"新逻辑丛书"撰写的丛书总序："逻辑学：一切法之法，一切学之学"。

10 参见 Rosch, E. H. (1973). Natural categories. Cognitive Psychology, 4(3), 328–350.

11 参见吴为善.（2011）. 认知语言学与汉语研究. 复旦大学出版社.

12 《影响的焦虑》作者为哈罗德·布鲁姆（Harold Bloom）；《历史研究》作者为阿诺德·汤因比（Arnold Toynbee）；《存在与时间》作者为马丁·海德格尔（Martin Heidegger）；《新教伦理与资本主义精神》作者为马克斯·韦伯（Max Weber）；《人的行为》作者为路德维希·冯·米塞斯（Ludwig von Mises）；《利维坦》作者为霍布斯（Thomas Hobbes）；《野性的思维》作者为克洛德·列维－斯特劳斯（Clande Levi-Strauss）；《纯数学教程》作者为戈弗雷·哈代（G. H. Hardy）；《狭义与广义相对论浅说》作者为爱因斯坦；《化学键的本质》作者为莱纳斯·鲍林（Linus Carl Pauling）；《物种起源》作者为达尔文。

13 《哥德尔、艾舍尔、巴赫》参见：侯世达.（1997）. 哥德尔、艾舍尔、巴赫（严勇，刘皓明，& 莫大伟，译）. 商务印书馆.

14 引自"作者为中文版所写的前言"。

15 《创新算法》参见：根里奇·斯拉维奇·阿奇舒勒.（2008）. 创新算法（谭增波 & 茹海燕，译）. 华中科技大学出版社.

28 ————————————————————————————————

1 张洪，齐熙 编.（2017）. 朱子读书法（冯先思 点校，译）. 浙江人民美术出版社.

2 叔本华.（2019）. 读书与书籍（刘崎，陈晓楠，& 刘丽丽，译）.（p. 67）. 四川人民出版社.

3 伍尔芙.（2017）. 如何去读一本书（吴瑛，译）.（p. 1, 18）. 江苏凤凰文艺出版社.

4 国际阅读协会英文为 International Reading Association，简称为 IRA；后更名为国际读写协会（International Literacy Association，简称为 ILA）。阅读科学协会英文为 The Society for the Scientific Study of Reading，简称为 SSSR。

5 朱熹 集注.（2011）. 诗集传（赵长征，点校，译）.（p. 31）. 中华书局.

6 出处同注 6，（p. 2）.

7 更多关于朱熹《诗集传》一书的瑕疵讨论，可参见陈才的博士论文《朱子诗经学考论》（华东师范大学，2013 年）与贾璐的博士论文《朱熹训诂研究》（复旦大学，2011 年）。

8 本文提及《聪明的阅读者》一书内容，详情请参考：阳志平.（2023）. 聪明的阅
   读者. 中信出版集团.

9 指布莱恩·卡普兰（Bryan Caplan）的《教育的浪费》一书与大卫·格雷伯
   （David Graeber）《毫无意义的工作》一书。

后记

　　2023年春，我的新书《聪明的阅读者》正式上市，这是一本谈论阅读的学术专著，尝试通过一本书来讲透阅读，并且正面回答一些关于阅读的难题：何为读？如何读？读什么？

　　这是一场为时三年的写作之旅，全书约30万字，共480页，涉及100余个学科、400余位智者、3000余本好书。交稿之后，顿感轻松。然而，受限于体例约束，或多或少有一些遗憾，比如书中无法完整收录我的书评，读者只能在各个章节中读到只言片语。

　　因此，在写作《聪明的阅读者》一书时，我萌生了一个想法：整理一本个人读书随笔集，以作补充。

　　如今，呈现在你面前的这本《阅读的心智》，实现了这一心愿。本书精选了我从2013年到2023年的十年间与"书"相关的随笔，主要由三类稿件构成。

　　书序。人之患，在好为人序。因此，每作书序，必力求有所发明。过去十年间，我曾为众多认知科学、神经科学、心理科学的经典著作作序。本书收录了其中的12篇。其中不乏世界顶尖科学家的著作，如美国认知科学家马克·特纳等人的《古典风格》；加拿大认知科学家基思·斯坦诺维奇的《机器人叛乱》；心灵哲学领军人物丹尼尔·丹尼特的《意识的解释》；儿童发展心理学领军人物凯西·赫什-帕塞克等人的《游戏天性》。也包括中国心理学界朋友的著作，如易莉博士的《学术写作原来是这样》；李晓煦博士的《三生有幸》等。

书评。每读一书，必有所得。短为札记，长为书评。本书收录了我的11篇书评。既有针对单本书的文章，例如"人文之书"中的《致薇拉》《乱世中，一位文人的苦恋》、"人性之书"中的《人生如戏，戏如人生》《"刻意练习"错在哪？》、"人生之书"中的《〈原则〉的原则》《父母对孩子的发展并不重要？》；也有同时讨论多本书、对比多位作家甚至对某一类作家进行总结的文章，例如我自己很喜欢的《创作者的品味》《迷失在字里行间》《举头有神明》。

书谈。书成之际，多有所感，因此常借新书发布会等各类活动，与读者分享。本书收录了我的5篇演讲及答疑，它们往往与我的某本新书一同问世，主题则关乎读书之法。若想取得最佳阅读效果，不妨将文中提及的图书一并阅读。

十年所得，28篇，按照"人文之书""人性之书""人生之书"与"读书之法"四辑加以组织。与我讨论阅读的专著《聪明的阅读者》对比，文集《阅读的心智》多了一些灵动，它更像我的阅读方法论的具体示范。在书中，各位读者更容易感受到我是如何细读文本、如何与作者对话、如何向作者提问、如何反驳一位作者、如何让一位作者与另一位作者相互辩论的。

感谢电子工业出版社的李影老师，正是在她的大力支持下，本书才得以以一个较佳的面貌呈现于读者面前。同样，感谢罗渊隆、李国军与孔德超协助我校订书稿、完善配图与增补注释；更感谢日出工作室的刘聪、一休为本书设计精美封面。全书定稿之后，蒙雷雳、周荣刚、魏坤琳、赵静四位师友推荐，为本书增色不少，特此致谢。

十年不鸣，一鸣惊人。只是，很多时候，这个"鸣"，不是为外人而鸣，而是为自己的心气而鸣。为了鼓励自己写作，我在2023年5月发起了一个"十年心气计划"。如果想要做一些大事，想要在历史上留下一丝痕迹，那么往往需要至少十年的持续努力。因此，我邀请了一批读者来见证我的创作，他们每年会收到我的三本新书。与我在市面上正常发行的著作相比，这批读者收到的新书多了专属藏书票以及一些额外福利，有的读者甚至会被邀请加入微信群交流。而《阅读的心智》正是该计划出版的第一本书。在此，感谢第一批加入的数百位读者，前三位支持者正是勇泉、琬文、金俊。未来十年，我们用作品说话，用阅读愉悦心智。

读书，特别像在黑夜中独处。

白昼时，你再爱热闹，深夜时也终究要一个人睡觉。阅读同样如此，无论你在社交圈里能如何呼朋唤友，终究也要一个人阅读。

你再怎样低估睡眠的意义、不畏惧熬夜，也改变不了好的睡眠能成就一个人、令身体更加健康的事实。同样，好的阅读能成就一个人，令你的心理更加健康。而那些与熬夜类似的突击式阅读，都是在透支生命。

你做过许许多多的梦，你读过许许多多的书。美梦来自甜美的记忆，同样，那些关于书的美好记忆也来自愉悦的阅读体验。

《阅读的心智》正是我关于书的美好记忆。期待它能给你带来愉悦的阅读体验。